JN028828

コミュニティの社会学

Sociology of
Community Life

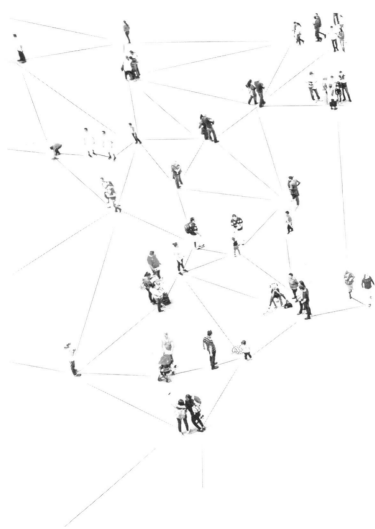

祐成保志・武田俊輔 編

有斐閣

はじめに

　コミュニティが大切だ，という声をよく聞く。この本の主張も，究極的には，コミュニティが大切だ，という一言に要約できるのかもしれない。しかし，私たち筆者はもうすこし欲張ってもいる。コミュニティが大切だ，と誰もが口をそろえていうことに違和感をもっている人や，反論しづらい雰囲気についていけないものを感じる人にこそ，読んでほしいと考えている。

　コミュニティという言葉を使うのはどんなときだろうか。しばしば目にするのは，「○○のコミュニティ」といった言い回しである（「□□ファンのコミュニティ」「△△年卒業生のコミュニティ」等々）。この場合，コミュニティは「仲間」と言い換えることができそうだ。仲間とは，「互いに正当なメンバーであることを認め合った人びとの集まり」のことである。さらにつきつめていくと，「誰かと何かを分かちもつ」という意味にたどりつく。そう考えると，「きずな」や「つながり」や「シェア」といった言葉にも，コミュニティと重なった意味があることがわかる。

　ただしコミュニティは，意味に広がりのある言葉である。「仲間」よりも濃密な「身内」を指すこともあるし，やや薄く「同じ対象（人やモノ，場所など）に興味をもつ人」といった意味で使われることもある。さらに，濃淡や強弱にとどまらず，対立する性質をもつものまで包含していることに注意したい。誰の目にも明らかな基準（地理的範囲や組織図）がある集団だけでなく，個人や集団の心のなかにのみ存在するものも，コミュニティと呼ばれる。また，固定された境界をもつものだけでなく，柔軟に形を変える関係も表現できる。

　考えれば考えるほど，コミュニティは融通無碍で，とらえどころがない。それでいて，なんとなくプラスのイメージが付着している。あいまいで解釈の幅があり，しかもポジティブな印象を与える言葉というのは，なにかと便利に使われがちである。矛盾やアンビバレンスが，かえってこの言葉を魅力的なものにしている。

このような得体の知れない言葉は，学問の概念としては用いるべきではない，とする立場もありうるだろう。本書は，その立場はとらない。けれども，「○○はコミュニティだ」というラベルを貼って満足するわけではない。「コミュニティとは何か」がここでの問いだからだ。私たちは，何かをコミュニティ〈によって〉説明するのではなく，コミュニティ〈を〉説明することをめざしている。そのときに手がかりとするのは，コミュニティという「謎」に最も持続的に関心をよせてきた社会学の成果と，私たち筆者自身が取り組んできた研究である。

　ところで，コミュニティは，「かつてはあったが消滅してしまったもの」なのだろうか。「いまはないけれどもこれからつくっていくもの」なのだろうか。「いつもどこにでもあるもの」なのだろうか。じつは，そのどれでもある。誰が，なんのためにコミュニティについて語るかによって，どこに重点を置くかが変わる。そのことを語り手や聞き手が十分に自覚していないと，同じくコミュニティについて話しているようでいて，話がかみ合わなくなる。

　コミュニティが大切だ，と唱える人たちは，「消滅してしまった（しつつある）」とか，「これからつくっていく」という側面を強調するはずだ。この本では，わざわざつくらなくてもすでにあるもの，もしくは消滅したようにみえて残り続けるものとして，コミュニティをとらえる視点も大事にしたい。

　とはいえ，あえてコミュニティを〈見いだす〉という姿勢そのものが，消滅や不在の感覚に支えられているともいえる。コミュニティに浸りきっている人は，それがあることに気づかない。コミュニティが途切れたところ，いわば「隙間」に身をさらすからこそ，意識にのぼってくる。多くの人がコミュニティに注意を向けつつあるとすれば，それは，私たちの社会に生じたほころびや亀裂に対する危機感と，それらを修復することへの願いのあらわれなのかもしれない。

　コミュニティは，「都市」や「地域」といった言葉に比べてふところが深い言葉だ。いま生きている人間だけでなく，死者や将来の世代や自然までをもふくめた共同性をもつつみ込む。それゆえ，コミュニティへの期待が切実であればあるほど，その外部に向けた攻撃や排除が激しくなりかねない。

　本書の中心的なメッセージをあらかじめ示すと，次のようになる。コミュニティの構造的な多義性を，いずれかの側面に限定することなく受け止めること。そして，コミュニティの動態を観察し，それを成り立たせるしくみを読み解くこと。さらに，なぜコミュニティをめぐる活動や語りに人びとが駆り立てられるのかを問い続けること。これらが，コミュニティという，一見すると便利で，ある面では退屈で，じつは危険な言葉を使いこなすために必要な態度である。

祐成保志・武田俊輔

執筆者紹介 （執筆順，＊は編者）

＊**祐成 保志** （すけなり　やすし）　　　　　　　　◆序章，第5章，第8章，終章
東京大学大学院人文社会系研究科准教授

主著：『〈住宅〉の歴史社会学──日常生活をめぐる啓蒙・動員・産業化』新曜社，2008年。『社会の解読力〈歴史編〉──現在せざるものへの経路』（共編著）新曜社，2022年。

＊**武田 俊輔** （たけだ　しゅんすけ）　　　　　　　◆序章，第4章，第9章，終章
法政大学社会学部教授

主著：『コモンズとしての都市祭礼──長浜曳山祭の都市社会学』新曜社，2019年。『社会の解読力〈文化編〉──生成する文化からの反照』（共編著）新曜社，2022年。

渡邊 隼 （わたなべ　しゅん）　　　　　　　　　　◆序章，第6章
日本大学経済学部専任講師

主著：「戦後日本における共同体の構想と現実──「コミュニティ」をめぐる言説の形成と展開」東京大学大学院人文社会系研究科博士学位論文，2020年。『社会問題とは何か──なぜ，どのように生じ，なくなるのか？』（共訳）筑摩書房，2020年。

植田今日子 （うえだ　きょうこ）　　　　　　　　◆第1章
元上智大学総合人間科学部教授（2021年逝去）

主著：『存続の岐路に立つむら──ダム・災害・限界集落の先に』昭和堂，2016年。『街からの伝言板──次の地震に遭う人に，どんな伝言を残しますか』ハーベスト社，2017年。

小山 弘美 （こやま　ひろみ）　　　　　　　　　　◆第2章
関東学院大学社会学部教授

主著：『自治と協働からみた現代コミュニティ論──世田谷区まちづくり活動の軌跡』晃洋書房，2018年。『ソーシャル・キャピタルからみた人間関係──社会関係資本の光と影』（共著）日本評論社，2021年。

富永 京子 （とみなが　きょうこ）　　　　　　　　◆第3章
立命館大学産業社会学部准教授

主著：『社会運動のサブカルチャー化──G8サミット抗議行動の経験分析』せりか書房，2016年。『社会運動と若者──日常と出来事を往還する政治』ナカニシヤ出版，2017年。

藤田研二郎 （ふじた　けんじろう）　　　　　　　◆第7章
法政大学人間環境学部准教授

主著：『環境ガバナンスとNGOの社会学──生物多様性政策におけるパートナーシップの展開』ナカニシヤ出版，2019年。「農協の獣害対策と地域における役割」農林中金総合研究所編『地域・社会とJA人材事業──課題解決のための地域の連携・協働』全国共同出版，2021年。

目　　次

第 1 部　つ な ぐ
——コミュニティの枠組みと働き——

第 2 部　た ど る
　——コミュニティという概念の由来——

```
┌─────────────────────────────────────────┐
│          第3部　つ く る                  │
│      ──コミュニティの生成と再生産──      │
└─────────────────────────────────────────┘
```

第7章　"住民参加による環境保全"の構築
　　　　──コモンズとしての生態系── ──────── **165**

序　章

コミュニティへのまなざし

1　コミュニティを定義する

■ コミュニティの語感

　国立国語研究所が，日本で使われている「わかりにくい外来語」を取り上げて，言い換え案を議論したことがある。「コミュニティ」も検討の対象となり，言い換え語として「地域社会」と「共同体」が示された。この提案には，次のような「手引き」が添えられている。

　　　地域性による結びつきの場合は「地域社会」，共通の関心などによる結びつきを重視する場合は「共同体」と言い換えられる。その両方の意味を生かしたい場合は「地域共同体」とすることもできる。文脈によっては，単に「地域」「社会」で言い換えられる場合もある。(国立国語研究所「外来語」委員会編 2006: 60)

　この言い換え案は，コミュニティが，地理的な近さと，それを超えた結びつきという，2つの焦点をもつことを重視している。(いまのところ)これらを一言で表す日本語がないので，文脈におうじて「地域社会」と「共同体」のどちらかを選ぶという判断を下さざるをえなかった。
　さて，コミュニティという言葉は，日本語で思考する私たちにとっては，いわば輸入品である。この言葉の輸出元である英語圏では，どのように使われてきたのだろうか。

1

　イギリスの批評家 R・ウィリアムズによれば，"Community" の語源は，「共有」を意味する古フランス語の "Comuneté" と，ラテン語で「共通」を意味する "Communis"，さらには「関係，感情の共有」を意味する "Communitatem" に求められる（Williams 1983 = 2011: 118）。

　その後，英語として定着した "Community" は，時代がすすむにつれて，(1) 平民（14 〜 17 世紀），(2) 国家・組織化された社会（14 世紀以降），(3) ある地域の人びと（18 世紀以降），(4) 共通のものを有するという性質（16 世紀以降），(5) アイデンティティや特徴が共通という感覚（16 世紀以降）といった，複雑な意味をもつようになる。

　ウィリアムズによる考察でとくに興味ぶかいのは，"Community" と，これと意味のかさなる他の言葉との比較である。たとえば "Society" は，古い時代には "Community" とほとんど同じ意味で使われていたようだが，17 世紀頃から使い分けがすすみ，19 世紀以降には，その違いがより明確になったのだという。"Community" は，フランス語の "Commune" やドイツ語の "Gemeinde" と相互に影響を与えあうことで，「直接的な共通関係」と「さまざまな種類の共同組織」に重点を置くようになった。そしてウィリアムズは，この言葉が肯定的なひびきをもつことに注目する。

　　おそらくなによりも大事なのは，この語は社会組織をいうほかのすべての語（state や nation や society など）と違って，どうやら否定的に使われることがまったくなく，これと反対のものや違うものを肯定的にいう語をつきつけられることもまったくないように思われる点である。(Williams 1983 = 2011: 120)

　コミュニティは身近で，親しみや血の通った感じを与える。それは，「国家」や「社会」の力が強大になった時期に，それらのよそよそしさや抽象性とは一線を画したものという，意味の輪郭をもつようになった。コミュニティという言葉が日本にやってきたのは，この重大な意味の転換が起きたあとであり，その語感も，いくぶんかは輸入された。「地域社会」や「共同体」という言い換えで，こうした機微が表現できるだろうか。

■ 地域性と共同性の重なり

　イギリスのある社会学事典で「コミュニティ」の項目を開くと，こんなこと
が書いてある。「コミュニティという用語は，社会学でもっともわかりにくく，
あいまいな語の一つで，現在に至るまでほとんど意味が確定していない」
(Abercrombie et al. 2000 = 2005: 75)。社会学は，「社会」の類義語でありながら
対義語でもあるコミュニティという概念を，避けて通るわけにはいかない。し
かし，その定義は一筋縄ではいかない。

　もっとも，社会学者によるコミュニティの定義は際限なく発散するわけでは
なく，一定の傾向を見いだすことができる。完全な一致にはいたらなくとも，
ゆるやかな合意はある。このことを，いくつかの社会学事典（辞典）から確認
しておこう。

　『社会学辞典』（1958 年）は，日本で刊行された最初の本格的な社会学事典で
ある。松原治郎による「コミュニティ」の項目には，国語研究所の言い換え案
にもみられた，「地域性」（地理的な近接性）と「共同性」（感情・態度・規範・意
識など）という 2 つの要件への言及が，すでにあらわれている。

　　マッキーヴァーにより，社会類型の理論としてコミュニティ（共同体）
　とアソシエーション（結社体）の対置概念が提出されて以来，コミュニ
　ティは基本的な社会学概念となってきた。彼にいわせれば，「コミュニ
　ティの基本的指標は，人の社会的諸関係のすべてがその内部で見出されう
　るということである」。つまり，人間の共同生活が行われる一定の地域で
　ある。人間がともに住み，ともに属することによって，おのずから他の地
　域と区別されるような社会的特徴が現われる。それのみでなく，そこに住
　む人々は人間生活全体にわたる関心をもち，したがってそこには共同体感
　情も生まれる，つまり「コミュニティの基礎は地域性（locality）と共同体
　感情（community sentiment）である」。（松原 1958: 263）

　この説明によれば，まず地域性があって，それを基盤に共同性が醸成される
ときに，コミュニティと呼ぶにふさわしい状況が生まれる。それらは概念的に
は区別されるが，「おのずから」とか「したがって」といった表現から，強い

結びつきが想定されていることがうかがえる。

■ 地域性と共同性の分離

　それから30年ほど経った『社会学事典』（1988年）での似田貝香門による定義は，松原とは大きく異なったものである。そこでは，地域性と共同性の一体性が失われる歴史的なプロセスが強調された。

　　　前近代社会においては，村落共同体などのように，地域性と共同性の最も密接に結びついたものをいう。そこでは共同社会は地域社会であり，逆に地域社会は共同社会であった。（中略）このような形での共同性と地域性の結びつきは資本主義の成立に伴う商品経済の展開や，交通，通信などのコミュニケーション・メディアの拡大によって解体した。つまりコミュニティは一方で共同性を失って単なる地域社会としての色彩を強めることになったり，逆に，地域性を喪失して，観念化された共同社会となってゆく。（似田貝　1988: 317）

　近代とは，地域性と共同性が分離した時代である。似田貝は，コミュニティ研究に地域性に重点を置く立場と，共同性に重点を置く立場があると指摘する。『新社会学辞典』（1993年）での園田恭一の定義は，欧米の学説ではなく，日本でコミュニティという輸入語が必要とされた社会的な文脈に着目したものである。園田はまず，コミュニティが地域性と共同性という2つの焦点をもつことが，意味のあいまいさをもたらすと指摘する。そして，このあいまいさこそが，1960年代から70年代にかけて，コミュニティが日本語のなかで象徴的な意味を帯びるようになった要因であると述べる。

　　　今日，日本においても，都市化や産業化や官僚制化の進展につれて，地域社会や地域生活のなかでの連帯性や共同性が失われて，社会的疎外が拡大し，自主性や主体性が喪失したという気分が広がってきており，それゆえ他方では，失われた連帯性をどのようにして回復させ，新しい共同性を形成していくかということが多くの人々の関心を集めるようになり，いわ

ば，地域社会のなかで共同社会を回復させるシンボルとして，この両方の意味あいをもっているコミュニティという言葉が多く使われるようになってきているといえるのである。(園田 1993: 478)

　そこでは，ウィリアムズが指摘したような，身近さや温かさという語感が強調されるようになる。こうして，コミュニティは，近代化の過程で失われた共同性を回復するという課題と結びつけられるにいたった。この課題が解決しない（あるいは忘れ去られない）限り，そして，これを示す新しい言葉が見つかるまでは，「コミュニティ」は日本語に変換されることなく，生き続けるだろう。

■ 基底的な共同性

　先にふれたイギリスの社会学者 N・アバークロンビーらの事典は，コミュニティという概念の扱いづらさを指摘しつつ，明快に，現代的なコミュニティの定義を提示している。コミュニティが形成されるメカニズムに着目するところに，その特徴がある。

　　もっと近年は，コミュニティという用語は地理的位置と関連した，あるいはそれとは無関係のアイデンティティの感覚，または所属の感覚を示すために用いられてきた。その意味でのコミュニティは，人々が自分たちがどのような点で共通で，どのような点で共通でないかについて明確な観念をもったときに形成される。したがってコミュニティは本質的に想像された集団間の境界によって形成される精神的な構築物である。(Abercrombie et al. 2000 = 2005: 76)

　コミュニティは，境界についての想像を通じて構築される主観的な帰属先である。この定義にもとづくならば，ある人が「自分と共通点を有する者」からなる集団に所属（帰属）しているという感覚をもつとき，その人はコミュニティの一員である。共通点を有する者とは，要するに「自分と似た誰か」である。共通（類似）点は，たとえば祖先を同じくする（血縁）とか，同じ地域に住んでいる（地縁）とか，同じ嗜好をもつ（趣味縁）といったようにさまざまだ

が，いずれにしても，絶対的なものではない。それらは，お互いの了解にもとづいた相対的なものである。

　想像された共通性は，理屈のうえでは無限に存在する。地域性は，数多ある共通性の1つでしかない。このような見方は，『現代社会学事典』（2012年）の玉野和志による定義にもあらわれている。

　　　コミュニティという言葉は，近代以前の共同体という意味から転じて，近代以降の共同体が解体された後でも何らかの形で維持されている社会的な共同性に着目した概念として使われている。その背景には，近代以前のような共同体はもはや存在していないが，何らかの人と人との基本的な結びつきは存続しており，そのことが非常に重要であるという考え方が存在している。それはすぐれて社会学的な発想であるといってよいだろう。
　　（玉野　2012: 460）

　とくに注目したいのは，「人と人との基本的な結びつき」という箇所である。ここには，コミュニティが，人間の生にとって欠かせないものである，という観点がある。そして玉野は，マッキーヴァーに立ち返って，コミュニティを「人と人との間に存在する基底的な共同性」と定義する。アソシエーションとは，限定された目的をもった組織・制度であり，コミュニティは，それらを通底するものである。コミュニティが基礎にあり，アソシエーションはそこから派生する。

　この点は，社会学という学問の由来とかかわる。アソシエーションの発達に対応して，法学，政治学，経済学，経営学，教育学……といった分野が形成された。しかしそれらの学問は，「人と人との間に存在する基底的な共同性」それ自体を対象にするわけではない。この役割を担うのが社会学である。社会学は，コミュニティそのものを扱う唯一の学問というわけである。

　本書もこの立場をとりたい。誤解してほしくないのだが，社会学がコミュニティの研究を独占すべきだ，と主張したいわけではない。逆である。コミュニティの研究，すなわち「人と人との間に存在する基底的な共同性」の解明を志向する限り，それは社会学なのである。このことは，その研究が社会学を名

乗っているかどうかとはまったく独立である。

2　コミュニティを観察する

■ 計画的コミュニティ

　社会学者による経験的なコミュニティ研究は，マッキーヴァーらの理論的な研究よりも遅れてはじまった。リンド夫妻がアメリカ合衆国中部の小都市マンシーで行った調査をもとにまとめた『ミドゥルタウン』（Lynd and Lynd 1929 = 1990）が，草創期の代表作である。リンド夫妻は日常生活の6つの側面――「生計を立てる」「家庭をつくる」「若者を育てる」「余暇を過ごす」「宗教実践に関与する」「コミュニティ活動に関与する」――に着目し，それらの活動が相互にどのように関連し合っているかを記述した。コミュニティの生活の多面性，そして相互連関に着目する方法は，現在でもコミュニティ研究の基本となっている。

　1940 ～ 50 年代のアメリカでは，コミュニティ研究が大きく発展した。とりわけ興味深いのは，「計画的コミュニティ（planned community）」に関する調査群である。計画的コミュニティとは，計画にもとづいて開発・建設された一まとまりの住宅および関連施設のことを指し，日本でいう「団地」や「ニュータウン」に近い。

　政府による計画そのものに警戒心が強かったアメリカの政治風土において，住まいという私生活に密着した領域に政府が介入することには根づよい抵抗感があった。1929 年の世界大恐慌が，こうした状況を一変させた。危機に直面したアメリカ社会で，社会問題の計画的な解決への期待が高まった。ニューディール政策の一環として，住宅供給（ハウジング）への新しいアプローチが模索され，1937 年に連邦住宅法（Housing Act）が成立した。

　ちょうどその頃，社会学・心理学の産業や政策への「応用」に期待が集まりつつあった。大学の実験室ではじまった研究は，しだいに大学の外にフィールドを求めるようになる。そこで有望とされたのが，計画的に整備された住宅地であった。「比較的自己充足的な単位であり，周辺コミュニティから地理的お

および建築的に区別されているために，社会的相互作用のパターンがより容易に観察，研究できる」（Selvin 1951: 175）というのが，その理由である。

　計画的コミュニティは，それまで相互の関連の弱かった社会調査，社会政策，都市計画，社会理論が接近することで浮上した，きわめて 20 世紀的なテーマといえる。R・K・マートンは，これを社会学のための「比類なき実験室」（Merton 1948 = 2011: 145）と呼んだ。

　その際，社会学者は，「物的環境には欠陥があるのに，よい影響がある」とか「物的環境は良好なのに，よい影響がない」という逆接型の事例を取り上げた。これは，物的環境の「効果」を慎重に見きわめようとしたためである。

■ メディア研究とコミュニティ研究

　同じ時期，マスメディアの効果研究が急速に進展していた（Klapper 1960 = 1966）。これもまた，計画の効果についての観察であることに注意したい。マスメディアが受け手（聴取者や読者）に直接的な効果を与えるという見方は，「皮下注射論」とも呼ばれた。プロパガンダによって扇動される大衆や，映画やマンガの影響を受けて犯罪を起こす青少年といったイメージは，こうした見方を前提としている。1940 〜 50 年代の効果研究は皮下注射論に修正を迫った。

　戦費調達のための国債購入キャンペーンの効果を分析したマートンの『大衆説得』（Merton 1946 = 1970）は，代表的な研究の 1 つである。P・F・ラザースフェルドらの「コミュニケーションの二段階の流れ」というモデル（Kats and Lazarsfeld 1955 = 1965）もよく知られている。ラザースフェルドとマートンは，コロンビア大学の応用社会調査研究所の同僚で，彼らは一方でマスメディア研究を，他方でコミュニティ研究を進めていたのである。

　マスメディア研究は，受け手がもともともっている思考や行動のパターン（先有傾向）を補強する方向で，メディアが影響を与えることを明らかにした。受け手は，自らの先有傾向に反する情報を無視したり，都合のよいように再解釈したりすることもできる。そして受け手は孤立した個人としてメディアに向かい合っているわけではなく，家族や友人のネットワークのなかで解釈を行う。こうした受け手の側の条件を重視する立場は「限定効果論」と呼ばれる。

　当時の計画的コミュニティの研究が一種の効果研究を志向していたとすれば，

それらはいずれも限定効果論に連なる立場から行われていた。じっさい，マートンらがそうであったように，メディア研究とコミュニティ研究の担い手は重なっていた。これを理論的な考察に発展させたのは，都市計画家として活動した経験をもつ社会学者 H・ガンズである。彼は「可能環境と実効環境」という論文（初出 1958 年）で，「建築・都市計画の限定効果論」というべき立場を打ち出した。

　計画者たちは，皮下注射論にも似た効果論にもとづいて仕事をしがちである。しかし，物的環境は直接に人間に作用するわけではない。「物的環境と，観察しうる人間行動のあいだには，社会システムと文化規範が存在する。人びとはそれらを通じて，そしてそれらに沿って，物的環境のうち，かれらの生活に関連のある部分を定め，日常生活での環境の使い方および反応の仕方を構造化する」（Gans 1991: 25）。都市計画や建築は物的環境を改変する。しかしそれは「可能」環境への働きかけにとどまり，「実効」環境に変化しない限り，人間の行動に影響を与えることはない，とガンズは言う。

■ 可能環境と実効環境

　可能環境とは，計画者による想定のことである。利用者は計画者の想定通りに行動するとは限らないし，利用者の行動に影響を与える想定外の要因が存在する。想定は必ずといっていいほど裏切られる。計画者が根拠とする記述や予測は，客観的なデータのようにみえて，計画者の思想・理念と切り離せない。データがねつ造されるからではなく，概念や方法が中立・透明ではありえないからである。計画者が重視する価値と利用者のそれが離れていればいるほど，想定外の，好ましからざる利用が増える。それは計画者の制御能力の低さというより，利用者の側に環境を読み解き，つくり出す力がそなわっていることを示している。実効環境とは，「利用者によって知覚され，認識され，創造されたものである」（Gans 1991: 27）。

　ガンズは，このような視点をボストン市ウェストエンド地区のフィールドワークを通じて獲得した。ウェストエンドは計画的コミュニティではなく，「自然発生」的に形成された居住地である。都市計画のための調査報告は，さまざまなデータを挙げながら，この地区の劣悪な住環境を記述した。すなわち，

街路は狭く，日照と通風に欠け，駐車スペースが不足し，ゴミが散乱し，犯罪が多発している。ところが住民の見方はこれと真っ向から対立する。アパートは家賃が安くて広いし，家族と友だちがあちこちにいて，街のなかで悪事を働く住民はおらず，ゴミが散らばった道は避けて通れば問題ない。

　　このように見てくると，もはや，〔計画者から見た〕「よりよい」住宅が，居住者の生活条件を改善するかどうかを問うことはやめにしたい。かわりになすべきは，住宅のいかなる側面が，居住者にどのようなインパクトを与えるかを，居住者の生活のコンテクスト〔文脈・背景〕と，かれらが有する選択肢を視野に入れながら調べることである。多くの計画者と運動家は，階段式テネメントから戸建て住宅への転居が有益だというだろうが，人びとにとって利用可能な選択肢との兼ね合いで考える必要がある。

（Gans 1991: 28；強調引用者。〔　〕は引用者による補足）

　計画者から見ていかに良好なものであっても，「親密な社会的環境から人びとを孤立させてしまえば，『よりよい』住宅ではなくそうした〔社会的〕環境の方に依存してきた人びとにとってはマイナスになる」（Gans 1991: 28）。居住者の生活の文脈を読み誤った計画は生活を壊すことさえある。マスメディア研究と並行して発達したコミュニティ研究は，建築というメディアの効果を検証するなかで，「いかにして実効環境を記述・分析しうるか」という問いにたどり着いたのである。

3　コミュニティを問い直す

■ 喪失か，それとも存続か

　「社会学者にとって，空間的配置は本質的に重要な変数ではない」（Wellman and Leighton 1979 = 2012: 93）と宣言したのは，カナダの社会学者B・ウェルマンとB・レイトンである。彼らは，社会学に「コミュニティ」と「近隣」（一定の，たいていは小規模な地理的範囲，または地域）を同一視する傾向があり，そ

れが理論の軽視につながっていることを批判した。社会学は，「個人間のネットワークの形成やネットワーク内の資源の流通といった社会構造上の問題」(ibid.) に取り組むべきであって，空間的配置は，それらに影響を及ぼす限りにおいてテーマとなるにすぎない，というわけだ。この立場は，限定効果論や実効環境論を徹底させたものである。

　ウェルマンらは，「コミュニティ問題（the community question）」を，空間や地理にかかわる概念を使わずに定義する。すなわち，「大規模な社会システム上の分業が，第一次的紐帯（primary ties）ひとつひとつの性質や全体の組織のされ方にどのような影響を与えるのか」(Wellman and Leighton 1979 = 2012: 93) という問いである。

　第一次的紐帯が形成される場面は，家庭，近隣にとどまらず，職場，親族，友人，利益関心集団など多岐にわたる。コミュニティ問題は，社会学の特定の領域に限定されない。なぜなら，この問題は，人びとが希少資源を手に入れるための人間関係についての「微視的な分析」と，社会システムの構造的な統合についての「巨視的な分析」をつなぐ位置にあるからである。

　ウェルマンは，コミュニティ問題についての社会学者の見解を，「喪失論」「存続論」「解放論」の3つに分類した。まず，「コミュニティ喪失論」は，分業（たとえば，企業や政府の役割の拡大）によって第一次的紐帯が脆弱になったという見方である。たとえばL・ワースは，大きな影響を与えた論文「生活様式としてのアーバニズム」で，都市では非個人的，表面的，一時的，分節的な「第二次的接触」が支配的となり，こうした社会関係に適応するうちに，都市住民は控えめな態度，無関心，歓楽に飽きた態度，世間ずれ，合理性といったパーソナリティを備えると指摘した（Wirth 1938 = 2012: 102-103）。生活上の困難が生じたときには，第一次的紐帯に期待できることは極めて限られているので，行政などの専門機関が提供する援助を利用するほかない。

　一方，「コミュニティ存続論」は，産業化が進み，官僚制が発達した社会においても近隣コミュニティが命脈を保ち，「サポートと交際の重要な源泉でありつづけている」(Wellman and Leighton 1979 = 2012: 102) という見方である。前節で紹介したコミュニティ研究はこの立場に近い。メディア研究の限定効果論は，オーディエンス（受け手）の第一次的紐帯を発見したといえるだろう。

ガンズの『都市の村人たち』（Gans 1962 = 2006）をはじめとするコミュニティのエスノグラフィ（民族誌）は，開発に抗いながら維持される地域住民の強固な紐帯を描いた。

■ 第三の視点

1960年代には存続論の優勢は決定的なものとなった。「都市の社会解体を主張する喪失論は，近隣コミュニティの持続性を強調する諸研究によって，理論上も，経験的データ上も，完全に反駁されたといってよい」（Wellman and Leighton 1979 = 2012: 106）。ウェルマンらはこのような判定を下しつつも，存続論が描く近隣コミュニティは一部の特異例にすぎないのではないか，と疑問を投げかける。ウェルマンらの独自性は，そこからさらに進んで，喪失か，存続か，という二者択一を超えた3つ目の視点を提示したところにある。

　　　コミュニティ問題への第三の応答である解放論は，官僚制的な産業社会的な性質をもつ社会システムが近隣コミュニティを脆弱化したという点では喪失論の主張に同意する。しかし解放論は，第一次的紐帯はいまだに生命力を保ち，役に立っており，重要であるという存続論の主張にも同意する。解放論は，コミュニティは都市においても繁栄しているという点でも存続論と見解が一致しているが，そのようなコミュニティが近隣内部で組織されていることはめったにないと主張する点で意見が異なる。（Wellman and Leighton 1979 = 2012: 107）

コミュニティは，近隣にあらわれることもあれば，別な形をとることもある。解放論にとっての中心的な課題は，「社会的ネットワーク全体のなかで近隣を基盤とした紐帯がどのような位置づけにあるのか」（ibid.）を解明することである。トロントでの調査を通じて，ウェルマンらは，近隣をこえたパーソナル・ネットワーク，とりわけ親族の紐帯の重要性を明らかにした。交通・通信技術（自動車や電話など）は，近隣への依存から人びとを解放した。ウェルマンは，のちにインターネット上のコミュニティについての先駆的な調査を行っている（Wellman and Gulia 1999）。

4　コミュニティを読み解く

■ コミュニティの形

ウェルマンらは，ネットワークの概念によってコミュニティ研究を近隣や地域社会の研究から解放した。これによって明確になったことがある。それは，人はどんな形であれコミュニティを求める傾向がある，ということである。他方で，希薄となった視点もある。1つは，誰もがどこかに住まなければならないという事実への着目であり，もう1つは，コミュニティが人びとによって想像されたものであるという側面である（Crow 2018: 82）。マッキーヴァーが，「コミュニティ感情_{センチメント}」の探求という課題を提起していたことを思い起こそう。そこには，コミュニティが，メンバー間のコミュニケーションや資源のやり取り以上の要素を含んでいる，という見方が示されていた。

コミュニティの，「主観的かつ客観的である，あるいは，主観性と客観性の区別が溶解している」（Somerville 2016: 4）という性質に注意を向けるとき，「愛着_{アタッチメント}」や「帰属_{ビロンギング}」といった概念が重要になってくる（Delanty 2003 = 2006）。ただし，これらはメンバー間の社会的な関係に比べると測定が難しい。時間をかけて日常生活の文脈を読み解く必要がある。エスノグラフィという方法が選ばれるのはそのためである。

1つの比喩で考えてみよう。長縄跳びの縄は，それが回っている間は跳んでいるみんなを包み込む「球面」のように感じられる。ガンズのいう「実効環境」としてのコミュニティとは，この「球面」のようなものかもしれない。長縄の「球面」は，だれかが引っかかってそれを止めてしまったら，ただの「線」にすぎない。コミュニティの研究には，要素に還元できない形を観察し，記述することが求められるのである。そのやり方に，手っ取り早い正解はない。

■ 労力の配分

イギリスの経済学者R・パールが1984年に発表した *Divisions of Labour*（『分業論』，未邦訳）は，イングランド南東部，テムズ川の河口に位置するシェピー島という人口3万人ほどの地域をフィールドに，歴史的文書の分析，ライフヒ

ストリーの聞き取り，大規模な計量調査など，複数の手法を駆使して地域社会の構造と世帯の生存戦略を描き出した重厚なエスノグラフィである（パールとシェピー島調査については，武田〔2009〕参照）。

　パールは，「さまざまな形態のインフォーマルで共に行う（communal）仕事ワークを組織化しようとする地域の取組み」（Pahl 1984: 197）に着目した。「仕事ワーク」は，同書の核となる概念である。それは，企業などに雇われて賃金を受け取るフォーマルな働き方に限定されない。パールは，「雇用以外の多種多様な働き方」に着目する。たとえば，人びとは住宅のリノベーションに多大な労力を投入していた。簡単な工作にとどまらず，自力で，または家族や友人の力を借りながら，大がかりな改装工事が行われる。

　なぜ，人びとは自作（self-provisioning）に情熱をかたむけるのか。自作は，経済の停滞と福祉国家の縮小という逆境から身を守るための苦肉の策であったが，より積極的な面がある。まず，気の合う人と時間を過ごす楽しみである。それだけではなく，自宅の改良は，「不動産価値を増大させ，資産売却益を得て徐々に住宅市場における上昇移動をはかる」（Pahl 1984: 183）ための手段でもある。人びとは，1つの住宅に住み続けるわけではなく，地域のなかで少しでも条件のよい場所を求めて転居する。持ち家は，失業や収入の減少に対する保険として機能する。また，住宅は労力の貯蔵所の役割をもつ。転売価値の高い住宅を所有し，利用できる労力が豊富な世帯はより豊かになる。

　同時代の多くの社会学者が私生活に没頭して政治に背を向ける人びとを批判したのに対し，パールは，人びとがなぜ住居に「退却」するのかを，より内在的に解明しようとした。「地方選挙と全国選挙の投票率はきわめて低かった。これは，人びとが自宅の改修や改善，そして引っ越しの計画を立てる時の熱意とは，まったく対照的である。私は，こうした日常的生活実践への取組みこそが，本質的に政治的な活動であると考えている」（Pahl 1984: 327）。人びとは，フォーマルな政治には無関心かもしれないが，住居を拠点とする日常生活において，自らの労力の配分を通じて，もう1つの，そしてより実質的な政治に積極的に参入している。

　このとき，住宅は単なる経済的な資源にとどまらない意味を担っている。「どこに住んでいるか，という目に見える記号は，どこに雇われているかより

もずっと重要である」（Pahl 1984: 327）。なぜなら，「自宅は，まさにわれわれ
のパーソナル・アイデンティティの感覚にとって主要なよりどころをもたらし，
それゆえに，われわれの生活の質の基本的な評価基準となる」（Pahl 1989: 79）
からである。どこに，どのように住むかが，どんなコミュニティに属するかと
いう選択（または選択できない状態）の指標となる。

■ 選択的帰属

　イギリスの社会学者 M・サヴィジらも，この点に着目する（Savage et al.
2004）。住民の場所に対する愛着の語りには，3つのパターンがみられたという。
「定住」「郷愁」そして「選択的帰属」である。定住は，ずっと住んできた（た
とえば，この場所に生まれた）から愛着がある，という語りである。郷愁は，記
憶または想像された過去のコミュニティの姿に対する懐かしさである。これら
の語りでは，ともに「人が場所に帰属」している。これに対して選択的帰属
（elective belonging）は，意識的な選択を通じて場所に愛着をもつことを指す。
ここでは，「場所が人に帰属」している。

　サヴィジは，再開発によって刷新されたマンチェスターのインナーシティ地
域に転入してくるミドルクラスの人びとに，（たんに土地や建物ではなく）「場所」
を所有することへの関心がみられると指摘した（Savage 2010: 132）。選択的帰
属は，「自分と似た人たち」（people like us）の間で暮らしたいという願望にも
とづいている。G・クロウは，このような願望はミドルクラスに限定されるも
のではないとしている。「文化資本に関して自分と似ていると知覚される人た
ちと居住空間をともにしたいという願望は，より一般的なものである」（Crow
2018: 71）。

　ラザースフェルドとマートンは，計画的コミュニティにおいて友人関係がど
のように形成されるかを分析した。そして，人びとに自分と似た者を好む傾向
があることを見いだし，これを「同類選好」と名づけた（Lazarsfeld and Merton
1954）。彼らと同時代の社会学者で，日本の都市社会学の創設者の1人である
奥井復太郎は，「地域的な結合及び感情を持つ根本的な条件がどうしても，身
分的同似性にあることは絶対的である」（奥井 1940: 691）と述べた。

　社会学者は異口同音に，同質性の高さがコミュニティへの愛着を強めると指

摘する。ここで思い出してほしいのは，アバークロンビーらによるコミュニティの定義である。そこでは，境界は想像されたものであると述べられていた。反目し合っている人びとは，小さな違いを拡大して異質であることを強調するだろう。それゆえ，「コミュニティは似た者同士の間で成立する」というだけでは不十分である。似た者同士だと認識し合える人びとの間には，すでにコミュニティが成立しているからだ。

　これから住むところを選ぶのだとすれば，選択的帰属は一種の期待にもとづいている。そして，「自分と似た人たち」というのは，すでに「似ている」だけでなく，「似せたい」人たち，つまり「自分がそのようになりたいと思える人たち」まで含んでいると考えるべきだろう。クロウが注意深く「知覚される（perceived）」と記したように，それは人びとの主観的な判断にもとづいている。対象と自分の似ているところを探し，それを拡張し，似せていく。選択的帰属という概念は，「予言の自己成就」（Merton［1949］1957 = 1961）にも通じる循環的なメカニズムの存在を示唆している。

5　コミュニティを批判する

■ コミュニティを通じた統治

　社会学者だけではなく，いわゆる実務にたずさわる人たちも，コミュニティについて何らかの観察や読解を行い，それぞれの見解にもとづいて行動している。日常生活への影響力という点では，社会学者の理論よりも，こちらの方がはるかに重大である。

　ウェルマンらは，医療や福祉の専門家の間では「コミュニティ存続論」がいきわたっていると指摘した。それは，「近隣コミュニティから得られるインフォーマルな援助のほうが，地域内の個別的なニーズに敏感であり，官僚制からの要求に対しても個人を守ることができる」（Wellman and Leighton 1979 = 2012: 105）というものだ。利用者は（たとえ独居であっても）単独で暮らしているわけではなく，周囲の人との関係のなかで生活している。コミュニティによる支えがあると，医療や福祉の質が改善される。

　この命題を裏返すと，同じ質のサービスならば，コミュニティが存続している方が安上がりだ，ということになる。コミュニティ存続論が，財政支出を抑制したい行政官にとって好都合である，というウェルマンらの指摘は含蓄に富む。サービスの質を向上させたい人も，財政支出を抑制したい人も，ともにコミュニティの力を語る。それぞれの語りは，もともとはべつの動機から発したものだが，結びつくことがある。穏当なのは，コミュニティが活発になれば，財政支出を抑制できるうえに，サービスの質が向上する，というものだ。むしろ財政支出を抑制する方が，かえってコミュニティが活発になり，サービスの質が向上する，という意見に魅力を感じる人もいるかもしれない。

　N・ローズが「コミュニティを通じた統治」（Rose 1996）と呼んだ，政府と市民の新しい関係は，こうした見方にもとづいている。「コミュニティを通じた統治」は，大きな政府から小さな政府への転換をとなえるネオリベラリズム（新自由主義）と親和性が高い。行政にムダが多いとか，公務員の待遇がよすぎるとか，税金が高すぎるといった批判は，日本でもおなじみである。ネオリベラリズムの主流化は先進諸国に共通する現象で，問題を解決するはずの政府こそが問題だ，といったスローガンが喝采を浴びる。こうした物言いが，「個」の責任や自立と，コミュニティの役割の強調とセットになって持ち出されることもめずらしくない。

■ 順応と抵抗

　もともと福祉国家の規模が大きく，市民社会の伝統も厚いイギリスでは，政府によるコミュニティの動員の是非を問う議論がとくに活発である。ここでは P・サマーヴィルによる整理（Somerville 2016）を参考に，その一端を紹介してみたい。

　新自由主義の政府は，公共事業を縮小したり，国有企業を民営化したりして，政府を軽量化した。そのすき間を埋めるのは「民間」の主体である。民間には，営利企業だけでなく，非営利団体や市民の活動も含まれる。もっとも，営利企業（とりわけグローバル企業）は十分な利益が見込める分野（不動産や金融など）にしか参入しない。規模の経済が働かない対人社会サービスのように，企業が二の足を踏む分野については，政府は，市民に積極的（アクティブ）で，自発的（ボランタリー）な参加をもと

17

める。このとき，政府は「撤退」（ロールバック）のみならず，「拡張」（ロールアウト）をはじめる。

　政府の縮小と民間への干渉の増大は，矛盾するようにみえるが，じっさいには両立する。「活性化国家」とか「影の国家」といわれるように，政府は条件整備の役割に徹し，ボランタリー団体やコミュニティ活動を側面から支援する。両者の関係は，パートナーシップ（協働）と呼ばれることも多いが，立場は対等ではない。補助金を配分したり，業務委託先を選定したり，優遇措置を割り当てたりする権限を握っている——ゲームのルールを決める——のは政府である。コミュニティは，政府にとって都合がよいときには大いに活用されるが，反抗的な態度を見せると無視されたり抑圧されたりする。そこまで露骨ではなくとも，民間の主体には何かと説明責任と客観的な指標が求められる。

　緊縮財政によって政府の規模が縮小すればするほど，「評価者」あるいは「監査役」としての政府の役割が強化される。民間主体の側も，政府の意向を先取りしながら，自らのアイデアやプロジェクトの売り込みを競うようになる。プレゼンテーションや資金調達のプロたちの振りつけに沿って，評価されやすいように自己を順応させ，再構築していくうちに，多様であるはずのボランタリー活動の担い手の間で，しだいに行動様式や言葉づかいが画一化されてくる。ここには，3つの圧力が働いているという。すなわち，法的な規制などの「義務的な圧力」，成功事例（グッドプラクティス）の奨励をつうじた「模倣への圧力」，すみずみまで管理を行きわたらせる「規範的な圧力」である。こうして，「従順で，素直で，均質で，同型的な（したがって，より統治しやすい）コミュニティとコミュニティ組織が生み出される」（Somerville 2016: 100）。

　ただし，コミュニティはただ動員され，順応するだけの消極的な存在ではない。コミュニティは，「順応し，かつ抵抗する」（Somerville 2016: 100）。そして，政府もまた，必ずしも一枚岩ではない。ストリートレベルの官僚は，政府とコミュニティの間を媒介しており，そこには双方向のプロセスの余地が残されている。両者の「出会い」が，予想外の結果をもたらすこともある。そして，コミュニティは孤立しているとは限らない。コミュニティの連合は，特定の地域に限定されない。「ローカルからグローバルにいたる，多層的な相互協力のネットワーク」（Somerville 2016: 102）と手を組むことによって，政治的な交渉を有利に進めることができるかもしれない。コミュニティの動員に批判の目を

向けたうえで，現場で起きていることの複雑さにも敏感でありたい。そのような複眼的なまなざしこそが，厚みのある記述を可能にするからである。

6　本書の構成

　この章では，社会学者たちが，コミュニティという魅力的でありながらも扱いの難しい概念とどのように格闘してきたかを紹介し，コミュニティの社会学が取り組むべき中心的な課題を提示した。

　続く第1章からはじまる本論は3部構成となっており，それぞれ3つの章，あわせて9つの章からなる。各章では，「はじめに」で述べたコミュニティの構造的な多義性に留意しつつ，筆者たちが調査している現代の事例や，歴史上のできごとに言及しながら議論を進める。

　第1部「つなぐ──コミュニティの枠組みと働き」は，コミュニティの3つの異なる様態を示す。第1章が取り上げるのは，イエ（家）と，イエを構成単位とするムラ（村）であり，それらが体現する，死者とのかかわりも含めた生活の全体を包み込む共同性である。これを「共同的・土着的コミュニティ」と呼ぶならば，第2章の主題は，「協働的・媒介的コミュニティ」である。それは，複数世代にわたる人生ではなく，日常生活にあらわれた共通の課題・テーマや認識・関心にもとづいて形成されるネットワークである。第3章が光をあてるのは，「流動的・仮設的コミュニティ」である。多様な背景をもった人びとが一時的に形成するコミュニティが，働くことと住むことを組み込むことで，居場所，あるいはインフォーマルなセーフティネットとして機能している様子が描かれる。なお，ここで設定した，共同的・土着的，協働的・媒介的，流動的・仮設的という類型は，純粋な形で存在するわけではなく，現実には混在や複合が生じていることに注意したい。

　第2部「たどる──コミュニティという概念の由来」は，コミュニティの概念がどのように日本社会に定着してきたのかを明らかにする。コミュニティという言葉そのものが広まったのは1960〜70年代であるが，その発想は近代の初期までさかのぼることができる。第4章は，国民国家という大きな枠のなか

で地域の共同性が再編成される過程と，そこでのメディアやイベントの働きに着目する。それは，共同的・土着的コミュニティに危機をもたらすものでもあった。第5章は，大正から昭和初期にかけて，都市計画と社会事業（ソーシャルワーク）という制度のもとで，都市に移住して孤立した生活を送る人びとの間に協働的・媒介的コミュニティを創出する試みが始まっていたことに注目する。コミュニティの組織化に向けた取組みはくり返しあらわれたが，1970年前後にはブームといえるような高揚がみられた。第6章は，この時期に提起された構想を，地方自治，社会福祉，都市計画，建築といった分野を横断して解説する。

　第3部「つくる──コミュニティの生成と再生産」は，コミュニティが生まれ，再生産されるメカニズムに焦点をあてる。その際に注目するのは，コミュニティが共有する資源や，その管理・利用のしくみである。こうした資源としくみは「コモンズ」と呼ばれる。コモンズの具体的な事例として，第7章は生態系，第8章は住まい，第9章は祭礼を取り上げた。それらはまったく異なるもののように見えるが，いずれも人びとによる持続的な働きかけを通じて維持・継承される資源であるという点は共通している。重要なことは，コミュニティが主体となって資源を維持・継承するだけでなく，資源を維持・継承するしくみこそが，コミュニティの存続の基盤となるという点である。コミュニティとコモンズの間には相互規定的な関係がある。このような関係をつぶさに観察すると，共同的・土着的，協働的・媒介的，流動的・仮設的と名づけた，コミュニティの複数の様態の重層を見いだすことができるだろう。

　本書の構成は以上の通りである。最初から読み進める必要はなく，関心が向いた章から読みはじめてもらいたい。その際，本章で取り上げた論点が，どのように具体的に展開されているかに注意しながら読んでほしい。本書が，読者がそれぞれの現場でコミュニティについての理解を深める手がかりになれば幸いである。

──────── 祐成保志・武田俊輔・渡邊　隼◆

第1部

つ な ぐ

コミュニティの枠組みと働き

第 *1* 章

家なきコミュニティの可能性

岩手県遠野市のトウロギ（灯籠木）（写真提供：岩手県立博物館）

　この章ではまず，日本社会におけるコミュニティの基本的な原理としての家（イエ）と村（ムラ）をとりあげ，人びとが世代を越えてそれらの永続を希求してきた原理について見ていく。土地や住居のような家産を次の世代に引き継ぐ経営体で，かつ先祖代々の死者を祀り続けることで構成員の生活や一生を長く保障してきた家，そうした家同士が相互に扶助しあう村といったコミュニティのありようは，現代では困難に思われるかもしれない。

　しかし，だからといって現代においてコミュニティが存続しえないわけではない。人は生まれ，成長し，歳を重ね，やがては死んでいく。誰もが経験するそうした人生の時間の流れにおいて，世代間で贈与を繰り返して何かを継承していくしくみにおいて，家や村とは違った形での，求心力をもったコミュニティの可能性を私たちは見出すことができる。

1　はじめに——ふたつの交通渋滞

　お盆やお正月の前後になると，決まってニュースで報じられるのが交通渋滞である。高速道路の渋滞が何十キロだとか，新幹線，飛行機などの乗車率が百何十パーセントだとか，大勢の人が一度に日本中を移動する様子が伝えられる。国内海外の観光地に向かう人もいるが，多くの人にとっては自分の家族や故郷を訪ねるのが移動の理由だろう。同じ時期に混雑するのはわかりきったことなのに，今年もまた渋滞は繰り返される。

　このとき日本の別の場所で，もう1つの渋滞が起きているかもしれない。しかも鉄道網が張りめぐらされ，自家用車が普及するずっと以前からである。それはお盆やお正月の度に呼び出される，私たちの「先祖」の帰路である。死んでからも先祖は，繰り返しこちらに「帰省する」ことになっている。しかもそれは死んでから暫くの，限られた期間だけではない。誰かの身近な家族だった故人は，この世を去ったすぐ後のお盆（初盆・新盆）にはもちろん，もはや会ったことのない，曽孫やその子らによっても，繰り返し「匿名の先祖」として呼び出されてきた。そしてお盆が終わると，またあちらへと送り返されるのである。本章の扉の写真はこのことをわかりやすく示す，「若い」先祖のための誘導灯である。岩手県遠野市では，家族が亡くなってから3年以内の家で，戒名が記された長く白い布を垂らす灯籠を掲げ，風になびかせる。民俗学者・柳田國男の著作『遠野物語』にも紹介されているこの旗はトウロギと呼ばれ（柳田［1910］1997），亡くなった家族が無事にお盆に家に帰ってこられるための道標である。トウロギは死者の「不慣れ」な道程を導いているのである。

　このような日本の死者の弔い方を，アメリカの文化人類学者R・スミスが『現代日本の祖先崇拝——文化人類学からのアプローチ（上・下）』(1981, 1983)（原題［1974］*Ancestor Worship in Contemporary Japan*）に驚きをもって記している。それは表向き，多くの日本人が仏教徒とされ，死者を「ホトケ」と呼びながらも，死者の弔い方は仏教に特徴的であるはずの「霊魂輪廻［輪廻転生］の観念とも合致しているとはいえない」からである。輪廻転生の考えに沿えば，盆の度に死者が呼び出されては，いつまでも生まれ変わることができない[1]。しかし

「人が死亡すると一連の祭儀と儀礼が動き出」し，「普通死後33年ないしは50年の命日に行われる最後の年忌供養において，それらは頂点に達する」（Smith 1974 = 1981: 111）。それまで死者は，日本中で少なくとも盆の度に「先祖」として呼び出されてきたのである。弔い上げまでの33年，ないし49年，50年の歳月は，弔う者の一生を考えれば決して短くない時間である。

　この過程で死者は「次第に，個性を喪失して，融合して一体化した祖霊界，ただひたすら浄く，慈愛ぶかい祖霊界へと仲間入りして行く時点まで，少しずつ移行していく²⁾」（Smith 1974 = 1981: 111）。このような死者が先祖となるまでの過程については，1950年代の東京でフィールドワークを行った英国の社会学者，R・ドーアも瞠目³⁾している。そして日本で死者を指す「ホトケ」には，「近親ボトケ」と「先祖ボトケ」⁴⁾とがあり，両者を隔てるのもまた弔いの時間であると説いている。二種の「先祖」は，祖父母や父母，兄弟姉妹といった具体的な思い出をもつ身近な死者（近親ボトケ）と，家族の誰もがもはや記憶をもたない，匿名化された「先祖」としての死者（先祖ボトケ）である（Dore [1958] 1971: 313）。

　異国から来た2人が指摘した仏教と先祖供養との「矛盾」には，日本の民俗学者，社会学者らも（差異はありながらも）大きくは一致した見解をもっている

---

1)　井之口章次は『生死の民俗』で仏教と祖霊信仰との異質さを指摘したうえで，「このように，霊魂思考と仏教の間には，非常に大きな違いが幾つもある。仏教では基本的に，霊魂の存在を認めていないようであるし，他界観がまるきり違う。霊魂信仰は本来，偶像崇拝ではない。これだけ違った仏教を，よくもまあ平気で受け容れたものだと驚くほかはない」と述べる。この「理由」に，祖霊信仰が宗教のような不幸，不運な魂を救済するものでなかったという「致命的な欠陥」を挙げ，ユニークな解釈を示している。「（祖霊信仰は）幸せに死んでいった人のことはよく説明しているけれども，非業の死をとげた人のことは，ほとんど無視している。みな浮遊霊になって，人に恐れられるばかりである。つまり祖霊信仰は，ひたすら清浄ばかりを追い求めてきたのである。そこで，いったい宗教とは何か，という課題に直面する。むつかしい議論を展開するつもりはない。宗教の大きな目的の一つは，悩める魂の救済にあるはずで，清く正しく美しく，もよいが，不幸な魂，不運な魂を救済しないのでは宗教とは言えない。祖霊信仰は，こういう根本的な欠陥を持っていたために，宗教になることができなかった」（井之口 2000: 248-49）。
2)　スミスはこのプロセスが最も象徴的に見えやすい祭祀として，位牌の配置場所が，低いところから高いところまで時を経るごとに上がっていく伊豆諸島の供養儀礼を紹介している（スミス 1981: 129）。

（柳田 ［1946］1998，前田 1965: 59，有賀 ［1967］2000: 379，森岡 1984: 17，井之口 2000: 249，山折 2017: 138）。彼らの知見に倣えば，毎年定期的に繰り返される交通渋滞は，あの世から繰り返し死者を「呼び戻す」必要に行き着くのかもしれない。実際には現代のお盆は，生きている家族が一堂に会して顔を合わせることが目的の機会となっているだろう。しかし少なくとも身近だった家族（近親ボトケ）を迎える新盆については，今も多くの人にとって無関係の習俗ともいえないのではないだろうか。

■ 変化する「一生」

　図 1-1 は民俗学者坪井洋文による，人生の節目に行われる儀礼（通過儀礼）を示した，人の一生である。この図では人間の一生は，生物学的死がその終着点ではない。死を迎えてようやく半分が終わり，祖霊，つまり先祖となる日ま

3）　日本の民俗学者も，繰り返し供養が重ねられながら，死者が匿名の先祖と化していく祖霊観については同様の見解を示している。代表的な論者として，民俗学者の桜井徳太郎は，近親ボトケ，先祖ボトケに該当する概念として具象的祖先観と間接経験的観念的祖先観，イデオロギー的抽象的祖先観の 3 概念を提示している（桜井 1989: 153-62）。少なくともドーアとスミスは，調査地で一次データとしての「祖霊信仰」に出会う前に，以下の先行研究には出会っているはずである。「盆にむかえられるホトケサマ（複数）は家の初代以来の代々の系譜に含まれた人達であった。それは生きている家族（員）にとっては多くは血縁でもあったが，往々非血縁も含まれていた。彼らは過ぎた世代に家を守って来た人々であったから，ホトケとなった後は家を守るものとして存在することが信じられ，盆の時でも，平素仏壇や墓において祀られている時でも，生きている家族（員）はこれを家の守りとして礼拝する習慣が一般的であった。これには死者個人に対する思慕も消すことはできなかったが，過去の世代の先祖に対しては一団の存在として，それも家のホトケとして一定の観念——家の守護——が抱かれ，個人的な思慕を超えたものとなるのが常であった」（有賀 ［1958a］2000: 350）。

4）　近親ボトケは原著では "close-relative *hotoke*"，先祖ボトケは "ancestor *hotoke*" である。以下は近親ボトケと先祖ボトケをいかに呼び分けるかを解説する箇所である。"A further distinction can be made among the *hotoke*, between Grandpa, Father, or brother Jiroo on the one hand, and the "ancestors"（senzo）-all the *hotoke* who have been dead for so long that no surviving member of the family has personal memories of them-on the other." "After a certain length of time（in theory, after the fiftieth year, though there is great variation in this respect）the *hooji* rites on the anniversaries of the death-days of particular ancestors cease to be held"（Dore 1958: 313）.

図 1-1　坪井洋文による一生の円環図

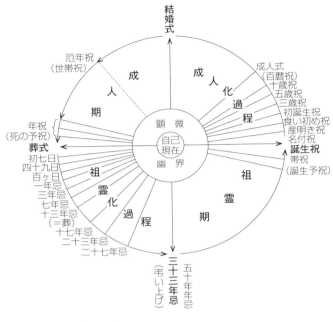

（出所）　坪井（1970: 19）。

で，通過儀礼は延々と続き，この間死者は繰り返し呼び出され，ようやく先祖になると信じられてきた。死後の前半部分はドーアのいう「近親ボトケ」に該当し，後半は「先祖ボトケ」に該当するだろう。一生の半分は生物学的には死んでいて，「死」は先祖になるまでの折り返し地点ということになる。さらに興味深いのは，ここに示されている諸々の儀礼が，当事者ではなく周りで生きる人たちによって担われることである。節目を祝う人と同様，弔ったり供養したりする役割を務める他者が，当然の存在として想定されている。

　ではこれら人生儀礼の担い手として想定されているのは誰なのかといえば，端的には家（ie）か，それらの家が帰属するコミュニティ（生活共同体）であった（第 4 節で詳説）。しかし現代においては坪井の図（図 1-1）にあるような成人式や結婚式といった人生儀礼の頻度自体が減りつつあり，担い手も家族や身内，専門業者など，コミュニティの出番は希少になりつつある。たとえば結婚式で

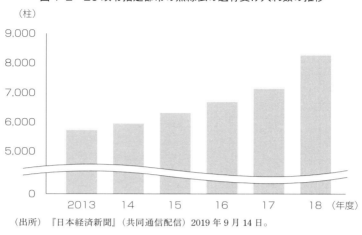

図 1-2　20 政令指定都市の無縁仏の遺骨受け入れ数の推移

（出所）『日本経済新聞』（共同通信配信）2019 年 9 月 14 日。

いうと，参加者も家族や親戚，職場の同僚，友人などが主となり，自分の隣近所に暮らす人たちを呼ぶのはもはや「めずらしい」ことかもしれない。

　しかし今なお日本には家のみならず，地縁からなるコミュニティもまた死者を呼び戻し，共に過ごし，送り出すことを担う多くの地域がある。先にふれた遠野市の習俗（トウロギ）には，コミュニティによる「位牌褒め」という鹿踊（ししおどり）が付属しているし，日本の各地にある盆踊りや念仏踊りも，呼び出された先祖を共に慰めるために集合的に執り行われてきた。京都の五山の送り火に限らず，日本各地にある送り火の慣習もまた，少なくとも共同で先祖を送る一場面である。

　けれども現在の日本で，先祖の帰路に渋滞ははたして生じているだろうか。そして坪井の図が示すように，人の「一生」は死んだ後にもう半分続くのだろうか。スミスやドーアが調査していた 1950 年代や 60 年代の日本と同様，はたして先祖は繰り返し呼び出されているのか，疑わずにはいられない状況がある。

　その一端として図 1-2 は，2018 年度に主な政令指定都市に無縁仏として届けられた遺骨の数である。20 の政令指定都市が，合計 8287 柱を引き取り手のない無縁仏の遺骨として受け入れているが，なかでも大阪市はその 3 割以上に該当する 2688 柱を引き受け，2013 年度以降増加の一途をたどっている[5]。しか

もこの数のうち，身元不明の死者（行旅死亡人）が占めるのはわずか50柱ほどだという。つまり遺骨の引き取り手にたどり着けないのではなく，引き取る人がいないことを示している。1990年時点の大阪市で336柱だった無縁遺骨は，30年後の現在，7倍以上の数に達している。お盆（およびお正月，彼岸）の度に身近だった死者や先祖を呼び戻し，送るのが日本に広くみられた固有の信仰形態だったはずである。加えてここにある数字は，新聞社が独自に取材をして得たものであり，厚生労働省は公式に引き取り手のいない遺骨数を集積していない。そのため人口減少や高齢化に悩む農山漁村で，遺骨の行方がどのような変化をたどっているのかは，各自治体がそれぞれ把握するにとどまっている。[6]

　この章では，家（*ie*）とそれらを包摂してきたコミュニティ（ムラ）とが，死者を「先祖」に変えていくまでに果たしてきた役割に注目し，世代を超えて継承されるコミュニティが姿を消すことが，私たちにとってどのようなことを意味するのかを考えてみたい。[7] 少なくとも都市で増加する行き場のない遺骨や，人口減少や高齢化によるコミュニティの存続の難しさは，死を迎えた人に生じる変化のみならず，死者を送ってきた人びとの変化もまた示しているだろう。「先祖」が呼び出されなくなることを，私たちはどのように理解したらいいのだろうか。そして坪井が示した人の一生の円環は，今どのような形をしているだろうか。

---

5) 『日本経済新聞』（共同通信配信）2019年9月14日。

6) 葬送や墓に焦点をあてて現代社会を分析する近年の研究としては，以下の文献が挙げられる。興味に応じて参照されたい。鈴木岩弓・森謙二編（2018），関沢まゆみ・国立歴史民俗博物館編（2015），森謙二（2014），新谷尚紀（2015），岩田重則（2003）など。

7) たとえば米山俊直はむらを以下のような空間として説明している。「むらが生活空間として確立すると，そこには生活に必要な一組の文化要素がととのえられる。たとえどんなに貧弱であっても，人間の誕生から死までの，一切の行動を可能にするための準備がいるのだ。たとえば分娩，育児，教育，労働（衣食住その他生活資材の獲得），配偶者選び，休息，老人の世話，病人の世話，葬儀，死者のまつりなどについて，精神的，肉体的な諸条件を最低充足するためのものが，どのような小地域社会でも存在しなければならない」（米山 2006: 396）。有賀もまた，都市と集落の共通項を論じる箇所で以下のように述べている。「聚落はその中にあらゆる生活機能を容れるのであるから，政治や経済でも，この生活を通して現れるはずである」（有賀［1958b］2000: 400）。

2　誰が先祖を呼び出してきたのか

　そもそも誰が死者を弔い，祀ってきたのか。祖霊信仰や先祖のあり方からいえば，この問いにはすでに分厚い先行研究が明確な答えを示してきた。それは家（*ie*）であってコミュニティそのものではない。少し迂回するようだが，コミュニティが死者の供養をどう引き受けてきたのかを論じるまえに，長らく死者を祀る単位として存在してきた「家」とは何かを踏まえておかねばならない。というのも実際には集落，部落，町内などと呼ばれてきた日本のコミュニティで，家はその構成単位でもあり，コミュニティは家連合としても説明されてきたからである。

　家（イエ）とは単に建物を指すのではない。かといって家族（family）とイコールの関係にあるのでもない。家族（family）を世界中，どの文化圏にもある普遍（通文化的）概念とすれば，日本の家（*ie*）は誰もが使う言葉でありつつ，特定の文化圏に固有の民俗語彙（folk term）でもある。英文で書かれたドーアの家の定義は，そのことをよく示している。彼が日本の家（*ie*）を英文読者にどのように説明していたのか，少し長いが引用しておこう。

　　　教会や学校のように継続する実体として私たちが捉えている「家族」とは，家（*ie*）と呼ばれている。house（家）の方がおそらくよい翻訳だろう。家はまた明治初期から 1947 年まで，地方政府が管理する戸籍の観点からは，端的に法律で定められた，生存する個人が制度的に認知される単位である。家の成員として生まれた子どもは全て，自動的に戸籍に入った。そのほかにも結婚や養子の引き取りによって戸籍に入る。家の成員は時に，追放によって，結婚によって，養子に出されて，また分家を設立することによって家を離れた。このように定義される家はしかし，同居単位では決してない。街で働いている娘や息子は，親の家族の戸籍に残ることになる。[8]
　　　（Dore［1958］1971: 103）

つまり日本の家とはどの社会にもある普遍概念としての「家族」には該当せ

ず，かといって同居実態の単位でもない。この微妙な差異は，今でも「家を継ぐ」とか，「結婚して家を出る」といった表現に感じ取ることができるだろう。そして家はまた，1947年を境に廃止された制度でもある。では家は家族とはどう違って，戦後に廃止された制度の「家」とはいったい何だったのか。

■ 家族と家の違い

　まず家とは，日本のコミュニティを構成するものとすでに述べたが，細谷昂（2012）の定義に依拠しておけば，端的には「家族労働力によって営まれる経営体」である。家が「経営体」だといわれても，賃金収入に頼って日々職場に通勤する現代人にとっては，耳慣れない定義かもしれない。家が経営体であるということは，家族の労働力やそれによって得られた賃金収入が，あくまで家の経営のために運用，集積されることを意味する。つまり家族が出稼ぎやアルバイトで得た収入も個人ではなく家に還元され，その運営存続のための原資になる。家がもつ土地や財産も，決して私有財産ではなくあくまで「家産」という家の生産資本であり，家の次代の成員のために維持されているにすぎない。職住が分離していない老舗店舗や，田畑が家屋に近接する農家を思い浮かべてみれば，理解しやすいかもしれない。細谷はこのように近世，近代の家が，経営と家族とを結びつけていた点に，その特色を見出す（細谷 2012: 5-6）。この定義のなかで家は，職場と住居（職住）が分離していないことが前提となっている。そしてこのように聞くと，何やら家は個人の自由を縛る，重苦しいものにも思えてくる。

---

8)　"The 'family' in the sense we have been considering -as a continuing entity like a church or a school- is called the *ie*. House would perhaps be a better translation. *Ie* was also, from the early Meiji period until 1947, a legally recognized unit of living individuals quite simply defined in law in terms of the family registers kept at the local government office. All children born to members of the ie automatically entered it. Others could enter by marriage and adoption. Family members left the ie by expulsion, by marriage, by adoption or by establishing a branch family. The ie as thus defined, however, bore no relation to the domiciliary unit. Sons and daughters working away in the towns would remain on the register of their parental families." (Dore［1958］1971: 103)

■ 制度としての家

実際に廃止された家制度において，一家の長である戸主は強い権限をもった。家族は戸主の命令，監督に服し，戸主は家族を扶養する義務を負い（旧747条），家族の婚姻には戸主の同意が必要であった（旧731条）。妻は夫の家に入り，戸主と家族が同一の姓（氏）を名乗ることも義務づけられていた（旧788条）。加えて家を継ぐのは男子の長子相続を原則とし，女子よりも男子が，非嫡出子よりも嫡出子が，その相続において優位な位置に置かれた。

しかしこの家制度は，第二次世界大戦での敗戦の後，戦勝国アメリカの占領下（1945〜52）で1947年に廃止されるに至る。それは旧来の家が「民主的」ではなく，所有する土地が広大な者ほど大きな権限を握る「封建的」なものであり，家父長制の温床と目されたからである。[9] このことは一面で否定しがたく，この民法の改正によって，法律上男女がより平等になり，家族は戸主への「服従」も回避できるようになった。こうして日本の戦後社会は，家制度なき後に始まったのである。

しかし少々ややこしいのは，この家制度の廃止が，家自体の消滅を意味しなかったことである。そして明治憲法にある家制度が，そもそも実態としての家とは食い違うケースも多々あり，制度としての家と実態としての家とは，イコールの関係ではとらえられない。たとえば北関東や東北には，必ずしも家の相続が男子や長子だけに限られない「姉家督」や「末子相続」といった慣行が調査によって見出されている。[10] さらに現代の日本で「家」は消滅しているのか，

---

9)　有賀は当時のアメリカ「進駐軍」の政策を以下のように見ていた。「当時進駐軍の新しい政策実施が，主な目的は日本の征服にあったとしても，日本の封建制の絶滅を謳っていたのであるから，家制度などその槍玉に挙げられたのも当然であったかも知れない。進駐軍が当時日本の家制度をどのくらいまで理解していたかわれわれにはわからないとしても，家制度が封建制度の結晶したものであると日本人が考えたのは，いく分は進駐軍の口真似もあったのではないかと思われる。なぜといえば，進駐軍が日本の諸制度を改革すると称して，日本の諸制度をこわしたのはそれを名目にする方がきれいに見えたからであるとしても，実施は日本の征服に真の目的があったと思われるからである。進駐軍の考え方からするなら，天皇制だってたしかに家と同じ程度に『封建制』でなかったはずはないのに，天皇制の方を或る程度温存せしめたのは，その方が日本の統治に都合がよかったという点から来たことを考えてよいと思う」（有賀［1955b］2000: 128）。

遺制として存在しているのかについても，今なお論争的である。けれど確かな
ことは，家制度の廃止が，家の存在を公的に否定することによって，家の経営
に付随していた営みもまた，間接的に否定されることになったということであ
る。それは家父長制やそれに伴う男尊女卑といった価値観だけにとどまらず，
ひいては家々が構成するコミュニティにも影響を及ぼさずにはいなかったので
ある。

■ 家制度の廃止と家の永続性

敗戦から間もない当時，家制度の廃止に疑問符をつけることは，一筋縄では
いかなかった。当時「革新陣営に属する人々は家制度の徹底的なぶちこわしを
主張し，保守陣営に属する人々は家制度を日本古来の醇風美俗として或る程度
保存することを主張していた」が，「前者は民主主義のイデオロギーから来た
ものであり，後者は国粋主義的なそれから来たもの」にすぎなかった（有賀
［1955b］2000: 129）。

有賀は家制度廃止の8年後にこのように綴っている。「（家制度の）廃止論が
どこまで正当性があるか理解できなかった多くの人々は，それによってひきお
こされる結果について深い心配を持った。私は当時『もし家がなくなったらど
うなるか』という素朴な問いを無数に経験した。しかもそれは農地改革に際し
て農民運動に参加した側の人たちからさえも受けたのであるから，内容のいか
んにかかわらず，このことははげしい影響力をもったものであることがわか
る」［括弧内引用者］（有賀［1955b］2000: 128-29）。

このとき彼が知ろうとしたのは，家の存続をめぐるイデオロギーの対立で見
えづらくなっていた，家を維持しようした人たちの実状である。有賀はあくま
で「家制度の廃止」も，1つの生活条件の変化としてとらえ，それまで家に暮
らしてきた人たちの対応から「家」とは何かが明らかになるとたしなめたので
ある。

---

10) 女子であれ長子が家を継いでいた「姉家督」の慣行については前田卓（1968）が社
会学としては嚆矢的研究。代表的なものとしては内藤莞爾（1973）。民俗学の研究と
しては竹田旦（1969），佐藤光民（1978）など。

　では家制度の廃止は，イデオロギーの如何を問わず，なにを揺るがすもの
だったのか。その 1 つが，家が志向してきた 2 つの永続性であった。それは家
が①「経営体」であり，なおかつ②死を迎えた家族を「先祖」として祀るがゆ
えの前提条件でもあった。私たちが素朴に家族や自分が勤める会社の永続的な
経営を望むように，家もまた小さな経営体として，その永続は素朴に希求され
た。また，死者を先祖にするまでには，すでに坪井の図にあったように，長い
時間が必要である。『家の変貌と先祖の祭』のなかで森岡清美（1984: 38）は，
家が集団としてもつ特性を 5 つ挙げている。1 つ目に永く存続することを志向
する「永続期待」，2 つ目に過去の集団成員の貢献に現成員が依存するという
意味での「世代間相互依存」，3 つ目に成員が死ぬまで帰属するという意味で
の「終身成員資格」，4 つ目に成員が運命を共にする「運命共同」，5 つ目に集
団を含む社会自体が宗教性を持っているという意味での「宗教的全体社会」で
ある。5 つ目は少しわかりにくいが，同じ地域に暮らす家々が，共通の氏神を
祀っている状況を想像すればわかりやすいかもしれない。5 つの特性すべてに
おいて，家の超世代的継承は，前提条件となっている。
　そして家の永続志向は，必ずしも豊かな家産を備えた家だけにとどまらない
と森岡は強調する。「付言しておかねばならないのは，家の永続を期しえない
下層民でも，子供の一人は親と終生同居するという家族生活のあり方により，
追善行事が世代的に累積し，家の宗教性を確かなものにしたということであ
る」（森岡 1984: 17-18）。つまりここで確認しておきたいのは，家というのはあ
くまでイデオロギーの如何にかかわらず，家の構成員の生活や一生を，なるだ
け長く保障するためにとられた 1 つの戦略的形態であったということである。
それぞれが農業や出稼ぎ，日雇いなどの賃金労働といった多様な形態の仕事を
していても，それらによって得られた資源を 1 つの家に集約して分配すること
で，帰属する成員が皆，生き延びるためにとられた 1 つの方法である。ここで
家の永続と，構成員の生存とは，少なくとも同じ利害関係のなかにある。むろ

11）　第二次世界大戦末期の戦禍が悪化するなか，柳田國男が執筆していたのが『先祖の
　　話』である（柳田［1946］1998）。夥しい数の若い男性が帰らぬ人となるなか，家の
　　継承者が不在となることを懸念したことが柳田の執筆動機である。

ん家父長制は限られた成員のみが戸主として継承する排他性をもち，女性や次三男の一生を蔑ろにすることもあっただろう[12]。しかし他方で永続を期待する家は，誰もがいずれ死を迎えるという定めを負う以上，構成員にとって好都合なことでもあった。死を迎えたり，弔ったりすることは，自身だけでは負いきれないことだからである。このように家は，経営と生活の場が一体であり，一方で食べていくための経済を成り立たせ，他方で死者を先祖として祀っていく役割によって，人の一生よりも長い時間を紡いでいく必要性をもつ組織であった。つまり，家を失うということは，成員が終生帰属し，成員の一生よりも長い時間を積み重ねる生活組織が姿を消すことを意味したのである。今や日本のほとんどの人にとって，終生帰属を続ける組織はとても稀だろう。そしてこのような時間性をもつ人の生き死にの場としての家（*ie*）は，単に寝食の場としての居住空間（house）を意味するようになってきた。そしてそのような家を構成単位としたコミュニティも，大きな変質を帯びるようになっていったのである。

3　コミュニティの永続性

　ここまでかなりの紙幅を家の説明に費やしたが，それは現在の日本のコミュニティの変質を語るうえで欠くことのできない，時間性に言及するためであった。コミュニティはそもそも家を構成単位としているからこそ，家と同じように「永続が期待」され，原則としてそこに暮らす家々は永続的な「成員資格」をもち，「運命共同」の，そして共通の先祖や氏神を祀る「宗教的全体社会」としての側面をもったからである。つまりコミュニティの永続期待という時間性は，家とそこに暮らす成員があってはじめて成立していた。では家が単に居住空間（house）へと変質していく過程で，コミュニティはどのような変質をたどるのだろうか。まずは近年の社会動向を確認しておきたい。

　図1-3は，1953年から近年までの自営業者（およびそれに従事する家族）と雇

---

12)　ただし，家産の相続については，歴史的に一貫して単独相続が主流であり，分割相続が「近代的」なわけではない。

図 1-3　自営業者と雇用者の割合の推移

（出所）「労働力調査（総務省統計局）」より作成。

用者の割合の推移を示したものである。1953 年は家制度の廃止から 5 年を経
過した頃だが，実際に家を経営体でも先祖祭祀の組織でもなくしていったのは，
家制度の廃止よりも，戦後の工業化やそれに伴う人口移動の方が，もたらした
影響ははるかに絶大であった。自営業者に農林漁業の従事者が含まれているこ
とは，そのことを示してもいるだろう。日本社会の工業化は，家が経営体では
なくなっていった過程に重なる。今では労働人口の 90％が勤め人（雇用者）で
ある。そして家のもう 1 つの質的変化を示しているのが図 1-4 の 3 世代家族の

13）　森岡は工業化と共に進んだ向都離村の後，都市近郊や都市部では，新たな家での先
祖祭祀が展開せず，多くの世帯が「宗教浮動人口化」することを 1984 年に以下のよ
うに予言していた。「地域移動のために，鎮守との関係はもとより，檀那寺との関係
も薄くなった家族がふえた。しかし，新しい居住地でその土地の鎮守の氏子となるわ
けでなし，また新たに寺檀関係を設定するわけでもなく，いわゆる宗教浮動人口化す
る者が多い。もちろん死人が出れば葬式はするし，簡略化された形であれ追善供養も
する。家庭内には，仏壇あるいは類似のものが設置されて，供養のための聖所を形成
する。墓は公園墓地の一角に求め，寺有墓地の厄介にならぬ時には檀那寺を設定しな
いですむ。いいかえると，かつて存した寺と仏壇の対応は破れ，寺なしで仏壇のみ存
在する，あるいは臨時に仏壇類似の祭壇が設営されるのみといったような，こういう
例が増えてゆくのではないだろうか」（森岡 1984: 34）。

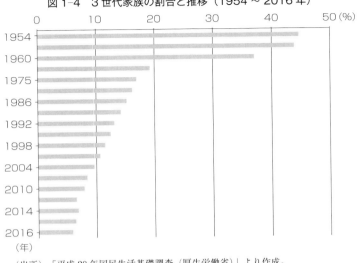

図 1-4　3 世代家族の割合と推移（1954 〜 2016 年）

（出所）「平成 28 年国民生活基礎調査（厚生労働省）」より作成。

割合の推移を示したものだが，1950 年代に 44.6％を占めた 3 世代家族は，2016 年には 5.9％にまで落ち込んでいる。さらに図 1-5 は世帯構成の推移を表している が，1 世代のみで構成される世帯，つまり単独世帯や夫婦のみの世帯数は，2007 年以降，3 世代家族と 2 世代家族の世帯の合算数を一貫して上回っている。3 つの図からは，少なくとも日本の圧倒的多数の世帯にとって，もはや家は経営体ではなく，一代かぎりの家屋と化しつつあることがわかる。

　では永続性を志向しなくなった家を包摂するコミュニティには，どのような変質が起こっているのだろうか。家が永続期待を失うことによって，コミュニティの永続期待もまた，連動して失われるものなのだろうか。

■ コミュニティをつくる関係

　コミュニティの永続性について考えるために，まずは日本の家々が構成していたコミュニティであるムラについて触れておかねばならない。個人ではなく家を構成単位とするコミュニティは，日本では一部の例外を除いてムラとして説明されようとしてきた。ムラといっても今でいう市町村の村（行政村）とは異なり，家だけでは担いきれない，生活に必要な機能を互いに補完するために，

図 1-5　世帯構成割合の推移（1986 ～ 2016 年）

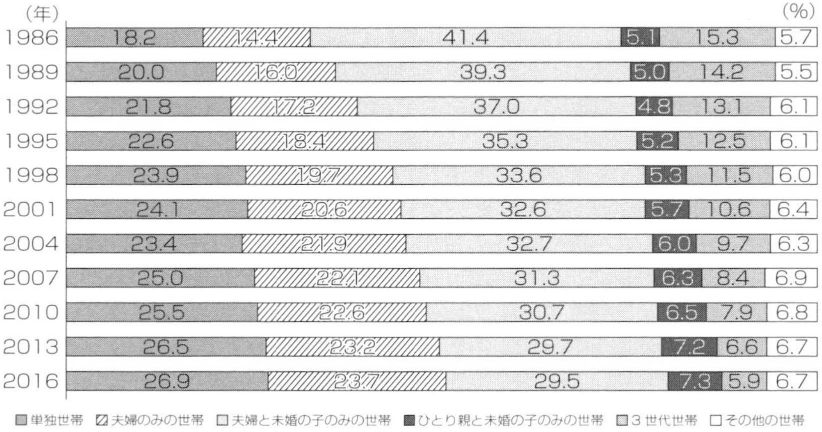

(年)						(%)
1986	18.2	14.4	41.4	5.1	15.3	5.7
1989	20.0	16.0	39.3	5.0	14.2	5.5
1992	21.8	17.2	37.0	4.8	13.1	6.1
1995	22.6	18.4	35.3	5.2	12.5	6.1
1998	23.9	19.7	33.6	5.3	11.5	6.0
2001	24.1	20.6	32.6	5.7	10.6	6.4
2004	23.4	21.9	32.7	6.0	9.7	6.3
2007	25.0	22.1	31.3	6.3	8.4	6.9
2010	25.5	22.6	30.7	6.5	7.9	6.8
2013	26.5	23.2	29.7	7.2	6.6	6.7
2016	26.9	23.7	29.5	7.3	5.9	6.7

■単独世帯　◨夫婦のみの世帯　□夫婦と未婚の子のみの世帯　■ひとり親と未婚の子のみの世帯　▨3世代世帯　□その他の世帯

（出所）　厚生労働省政策統括官編『グラフでみる世帯の状況——平成 30 年国民生活基礎調査
（平成 28 年）の結果から』より作成。

家々がみずから形成した集落や部落，町内会といったサイズの生活組織を指している。自治体がトップダウンに区切る行政村とは，規模も組織原理も大きく異なる。現在の行政村は，ムラよりはるかに規模が大きい。とはいえ，現在の多くの集落，村落，部落，自治会といった単位は，近世の行政村と重なっていると指摘されている[14]。

　このムラの組織原理については，日本の社会学者が主に農村において，一次資料に基づく多くの調査研究を積み重ねてきた。ここではムラ研究の学説史を詳細にたどる紙幅がないが，ムラは大きくは①家がどのように連合してムラを構成しているのか，家連合としての組織原理から明らかにしようとした研究が一方にあり，他方に②ムラが 1 つの独立した組織としてもつ包括的な原理を直

---

　14)　現在のムラがかつて（近世）の行政村の範囲と重なるという指摘は広く共有された見解である。以下はその一例。「町村制（1888 ～ 1947）の村は行政村であって，その他の村は自然発生的な村であると言おうとするなら，それは正しくない。町村制の村は藩制の村をいくつか合併してできたものであり，藩制の村は，町村制の村の成立後は区などの名称となり，行政の直接の対象とならなくなったとしても，藩政下ではその行政の単位であったからその当時は行政村であった」（有賀［1971a］2001: 150–51）。

図 1-6　同族的結合と講組的結合

講組的結合：家間の対等な関係

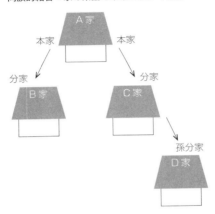
同族的結合：家の系譜の本末に基づく関係

接的に究明しようとした研究があるといっていいだろう。

■ 家連合としてのムラ

　まずムラのなかで家がどのような理由で連合し結びついてきたのか。その多様な結びつき方から典型を析出した社会学の議論のなかに，代表的な 2 つの結合原理，同族的結合，講組的結合とがある（図 1-6 参照）。同族的結合とは，家と家とが本家，分家（本家から派生独立した家），孫分家などの単系（多くは父系）の系譜関係によって結ばれている家々の一群である。なかでも経営上の主従関係や支配関係（多くは地主 – 小作関係）をもつものは，同族団と呼ばれる。このように同族はどちらかといえば系譜的にタテの関係で結ばれているといえる。はじめて「同族」を耳にする人は，「親族 (kin)」をイメージするかもしれないが，親族は親子，婚姻および出自（血縁を問わない），いずれかの関係で結ばれた人たちを指し（母系，父系を含む双系），その単位も家ではなく個人である。

39

しかし同族は家を単位として結ばれる関係であり，必ずしも親族関係を内に含むとは限らない（たとえば分家してから長い時を経て親族が成員のなかにいなくなっている場合，血縁のない者が分家を出す場合など）。

　対して，講組的結合とは，家々がより平等，対等に連合するヨコの関係によって結ばれている家々の一群である。福武直（1949）はこの結合形態を「ほぼ同等の家によって構成される横の連携であり，同族結合の欠如乃至衰退した場合に生ずる」ととらえている点で特徴的である。というのも日本の農村コミュニティの性格として，同族結合が先行するとしているからである。彼はまた同等の家の間でも「全面的な自主独立が可能なはずなく，相互的な依存援助が必然的に生ずる」が，「かかる相互扶助が存在せざるをえないにしても，その結合度は同族結合に比して弱く，各家の利害関心が現れて利己的に伸張を競い，種々たる共同体的強制の存在にも拘わらず，共同も少ない」とまで踏み込んで評している（福武 1949: 38–39）。このように結合形態そのものを，ムラの性格を表す 2 類型ととらえた福武に対して，有賀は 2 つの類型があくまでムラのなかにある家連合の分類ととらえ，さらにこの結合の 2 類型が，生活条件の変化によってはどちらかがどちらか一方に変化しうる（相互転換）とも述べた[16]（有賀［1971b］2001: 122–23）。

---

15)　親族と混同しやすい概念として，親戚，親類が挙げられるだろう。親戚，親類とも親族関係にもとづくが，親族に対して親戚，親類ともその構成単位は個人ではなく家である。親類は同族と似ているが，親類が親族関係を内に含まなくなると，親類ではなくなり，単に同族となる。

16)　さらに有賀は，同族的結合と講組的結合の聚落内での併存（聚落的家連合）の理由を以下のように述べている。「一村落の構成は基礎的な聚落的家連合の複雑な関係である。すなわち同族団と組との種々な組合せであることが現実である。（中略）なぜそうであるかというに，村落の発生が同族団をもってしても，或いは組をもってしても，同族団内に組が生ずるに至るし，組のうちに同族団が成立し，いずれの傾向が多くても少なくても大抵両者は混在するに至るからである。この理由は家の生活上の浮沈は免れ得ないので，村落内部の家の関係は系譜関係を伴う上下関係や平等関係も生ずるし，系譜関係を全然持たない平等関係も生じ，これらは相互に規定し合うが，これらの関係に従って生活関係を結ばねばならない点にある」（有賀［1955a］2000: 132–33）。

図 1-7　鈴木榮太郎の社会地区概念図

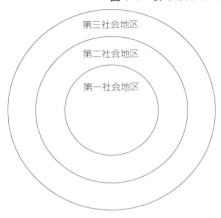

第一社会地区：組，小字
第二社会地区：ムラ，集落，部落，大字
第三社会地区：行政村（明治の町村制）

■ 関係累積体としてのムラ

　このような家の結合形態からムラをとらえようとする方途とは別に，ムラそのものの性格をとらえようとするアプローチをとった研究がある。ほとんどの家が単に住居（house）と化しつつある現代のコミュニティを検討するうえでは，より示唆的な方法かもしれない。その手法とは，ムラの内外のあらゆる実践が紡ぎだす関係性を把握するところからはじまる。ムラの内外には，家だけでは担いきれない仕事や役割を補完しようと，多岐にわたるさまざまな関係が縦横無尽に張りめぐらされていた。その一例としては諸々の祭祀の催行，葬式の催行，無尽講や頼母子講といった金融機能をもつ講の催行，各種労働の協働，水利の維持，道普請，屋根葺き，その他に親睦を図るための組織や行事，同輩集団の組織運営などである。つまりムラが諸々の関係の累積体として形づくられるものととらえようとする方法である。

　たとえばムラを自然村として説明しようとした鈴木榮太郎は，『日本農村社会学原理』のなかで3つの社会地区（第一社会地区，第二社会地区，第三社会地区）を提示し（図1-7参照），なかでも統一体として最も自主性，自立性を備えるのが第二社会地区であるとした（鈴木はこれを自然村とも呼んだ）。第一社会地区はムラのなかのさらに小さな組織を擁し，もっとも社会関係の累積が濃い地区である。第三社会地区は，当時（町村制）の行政上の社会地区，あるいはム

ラよりも広域に組織されている地区とした。鈴木が第 2 地区をムラとみなし「自然村」と呼んだ根拠は,「自足性」という言葉によって説明されている。自足性をひとまず生活上の必要を満たそうとする志向性と理解しておけば, 第二社会地区は「此自足組織が存する為に集団も個人的社会関係も地域を無視し奔放なる結合の網を作り得ない」[強調引用者]（鈴木［1940］1968: 59）ととらえ,「其が行政上の地方自治体や所謂聚落ではなくして, 一つの自然的なる社会的統一」（鈴木［1940］1968: 56）をもつ組織としてムラを把握しようとした。鈴木のいう「地域」は, ムラが自足性を満たそうとする規模ととらえてもいいだろう。同じように種々の関係の累積体として村をとらえようとした議論に, 中村吉治の『村落構造の史的分析』があるが（中村［1956］1980）, 鈴木との大きな違いは, ムラを形づくる諸々の関係は, 鈴木のいう社会地区や「自然村」を横断しうるものであり, 明確なムラや部落といった輪郭をはみ出る関係性を, 詳細かつ実証的に示した点である（しかし中村がムラの存在を否定したわけではない）。

　いずれにしろ, 家を経由せずに直接的にムラを正面から把握しようとするアプローチは, 生活の必要に応じて構築されてきたあらゆる関係に注目し, それらの累積から関係累積体としてムラを把握しようとするアプローチといえるだろう。現代の多くの住居のように, 実際に家がもはや経営も先祖祭祀も担ってはいなかったとしても, 行政村や行政区の他に, より小さな, あるいはそれらを横断するような生活にかかわる組織は, 現在も多く存在する。町内会や自治会のみにかぎらずマンションの管理組合, 子ども会, PTA, 消防団, 祭祀組織など, 一切の組織が生活圏にないということはむしろ稀ではないだろうか。しかし問題は, かつての家（ie）が姿を消そうとしている現代社会において, これらの関係の累積によって, 永続性を期待するようなコミュニティ自体が築けるのかどうかである。

4　家なきコミュニティは可能か

　日本の家とムラをめぐる活発な議論は, 1940 年代から 80 年代に隆盛を極め, 日本農村から実証的かつ帰納的に日本社会に固有のムラのあり方を析出しよう

としてきた。そのため，ムラの雛形は大半の家が経営体であり，先祖祭祀を当然の営みとしていた時代を背景としていただろう。柿崎京一（2018）は家やムラの議論が「家の解体後や社会保障制度の充実した政治構造のもとでの家のありようについて触れていることは少ない」（柿崎 2018: 68）と述べている。そのうえで「『家の継承』が何故『村』を前提として成立していたのか」という問いに，「家の生活保障が個別の家だけでは充分果し得なかった」時代状況を強調する。そして現代の農村社会に対して「生活保障に代わる社会保障制度が充実され，革新的生産技術の導入によって協業集団が仮に弱体化されたとしても，現実にみる過疎・少子・高齢化等に伴う孤立・孤独化の深化は，人を襲う不安や緊張といった心の苦悩を緩和・解消する手立てを喪失しつつあるのではあるまいか」（柿崎 2018: 72）と述べ，新たな質の生活保障の必要性を示唆している。実際に人口減少や高齢化に悩まされる現代の地域社会で模索されているのは，経営体としての家を補完するのとは異質な共同であり，経営体ではなくなった家々のためのコミュニティだろう。では家なきあとのムラは，生活の必要に応じた結合機会を失い，もはや超世代的な存続を図るような時間性を失っているのだろうか。一代かぎりの居住世帯に，誰もが永続を期待するコミュニティなど，築くことはできるのだろうか。

■ コミュニティの永続期待

　そもそも鈴木のいう「自然村の精神」は，家の継承とは別のところで，ムラを超世代的に貫く「精神（ethos）」（＝「自然村の精神」）を強調するものであった。つまり家を経営体だから，あるいは先祖を祀る拠点だから，一代で絶やすことができないという原理とは別に，ムラに暮らす成員 1 人ひとりがもつ，超世代的規範の存在を指摘している。「此の精神の活動する社会的側面を村落共同体と呼ぶなら，それは一人一人の個人を呑吐し溶解して居る超個人的共同体であると共に，現在を過去と未来に常にしばりつけている超時間的な協同体」が鈴木のいうムラである（鈴木 ［1940］1968: 119）。この主張に対しては，「自然村の精神」を所与の存在として扱うこと，村の外部にある政治状況，社会状況をその変数として軽視していることなどを理由に批判されてもいる（たとえば有賀 ［1971c］2001）。しかし鳥越は，鈴木を批判をした 1 人である有賀もまた，

「生活意識」という，結果的に家の結合形態を展開させる行動原理の存在を主張していると述べている（鳥越［1985］1993: 81-82）。2 人の主張に通底するのは，個人の行動が「純粋な個だけでなりたっているものではないといっている点」であり，「個人意志には過去の村人とつながっている個人意志がある」（鳥越［1985］1993: 82）という人間観である。2 人の代表的な農村社会学者は共通して，ムラに暮らす者が，そこに暮らしてきた過去の人びとの規範や価値に否応なく規定されることを指摘しており，家だけを媒介するのではなく，ムラのなかにある諸行事や実践を媒介として，そこに暮らす人びとが超世代的に運んでいる精神（ethos）ないしは意識が存在しているという主張と理解していいだろう。むろんここで前提条件となるのは，ムラへの定住であることを忘れてはならない。しかしもしそうだとすれば，家なきあとのムラにも，超世代的な永続期待は存在すると考えることができるのだろうか。

　ここで問われるのは，かつてとは異なる家々が集まるムラやコミュニティが，超世代的な存続を期待するとすれば，単に関係累積体ということ以上に，コミュニティが具体的にどのような実践によって成立しているのかということだろう。現代の 9 割の世帯が経営体ではなくなっているのだとすれば，先祖祭祀なのだろうか。あるいは家の永続性を支える両輪だった経営と先祖祭祀とも，まったく異なる実践なのだろうか。次項からはコミュニティの永続志向を維持する具体的な実践を通して，家なきコミュニティの永続の可能性について考えてみたい。

■ ムラの先祖を祀る

　ここでもう一度，冒頭の節でみた坪井の人の一生を示した図に還ってみたい（図 1-1）。坪井の図は，死後，つまり円環の下部にあたるが，死者が繰り返し供養儀礼や盆に呼び出されることを繰り返しながら，祖霊（先祖）と化していく祖霊化過程（a）と，儀礼を終えて祖霊（先祖）となった祖霊期（b）とが分けられている。時を経て匿名の先祖と化した祖霊期（b），先祖たちはムラの先祖，あるいはコミュニティの先祖と化し，部分的であれ包括的であれ，当地の守護神と化している。この（a）と（b）を分けるのは弔い上げに至るまでの時間となるが，もう一つ，二つを隔てるものがある。それはこの期間の儀礼の担

44

い手である。

　この過程が誰によって担われるかといえば，祖霊化過程についてはむろん前面に家あるいは家族となるだろう。たとえば葬儀でムラにある葬式組や婦人会，青年会といった手伝いが動員されることはあっても，催行者は家か家族である。しかしその家の営みを支えるように，ムラが供養儀礼に加わってくる場面がある。各地で盆に催行される諸々の行事は，それが顕著にわかる時間である。たとえば冒頭で若い死者が初盆に無事に帰ってこられるように道標（トウロギ）を掲げる岩手県遠野市の習俗を紹介したが，初盆を迎える家には，初盆から３年の間，鹿踊と囃子の一団が盆に家にやってきて，「位牌褒め」と称する踊りを故人の位牌に向けて奉納する。つまり家だけが祖霊化を担っているわけではなく，ムラ，あるいはコミュニティもまた，その過程に関与している場面の一

---

17)　祖霊化した匿名の先祖が，やがて家や同族，氏神，鎮守の神，ひいてはムラの守護神とも化すという議論は，民俗学，社会学で広く展開された。柳田國男の『先祖の話』以降も（柳田［1946］1998），多くの事例が示されている。柿崎は厳しい生活条件の山村に多く見出される祭祀構造から，以下のような入り子状の信仰の構造を見出している。「個々の家の屋敷内に祀っている祝神（家氏神）をはじめ，本・分家関係のマキで祀っている祝神（マキ氏神）や組常会で祀っている道祖神（組氏神），さらに村で祀っている大理神社（村氏神）といったウジ神祭祀のいわば入り子型構造的な編成がみられる。こうした神々は，同族・組，村の守護神であるが，個々の家の守護神としてそれが幾重にもはりめぐらされているとみてとることもできる」（柿崎 2018: 70）。前田卓も『祖先崇拝の研究』で「祖先の霊魂に超自然的な力を認め，祖霊からの援助，保護を願う態度は現在の村落民の間にもしばしば見出されるのである。たとえば，毎朝仏壇に茶や飯を備える際に，家族のものが一日無事に暮らせるように願うことは言うまでもないが，時には家人が病気やその他の災害から免れるように，さらにまた農民のように土地の恵みに生活を依存している場合には，農作物の豊穣や家畜の繁栄を願い，長き旅に出発する際には，道中の安全をそれに願い，また，時には家運の隆盛を願うのである」と祖霊信仰を解説する。「ただ」と前田は続けて，もう１つの祖霊を祀る者の動機を，以下のように述べている。「祖霊は，子孫の生活を見守り，必要に応じて彼らを保護してくれるばかりでなく，子孫からの供養を受けねば安定出来ないということである。かかる理由から，生存者は毎朝の仏前の供物は勿論のこと，機会のあるごとに祖霊を招いては食物等をそなえて供養するのである。そこで，これに対して祖霊は，これらの子孫に尽きせぬ恵みを与えるのであるが，若し，子孫がかかる祖霊への供養をなおざりにした場合には，どのような現象が生ずるのであろうか。（中略）即ち，先祖は本来は怒ったり，怨んだり，祟ったりするのではないが，ひとたび子孫の供養が不注意や忘却によって断たれると，怨霊となって子孫の幸福を妨げると信じられている」（前田 1965: 59–60）。

例である。2020 年現在，遠野市には 16 の鹿踊の保存会がある。かつて鹿踊は
ムラの営みの一部であり，各家から 1 人の踊り手を出し，地域ごとの神社に奉
納したり，門付をしてムラの収入としていた。しかし担い手の減少から鹿踊の
継承は保存会形式に移行し，続けられる人であれば，他地区からも加入して踊
りに加わることができるようになっている。つまり鹿踊は初盆から 3 年の間，
保存会が担当する地域の死者の弔いに関与している。加えて，保存会にはそれ
ぞれ鹿踊を奉納することになっている神社がいくつかあるのだが，氏神である
古い先祖に，踊り手が鹿踊を介して祖霊期にある古い先祖を祀っていることに
なる。いわば保存会が踊りを通して祖霊化や先祖供養に関与し，各家の超世代
的営みを支えている。そして注目したいのは，この実践が鹿踊自体を，超世代
的に継承していくものたらしめている点である。そこに家を構えて暮らす者で
あれば，誰もがいずれは位牌褒めを受ける側になるからである。この時保存会
は，勝手な都合で容易に解散することのできない，永続期待を伴う社会組織と
なっている。

■ ムラの先祖を祀るしくみ

　より詳しく，もう一つの盆踊りに触れておこう。熊本県の五木村には，太鼓
踊りという念仏踊りが伝わる 3 つの聚落がある。梶原聚落はその一つであり，
2013 年現在，お盆に供養として踊られているのは梶原のみとなっている。筆
者がここで調査をしたのは 2004 年から 2006 年にかけてであったが，各家から
1 人以上の男子を出して踊っていた太鼓踊は，その頃すでに 8 軒の家から 1 人
の踊り手を出すのが難しくなっていた。翌年からは地区の踊り手が 4 名になろ
うかという状況だった。

　梶原の太鼓踊りは前日の夜に公会堂の前で練習をして，盆の 3 日間，聚落の
なかで踊られる。3 日間は先祖を迎え，遊び，送る日と伝えられ，最も古いと
伝わる家の屋敷神のある庭から踊り始められ，村の墓地の道も練り歩き，聚落
内にある白木神社でも踊りが奉納される。各家には太鼓踊りに使われる太鼓や
鉦，久連子鶏の羽がついた笠がそれぞれ伝えられていた。村の無形文化財でも
あり，保存会と名乗ってはいたが，実際には聚落に住む家のみが踊りを継承し
ていた。

　盆踊りによる先祖供養は，各家の先祖の迎え，送りと連携していた。各家で
はお盆の初日早朝に窓が少し開けられ，仏壇や各家の軒先の決まった場所にそ
れぞれ供物が置かれ，先祖が迎えられる。その後初日の盆踊りが始まり，踊り
を終えると墓参りに行くというのがお決まりの手順であった。いわば祖霊化の
過程と，匿名化した先祖の供養双方に，家とムラとが明確に関与していること
がわかるようなお盆といえる。

　しかし梶原の太鼓踊りは，踊り手の減少によって，その継承方法を問われる
局面にあった。「保存会」を名乗ってはいたものの，実際にはムラで踊り継い
でいくか，保存会として聚落外から踊り手を増やすか，いずれかを問われる岐
路に立っていたのである。ちょうどその頃，校区にあった小学校（五木村立三
浦小学校下梶原分校）が 2005 年に閉校を迎えようとしていた。児童やその保護
者に限らず，運動会などで地区の交流拠点でもあった地区の火が，消えようと
することを意味した。この状況を背景に，校区から梶原の太鼓踊りを教えてほ
しいと声がかかる。踊りを梶原の人たちが同じ校区の子どもや大人に教え授け
ることで，校区での繋がりを保とうとしたのである。それは太鼓踊りの担い手
の減少に直面していた梶原の人たちにとっても，好都合なことだろうと理解さ
れていた。

　ところがここで梶原の人たちは，その提案を結果的に辞退するに至った。梶
原の人たちも校区から小学校が姿を消すことの影響を懸念していたし，これま
で踊り継いできた太鼓踊りの行く末についても決して楽観的だったわけではな
い。校区の人たちからの提案に対しては，「お盆の 3 日間，梶原で踊ることが
できるのであれば」という答えしか出すことができなかった。そして当然それ
は他聚落の同じ校区の人たちにとって，無理な要求であった。

■ 盆踊りの継承の必然性

　ここで梶原の太鼓踊りが，先祖にどのように向き合われていたのかを確認し
ておきたい。まず太鼓踊りは，自身の家の先祖に向けても捧げられている。同
時にもっとも古い家（ダンナ家）の先祖（屋敷神）と，梶原の氏神にも捧げられ
ている。坪井の円環図（図 1-1）でいえば，円環の下部の左右両方に踊り手が
関与していることになる。

　そして前出の鹿踊と同様，太鼓踊りは初盆を迎えた家のためにも踊られる。筆者は 3 度，この太鼓踊りを見学する機会を得たが，そのうちの 1 回で，初盆を迎えた家があった。その家からも踊り手が 1 名出ていたが，その曲目が踊られるとき，彼は踊らずに皆の踊りを受ける側となる。その曲目は初盆を迎えた故人とその家に対して，慰めるために踊られる曲だからである。つまりここで盆踊りである太鼓踊りは，新盆を迎える故人とその家族を慰めるという役割を負っており，各家の誰かが亡くなる度に，ムラ，あるいはコミュニティとして家と故人を慰める交換を繰り返してきた。このことが意味するのは，この土地で暮らし，死ぬ限り，誰もが太鼓踊りの供養を受けるということである。たとえばもし家の跡継ぎがない人だったとしても，誰もがその家に対し，かつて太鼓踊りを通して弔ってもらった恩を負っている。そして自身がまだ若いとしても，親や祖父母が太鼓踊りを通して弔ってもらった恩を負っているだろう。つまり太鼓踊りは，ムラの誰もに対して，誰もが迎える死の局面において，家々が踊りを通して弔い，慰霊するという贈与交換を繰り返し，いわば「継承の必然性」を生み出しながら継続されているのである。8 世帯となった聚落において，ムラの永続性自体も楽観視することはできない状況かもしれない。しかし太鼓踊りの実践組織はもはや，家やムラそのものではなくても，永続期待を獲得した組織となっている。

　このことは梶原聚落自体がかなり古い歴史をもつ聚落であったとしても，見逃すことのできない点である。経営と先祖供養を担ってきた家の永続期待とは別のところに，永続期待を伴う組織が成立しているからである。つまりここでは太鼓踊りが①そこに暮らす人すべてに対して，そして②誰もが通過する局面（ここでは死）で捧げられる，③贈与交換が成立することによって，太鼓踊りの実践組織が永続期待を獲得している。ここに家なきあとのコミュニティの永続性を構築するためのヒントもまた見出すことができるのではないだろうか。2013 年現在，梶原の太鼓踊りは聚落の女性が部分的に加勢し，また梶原出身の踊り手も加わって 8 名の踊り手を維持していたようである。そして変わらず 3 日間，盆に聚落で踊られていることが確認できる（朝日新聞「熊本・五木の太鼓踊り，保存会員ら奉納」2013 年 8 月 15 日記事）。

　それでも盆踊りの「継承の必然性」や永続期待は，そもそもかつての梶原の

家がすべて経営体であり，先祖供養も繰り返してきた頃から存在するものである。家の永続期待の延長上にある「遺制」なのかもしれないし，家ではなくなった住宅の集まるコミュニティで，同様の組織を構築可能かどうかについては懐疑的になってしまうかもしれない。しかし①そこに暮らす人すべてに対して，そして②誰もが通過する局面において営まれる③贈与交換の実践をコミュニティの中に築くことができれば，少なくともコミュニティの中に永続期待を備える組織を生み出すことは可能ではないだろうか。このしくみをもつ「近代的」な実践として，最後に鹿児島県阿久根市で行われている運動会に言及しておきたい。

■ 継承の必然性をつくりだす

鹿児島県阿久根市にある9校のすべて小学校では，運動会で毎年「華の50歳組」と称し，その年に50歳を迎える卒業生が競技に参加することになっている。前日には市主催の歓迎会も開かれ，阿久根市を離れて生活する人たちも一堂に会し，運動会には「懐かしい友とともに足がもつれて転んでも，泣きべそをかかずに最後まで一生懸命，走ることを誓います」と選手宣誓をして参加する。市長が「阿久根市には救急車が3台しかないのでくれぐれもケガのないように」と挨拶するなど，大変な盛り上がりのようである。[18] はじまりは1950年代の阿久根小学校での行事だったようだが，以後，阿久根市内のすべての小学校にこの行事が広がり，2006年には「華の50歳組」が商標登録に至り，市の有名な行事となっている。

この機会が50歳を迎える卒業生にとって，市を離れた人たちも会する旧交

---

18)　阿久根市ホームページおよび個人ブログを参照，転載。
個人ブログ　https://blog.goo.ne.jp/rk_kobayashi/e/9446444ad18ca2f11c1bfdec5388e835（2020年4月14日閲覧）
個人ブログ　https://ameblo.jp/angelreiko/entry-12410490981.html（2020年4月14日閲覧）
阿久根市HP　http://www.city.akune.kagoshima.jp/bunkasports/hanano50.html（2020年4月14日閲覧〔2023年10月時点では以下のウェブサイトに変更されているhttps://www.city.akune.lg.jp/kanko_bunka_sports/bunka/hanano50saigumi/index.html（2023年10月27日　編者閲覧）〕）

を温める場となっていることは容易に想像できる。しかし注目したいのは，小学校という，そもそも義務教育の場であり，閉校や合併などがなければ①そこに暮らす人すべてに対し，②誰もが通過する局面，つまり 50 歳という年齢を迎える年に行われており，加えて催行者と参加者との間に，③贈与交換が成立していることである。

　市や催行者の側はホストであり，歓迎会を前日に催したり，運動会の準備をしたりと，労力を費やして 50 歳になった卒業生を迎える。まるで市全体が 50 歳の人たちの通過儀礼を催行するかのようである。市内のあちこちで小学校にかぎらず，中学校の同窓会もこの機会に催される。

　他方で，50 歳を迎える参加者たちは，小学校の運動会自体を盛り上げてもいるだろう。通常であれば小学校は，自身が地元にとどまって親になり，子どもが同じ小学校に通うことがなければ，卒業後は疎遠になってしまう場所である。しかし 50 歳の人たちが毎年運動会に参加することで，参加者の家族や友人など，運動会に駆けつけ，50 歳を祝うことに関与する人口はかなり増加することが考えられる。それは少子高齢化に悩む市の小学校にとっても，歓迎したい状況ではないだろうか。そしてこの 50 歳の卒業生は，単に参加を呼びかけられるわけではなく，盛大に祝われることにより，運動会を小学校だけにとどまらない行事と化している。それは，自身や家族が 50 歳を祝ってもらう贈与を受けることによって，後に参加する人やいずれ参加することになる家族や後輩のため，返礼として運動会の催行への協力を促され，交換関係が発生するからである。そしてこのとき，行事は容易にやめることのできない，永続を志向するものとなっているのではないだろうか。行事の主催者は市や小学校ではあるが，この地域の小学校を卒業し，50 歳の節目を迎えるすべての人たちを祝う通過儀礼を紡ぎ出している。このとき運動会は，少なくとも小学校の児童や保護者だけにとどまらない，校区をゆるやかに覆う「継承の必然性」を帯びているだろう。そして各校区の中に，永続が期待される行事と実践組織が姿を現しているのではないだろうか。それはかならずしもコミュニティそのものではなくても，コミュニティの中の関係累積体の一つとして，永続を必然とする組織が生まれていることを意味しているだろう。

5　コミュニティの可能性

　この章では，家という，当然のように永続が期待された経営体が姿を消しつつある現代社会において，かつて家が構成してきたコミュニティは成立しうるのかを問うてきた。9割の家がもはや経営体であることをやめ，ほとんどの世帯が複数世代の同居を止めている現代社会において，コミュニティ構築の難しさを，永続期待の成立し難さ，つまりコミュニティが時間性を失っていることに求めて論じてきた。一代限りで，定住さえ志向しない世帯が増加するなか，少なくとも居住地を同じくする人たちが，長く継続することを前提とするような生活組織の成立条件とはどのようなものか，明らかにすることを試みた。

　日本では，定住型のコミュニティは家を単位に構成され，ムラと呼ばれてきた。家が経営体であり，先祖供養を不断に行う必要があった頃，家は世代を超えて継承されることが当然のように期待された。そしてその外延で，家々によって構築されたムラも，家では手に余る生活上の必要を満たすために，世代を超えて存続していくことを前提としてきたのである。いわば家もムラも人の一生を凌ぐ永続を期待されるような時間性を備えていた。しかし永続を期待される家が圧倒的少数派となりつつある現在，コミュニティを築くことは可能なのかどうかが否応なく問われている。職住分離によって，コミュニティで過ごす時間はあえて「捻出」するものにさえなっているかもしれない。この章では，家がかつて超世代的継承の両輪の一つとしてきた先祖供養へのコミュニティの関与の実践に注視し，その永続原理からコミュニティが永続性を紡ぎ出すためのヒントを得ることを試みた。居住世帯がわずか8軒となった聚落での先祖供養の盆踊りから，この盆踊りの実践組織がどのような原理で存続しているのかに注目してみた。

　盆踊りをつづける保存会は，家でも，ムラあるいはコミュニティそのものでもない。しかしこの組織と盆踊りは，永続を期待される必然を毎年創出しながら存続していた。それは①そこに暮らす誰もに対し，②誰もが通過する局面において，③贈与交換が展開するという実践であった。盆踊りは家の先祖や匿名の先祖に加えて，自身もまた死を迎えた初盆の際には捧げられる交換でもあっ

た。つまり誰もが自身の家族が慰霊されるという贈与を受けることで，同じムラに暮らすすべての人たちの初盆の際に欠くことのできない行事と化し，永続を期待される実践共同体となっているのである。そしてかならずしもムラやコミュニティではなくとも，定住者の間でこの三つの原理を備える実践組織を築くことができれば，それは少なくとも永続期待を備える組織を生み出すことになるのかもしれない。この盆踊りの永続原理の援用として，最後に近代的な運動会についても言及した。小学校区という，コミュニティよりも大きな括りではあるが，永続期待を備える実践共同体が生み出された一例と捉えることができるだろう。それは「運動会」の枠組みを越えた，新たに生み出された50歳の通過儀礼であり，50歳を迎えた人を祝うための贈与の場である。

　これらの実践組織自体は，ムラともコミュニティとも呼ぶことはできない。それでもそのような永続期待を獲得した組織が定住者の間で維持されることは，単にムラやコミュニティをつくるための最初の一歩とか，次善の策などでは決してないだろう。この点について鳥越は，「家の中にある実践」と「実践のための家」との興味深い関係について論じている。鳥越は「儀礼というものが決定的な意味をもち，儀礼をおこなう子孫の存続，つまりは家の存続がとほうもなく重要な価値をもった」頃，「もし，祀る子孫がとだえたとき，死霊やホトケである自分はどうなるのか」という不安を人々が抱えている状況を二通りの方法で説明する。一つは，「宗教社会学的」説明で，先祖信仰の機能を集団（家および家連合）を結束させるものと捉えるものであり，もう一つは，先祖信仰が家の存続を切望させていると捉える方法である（鳥越［1985］1993: 32）。鳥越はもちろん後者に与するのだが，興味深いのは，先祖信仰とそれを実践する組織体（ここでは家）との関係が，状況によっては転倒するということを示唆している点である。

　もしムラやコミュニティが，永続的に存続する必然性を失おうとしていても，その中にあるよりちいさな組織（関係累積体）の方が，存続の必然性を備えているという場合がありえるかもしれない。そのような状況は，決してコミュニティの成立状況とはいえないのかもしれないが，その内部にある実践共同体を維持するために，少なくともそこに暮らす人びとを動員する求心力を保っているだろう。このとき家もムラもないコミュニティで，永続を志向する関係が芽

を出そうとしていることは，否定できないのではないだろうか。このような時間性を備えた組織が生活圏のなかに生まれるとき，家でなくても個人や世帯が構成するコミュニティの可能性を見出すことができるのではないだろうか。

─────── 植田今日子 ◆

▷ 読書案内
①米村千代（2014）『「家」を読む』弘文堂。
　　日常的にも学術的にも多義的であるがゆえの「家」を語ることの難しさ，またそのリアリティをめぐる世代間・地域間によるギャップと向き合い，これまでの「家」研究をめぐる研究の蓄積が真摯に解きほぐされている。「家」が変容するなかでのそれに代わる新しい死の共同性の不在という論点は，本章の内容とも響きあう。
②鳥越皓之（1993）『家と村の社会学 増補版』世界思想社。
　　イエとムラについての基本的な概念，またムラのしくみや組織について学ぶうえでわかりやすい1冊。この章でとりあげられている先祖や祖霊観，家連合，ムラの空間や共有のあり方，村落の基本的な社会構造について多くの研究者の議論をふまえつつ，研究の次のステップに読者を進めてくれる。
③植田今日子（2016）『存続の岐路に立つむら──ダム・災害・限界集落の先に』昭和堂。
　　ムラ（本書では「むら」）の存続の危機は，ムラの人びとが大事にしてきたもの，その境界や関係性がくっきりと浮かび上がる状況でもある。1人ひとりの人生の長さを超えるスケールにおいて蓄積されてきたムラの慣習や習俗，生活技法を，何とかして継承し続けようとする人びとの実践に寄り添い描き出した，魅力的かつ理論的にも明晰な著作。

第 2 章

危機に対応するネットワーク型コミュニティ

農地で子どもたちが自由に遊べる「農園プレーパーク」活動（写真提供：特定非営利活動法人にじいろクレヨン）

　今日，コミュニティを成り立たせる「共同性」は，そこにはじめからあるものではない。まずは同じ課題や「共通の認識」をもつ人びととつながり，その枠組みを広げていくことでやっと成立する。一方で，「共通」でない，「共有」できない人びとを排除する力が働いてしまうというコミュニティの特性をも生み出す。本章では，すべてが「共通」でなくとも，ある一部の認識だけを共有することで，課題解決に向けた取組みを行うことができる「ネットワーク型コミュニティ」について検討したい。ネットワーク型コミュニティは，遠く離れていても，多くの異なる部分（目的，理念，立場，言語，民族など）をもっていても成立する。グローバル社会におけるコミュニティの可能性をみることができるだろう。

1 ネットワーク型コミュニティの分類

1.1 コミュニティとネットワーク

■ コミュニティ概念の定義

「コミュニティは必要か」と問われることがある。私は地域コミュニティの研究をしているから，「必要だ」と答える。そしてその理由として苦し紛れに，「大きな災害がきた場合など課題を抱えたときに大事になってくる」と答える。でも本当は，コミュニティなんて必要ないという人びとの気持ちもわかる。多くの人は普段の生活のなかで支障をきたすような課題を抱えていないし，もしあったとしてもそれが自分にとっては当たり前なこととしてやり過ごしてしまっているからである。

実はコミュニティの出発点はこの「課題の認識」である。課題というと少し狭すぎるかもしれない。「共通の認識」をもつことがコミュニティの出発点となるのである。

コミュニティ論の古典とされる R・M・マッキーヴァー（MacIver［1917］1924 = 1975）は「類似」の結果生じる集団には，共同的（communal）／結合的（associational）なものがあるとし，コミュニティとアソシエーションを対比させている。それは，全共同生活を規定する（都市や民族といった）ものか，単にその生活内の結合の形態にすぎない（教会や労働組合といった）ものかによって区別している。

定義としては，コミュニティを「村とか町，あるいは地方や国とかもっと広い範囲の共同生活のいずれかの領域を指す」（MacIver［1917］1924 = 1975: 46）ものとし，アソシエーションは「共同の関心（利害）または諸関心を追及するための組織体」（MacIver［1917］1924 = 1975: 46）とする。先の「共通の認識」から出発するコミュニティの議論をこの区別に当てはめてみると，アソシエーションのそれに近いということになろう。これがいかにしてコミュニティになるのかについては，後ほど検討することにしたい。

さて，マッキーヴァーはコミュニティをかなり広範で包括的なものととらえ

ていたが，コミュニティの語には，「地域性」がその要素として含まれていることも多い。G. ヒラリー（Hillery 1955 = 1978）は，多様なコミュニティの定義を分類し，コミュニティは，「ある地理的領域」において成立していることが前提となっていることを指摘する。これは，今日の都市居住の若い世代においては，感覚的に理解しがたいものであろう。なるほど 1970 年代にはこうした前提は覆されていくことになる。

■ ネットワークでコミュニティをとらえる

こうしたコミュニティ研究の「地域性」の前提を批判したのが，B・ウェルマンの「コミュニティ問題」の提起である（Wellman 1979 = 2006）。

ウェルマンは，第一次的紐帯が地域を基盤に形成されるとの前提が「コミュニティ喪失論」を喚起し，「コミュニティ存続論」もその前提を共有していると指摘する。一方，第一次的紐帯が空間的に分散し，枝分かれした構造をもつとする「コミュニティ解放論」について，実証的に検証し支持したのである（→序章）。こうして，地域性を前提にコミュニティを扱うのではなく，地域に限定されないネットワーク構造をもって把握する議論の素地が提示された。

日本のコミュニティ論においても，地域を前提としない議論は 1970 年代にはすでに存在していた。この頃のコミュニティに関する代表的な論者ともいえる奥田道大（1971）は，コミュニティは特定の地理的範囲にとどまらず，地域住民の価値にふれあう意識や行動体系を意味するものとしている。つまり，「コミュニティ」は理念的にはある地域範囲のなかに収まるようなものではなく，まして行政区画に沿ってきれいに成立してくるようなものではないということである。

しかしながら，日本のコミュニティの研究においては，ある地域を想定したものが長らく主流であったといえるだろう。それは 1 つには，「コミュニティ」の語が行政の施策と連動して使われてきたことがある。もう 1 つには，都市社会学や地域社会学といった，ある地域範囲の特徴をとらえることを目的としてきた学問領域によって，研究が蓄積されてきたからということもあろう。

行政を中心とする枠組みでコミュニティをとらえると，やはりその地域性が前提となるようなネットワークの特徴が見られる。その一方で，地域のなかだ

けでその関係が収まらないネットワークをもつコミュニティも存在してきた。

1.2　地域にとどまるコミュニティ──町内会・自治会を中心とした枠組み

■ 政策としてめざされたコミュニティ形成

「コミュニティ」という語は，日本では国や行政の施策によって一般的に使用されるようになったと考えられている。1969 年に国民生活審議会コミュニティ問題小委員会報告『コミュニティ──生活の場における人間性の回復』が出されたのがその嚆矢とされる。

そもそも，この答申が出された背景には，戦後の急激な経済発展や都市化によって，都市や地域構造が大きく変化したことにより，地域社会における新たな課題が噴出している状況があった。とくに国や行政にとっては，地域で頻発する住民運動もその 1 つであり，こうした新しい動きを封じる狙いもあったものと考えられる。そのため，これまでの地域社会とは異なる「コミュニティ」の形成がめざされたのである。それは，地域社会における変化の萌芽をとらえるものでもあったが，行政主導の理念型の「コミュニティ」を促進するものとして，学術的には批判の対象ともなった。

実際にこの報告を受けて，1970 年に自治省が「コミュニティ（近隣社会）に関する対策要綱」を発出し，全国にモデル・コミュニティを指定して，コミュニティの活動を施策的に拡充しようとした。また，各地方自治体においても，独自のコミュニティ政策を打ち出し，コミュニティの拡充に向けて積極的に取り組んだ。

しかし，こうしたコミュニティ施策の多くが，コミュニティ・センターといったコミュニティ施設の建設をけん引したにとどまり，新しい地域社会である「コミュニティ」の形成には至らなかった。多くの事例において，コミュニティ政策は，力を失いかけてきていた町内会・自治会をエンパワメントする結果となったとも考えられている。

■ 町内会・自治会とコミュニティ施策

ここで，日本全国で組織化されており，30 万団体あるとされる町内会・自治会の位置づけを確認しておこう。

　町内会は，都市部では 1920 年代頃から，地域の自衛や公衆衛生といった役割を担う住民の自治組織として存在していたが，戦時下の 1940 年に国の末端組織として全国一律に整備された。戦後は，戦争への加担の責めを負い，GHQ によって禁止・解散に追い込まれた歴史をもつ。

　しかし実際には，協力委員として町内会長を委嘱したり，別の組織の看板を掲げたりすることで実質的に存続し，その後 1951 年サンフランシスコ講和条約締結前後に，公然と復活を果たした。こうした経緯から，行政にとっては，あからさまに協力を要請できない存在であり，任意団体として自発的に行政に協力している組織として位置づけられてきた。

　モデル・コミュニティ施策に話を戻すと，全国各地でモデル地区を指定し，その地区の住民活動を支援して，コミュニティ形成を図るものであった。基礎自治体独自で取り組まれたものも，行政区画内をいくつかに区分し，それぞれにコミュニティ・センターを建設して，この運営を住民に任せるというものが主であった。

　このとき多くの場合，町内会・自治会を中心とする既存の地域組織の代表者を集めて，協議会をつくり運営がなされた。はじめは町内会・自治会が中心でなかったとしても，やはり行政とのやり取りに慣れている町内会長が，だんだんと取り仕切るようになったとの指摘もある。結果として，町内会・自治会があらためて地域のなかで中心的存在として位置づけられることになった。このことから，表立って支援することのできない町内会・自治会をエンパワメントしたとの批判にもつながるのである。

　町内会・自治会は行政の施策運営に深くかかわりをもちながら，正式な位置づけがなされないまま関係が継続されてきた。しかし，1992 年地方自治法が改正され，地縁による団体として法人格を取得できるようになったことは 1 つの画期となった。

　「権利能力なき社団」の位置づけから，法的にも認められる組織となったことで，協働施策におけるパートナーの対象としても，名指しされるようになった。そしてこの頃からとくに，少子高齢化の進展により福祉ニーズが拡大複雑化するなかで，公的に町内会・自治会に求められるものが増えてきたのである。

■ 制度化される地域組織ネットワーク

　地域課題が多様化し増大する一方で，町内会・自治会は加入率の低下や担い手の高齢化が顕著であり，行政からの多大な要請に応えられなくなってきている現状もある。これまでは，住民参加や住民への説明が求められる際に，地域を代表する組織と考えられる町内会・自治会に説明をしておけば済んでいたが，加入率が下がれば，当然その代表性が問われることになる。

　そこで，町内会・自治会をアクターの1つとし，その他の地域組織も含めて新しくまちづくり協議会がつくられる取組みが，多くの自治体でなされた。これはある意味では，1970年代に取り組まれた枠組みと同じであるが，1つ大きく異なっているのは，地域自治区制度などのように，法的あるいは制度的に明確な位置づけがなされているということである。

　地方分権改革が1990年代半ばから推進され，1999年の地方分権一括法により，地方自治体の団体自治権が拡幅した。その結果，自治基本条例などを制定して，住民と協働で自治を行っていく機運が高まった。これを実質的に推し進めている背景は，地方自治体の深刻な財政難である。これまで公共的な活動を丸抱えしてきた自治体の基礎体力が落ち，人口減少社会のなかで増大する福祉ニーズに応えられなくなっているのである。

　こうした状況に対して広域行政がめざされ，「平成の大合併」と言われる市町村合併が推し進められてきた。地方財政の三位一体の改革による地方交付税等の削減が，合併をさらに促した。

　合併は行政単位を大きくし，それによって財政状況の厳しい行政運営を効率化させる狙いがある。その一方で，これまで団体自治権をもっていた基礎自治体が消滅してしまうことを意味する。合併における中核市から遠い地域では，住民ニーズを施策に反映させることが難しくなる。

　そこで，2004年の地方自治法の改正によって，自治体内を区分して，各地区に一定の自治権を委譲する地域自治区制度が導入された。地域自治区は，自治体内をくまなく区分する必要があり，実際に導入している自治体は少ない。しかしながら，自治基本条例など自治体独自の条例等によって自治体内を区分し，まちづくり協議会等が設置される例も多くなっている。

　以上のように，コミュニティを地域内にとどめてみる視点は，行政施策との

関連においては，その基本に据え置かれることになる。また，これまで見てきたような行政と関連の深い団体においては，実際の住民の意識や視点が地域内にとどまっている場合も多い。

1.3　地域の外に広がるコミュニティ──市民活動やNPOがつくるコミュニティ

地域の外側に広がるネットワークをもっていると考えられるのは，市民活動やNPOである。これらが台頭してくる画期となったのは，1995年の阪神・淡路大震災だと言われている。

発災直後からボランティアが現地で活動したことを受けて，「ボランティア元年」とも称され，その後1998年の特定非営利活動促進（NPO）法の制定を促したとされる。この法律によって，市民活動を行う任意団体が，法人格を取得できるようになり，こうした団体が公益に資する活動を行っているものとして明確に位置づけられたのである。

NPO法人は，法律で定められた20種類（法律制定当初は12種類）の活動分野に該当する活動を行っている。多くの団体が掲げている活動分野として，保健・医療・福祉，社会教育，まちづくり，子ども，NPOの中間支援的活動などが挙げられる。このように，市民活動やNPOはある目的をもって活動している組織であり，「テーマ型」活動組織と称されることもある。

こうした活動が増えてきたのは，1970年代頃からであり，コミュニティ施策の展開と時を同じくしている。その背景には，新しいタイプの住民が増えるなかで，従来の地縁組織にはなじまずに，自分たちで独自の活動を展開したということがある。またその時期に，先に指摘したようなコミュニティ施設が整備されてきたことで，活動場所が確保されたことも，その一因と考えられる（玉野 2007）。

「テーマ型」と称される団体は個別の解決すべき課題をもっており，それぞれの目的のために活動を行っている。すなわち，マッキーヴァーの整理からすればアソシエーションである。これらがつくりだす「コミュニティ」をどのように想起すればよいであろうか。

市民活動・NPOは地域組織として地域のなかにネットワークをもっていることも多いが，解決すべき課題によって，同様の関心をもつ個人や団体との

ネットワークを多くもっている。これはもちろん，どこかの行政区域内にとどまるものではない。

1980 年代にはこうしたネットワークをもつことの意義が見いだされた。アメリカに端を発するネットワーキング運動は，日本にもすぐに輸入され，他の運動とつながることが，自分たちの課題を解決することにもつながることを認識させた。これにより，対抗的な存在だった行政との協働も射程に入ったのであり，社会／住民運動から市民活動へと展開する下地をつくった。

そして，自分たちの課題だけでなく，近隣領域へのネットワーキングによってつながる問題意識は，やがて生活全般へとつながっていく。これこそ，コミュニティに位置づけることができる源である。すなわち，市民活動・NPOは自分たちの問題意識から端を発し，他の問題を解決しようとしている個人や組織とのネットワークを形成していくことによって，コミュニティとして立ち現れるものと理解することができる。まさに，ネットワーク型コミュニティである。

1.4　エスニック・コミュニティ研究

■ エスニック・コミュニティ研究の射程

これまで見てきたように，地域のなかに張りめぐらされている地縁組織によるネットワークと，ある問題意識やテーマをもって活動する市民活動・NPOが織りなすネットワークが，地域に並存している。これらは対立的な関係にあるものとして取り上げられることも多い。一方，マジョリティである日本人コミュニティからは，可視化されないような形で存在してきたのが，エスニック・コミュニティである。

1970 年代以降，日本におけるコミュニティ研究をけん引してきた奥田は，1980 年代後半から学生たちとともに池袋や新宿のインナーシティの調査を行い，エスニック・コミュニティについて研究した。これがコミュニティ研究の別の一翼をなすものと位置づけられよう。アメリカのコミュニティ研究をさかのぼれば，シカゴ学派のモノグラフ研究にはじまり，イタリア系コミュニティを対象にした W・F・ホワイト『ストリート・コーナー・ソサエティ』，H・ガンズ『都市の村人たち』などメジャーな研究群がある。

　日本においても，エスニック・コミュニティ研究は，大きな研究潮流をつくってきた。たとえば，新大久保や池袋といった東京のインナーエリアにおける外国人集住地域や，愛知県豊田市や群馬県大泉町などの外国人労働者の集住地域を対象にしたものである。しかし彼らは，地域にとっては流動的で，地域外とのネットワークを強固にもつ存在であり，そのネットワークは地域の内側にとどまるわけはない。むしろグローバルに広がるネットワークに編みこまれた存在である。すなわち先の2つのネットワーク型コミュニティが，ローカルおよびナショナルなレベルでのネットワークを主に想定していたことに対し，エスニック・コミュニティにおいては，グローバルなレベルでの相互作用も射程に入ってくるものといえよう。

■ ニューカマーズのエスニック・コミュニティと地域

　グローバリゼーションの進展により，国際的な人の移動が1980年代以降に大幅に増加し，日本にも「ニューカマー」と呼ばれる外国人居住者が増加した。それまで外国人登録者のうちその多くを占めてきた，「オールドタイマー」と称される在日韓国・朝鮮人の割合が，1990年代には過半数を割り込み，中国，ブラジル，フィリピンなどの登録者が急増した。1990年に施行された「出入国管理および難民認定法」の改正法によって，日系人3世まで在留資格が与えられたことの影響も大きい。

　こうした状況を地域のなかで発見していったのが，奥田らの研究であった。空洞化しつつあった東京の新宿や池袋のインナーシティに，これまでの外国人居住者の中心をなしていたオールドタイマーズとは異なる，ニューカマーズの居住化を研究の対象としたのである。エスニシティと地域コミュニティがどのように混ざりあうのかはじめて問われたものといえる。

　ニューカマーズは，先に来日した友人・知人ネットワークを頼って来日し定着することから，新宿（大久保）や池袋といった地域にエスニック・コミュニティが形成された。集住することで生活の利便性が高まる面があるが，移住した先の日本人コミュニティから受ける差別的な扱いが，エスニック・コミュニティ形成の理由の1つともなっている。

　奥田らが明らかにしたのは，事実としての住み合いが生まれているという状

況であった（奥田 1995）。大都市のインナーエリアにおける，かつての戦後地方出身者を包摂していった経験が，「都市共生の作法」ともいえる都市的な規範を育ててきた結果，ニューカマーズを柔らかく包み込んだというのである。

■ オールドタイマーズと地域コミュニティ

こうしたニューカマーズの存在が明らかとなったことで，改めて地域に存在してきたオールドタイマーズの存在が浮き彫りとなり，在日韓国・朝鮮人を対象とするコミュニティ研究も多く取り組まれた。

谷富夫らは，大阪の生野区猪飼野で在日韓国・朝鮮人の人びとについて調査を行い，複数の民族による「多民族コミュニティ」は実現可能かという問いについて検討した。彼らが導き出した結論の1つは「剥奪仮説」であった。これは，「本来自らに備わっているべき価値が剥奪されている場合，その価値を奪還するために民族と民族が結合して状況に立ち向かう」（谷 2015: 72）というものである。PTA や商店街の活動において，日本人では担いきれなくなったとき，在日の人びとと日本人との共同化が進んだことから導き出されたものである。

いま1つは「バイパス仮説」である。「民族役割以外のさまざまな地位 – 役割関係を迂回路として，その過程で互いの民族性を尊重しながら共同関係を形成する」（谷 2015: 174）ことを，世代間生活史データから明らかにしたものである。

以上のように，エスニック・コミュニティと日本人のコミュニティとの関係は没交渉であったわけではないものの，個人同士の関係のなかでの共存，あるいは他の選択肢がない場合や迂回してつながるような関係であり，コミュニティ同士の積極的な関係ではないことが読み取れる。

地域のなかに存在する3つのタイプのネットワーク型コミュニティの特徴をみてきた。地域内にとどまるコミュニティにおける共同性は，地域生活全般に生じる課題を解決することであるといえる。地域外に広がるコミュニティは，まずは各々が掲げる目的や課題がネットワークの源泉となる。さらに，それ以外のアソシエーションとつながることで，課題解決・目標達成型のコミュニ

ティとして成立してくるものである。エスニック・コミュニティは，エスニシティによってつながり，また日本社会に疎外された形で存在している。

　以上のような3つのネットワーク型コミュニティが，混ざり合うような事象はあまり多くはない。しかし，危機に直面したとき，絡み合って，コンフリクトを起こしたり，創造的な解法を導き出したりするようなことがある。以下ではその様子を見ていくことにしよう。

2 災害に対応するネットワーク型コミュニティ

　コミュニティの出発点は「共通の認識」をもつことから，と最初に指摘した。多くの人が同時に体験し，共通の認識を形成することに否応なく引きずり込まれるのが，大災害発生による被災である。1995年の阪神・淡路大震災と2011年の東日本大震災を事例に，コミュニティを取り巻く変化を見ていこう。

2.1 阪神・淡路大震災における災害対応

　1995年に発生した阪神・淡路大震災はマグニチュード 7.2，最大震度7を記録した大都市における直下型地震で，死者6000人を超す当時戦後最大の被害をもたらした激甚災害である。当時の関西地方の各自治体は，震度5程度を想定した災害対策マニュアルしかなく，想定外の事態に，政府も県も市町村も混乱をきたし，発災後すぐに適切な危機対応に入ることができなかった。以下では，地域社会内部での対応と地域外からの支援とに分けて，状況を概観する。

■ 地域社会の対応——地域コミュニティのモデル地区の状況

　阪神・淡路大震災の発災後，家屋が倒壊し，多くの人びとが亡くなったと同時に，近隣住民によって多くの人が助け出された。しかしながら，頼りになるはずの町内会・自治会が機能しなかったという指摘もなされている。総合研究開発機構（NIRA）による「大都市直下型震災時における被災地域住民行動実態調査」報告書（1995）によれば，被災地である神戸市の町内会・自治会のなかで震災後の対応にあたれたのは3割程度であったという。このように，地域で

対応にあたれたのは，それまでに地域コミュニティの関係が強固に成立していた場合が多く，事前の防災コミュニティづくりの重要性が指摘された。

　地域社会の対応として，お手本のように取り上げられるのは，神戸市長田区真野地区の事例である。インナーエリアである真野地区は，町工場や工場労働者が多い一方で，木造住宅に住む低所得高齢者なども多く，被害の大きかった地域である。

　1970年代からのコミュニティ形成のモデルとされてきた真野地区は，1960年代の町工場による公害問題をきっかけに，住民運動が展開され，その後もさまざまなまちづくり運動を進めてきた。自治会組織が母体となりながらも，他の組織との並列のネットワークによって真野地区まちづくり推進会が成立し，民主的な運営が貫かれてきた地域である（今野 2001）。こうした土台の上に，大震災が経験されたのであった。

　今野裕昭（2001）は，真野地区における震災後のコミュニティの対応と変化を次のようにとらえている。発災直後は，住民の救出や消火活動を行い，避難所では自治会ごとに炊き出しが行われ，地区内の見守りの対象となっている高齢者の確認が行われた。また，食事などの支援物資を地元住民が立ち上げた対策本部が受け取り，避難所に避難していない住民にも公平に配布するために，再配分を行った。

　一方，仮設住宅が地区外につくられたことで，地区内の被災者の顔が見えなくなり，みなが被災者という「震災ユートピア」のような状況が崩れ，階層性が反映された不協和音があらわれた。しかしこうしたコンフリクトを経て，復興まちづくりが地域の構造の一部となり，地域の力量を一段階高いレベルに押し上げる契機となった。

■ 被災後に誕生した組織による対応

事前の強固なコミュニティが成立していなくても，各避難所でにわかに自治組織が形成されるなど対応がなされた場合も多い。復興の過程においても，仮設住宅における自治会組織や，被災した地域のなかで新しくまちづくり協議会ができるなど，被災後の対応過程においてコミュニティ組織が成立した場合もあった。以下では，宮定章（2007）によって紹介されている長田区の別の事例

を参照してみよう。

　御蔵通5・6丁目地区は真野地区と同様に住工混在で長屋が多いなどの特徴をもつ高齢化したインナーエリアである。1995年3月の都市計画決定で，震災復興土地区画整理事業地区に指定された。高齢化した役員が中心の自治会は被災後に機能していなかったため，有志住民によって「御蔵通5・6丁目町づくり協議会」が4月に結成された。

　この協議会が中心となり，被災前の居住者や家主などに調査を行った結果をふまえ，「まちづくり提案」を作成し神戸市に提出した。また，協議会に対して支援活動を行っていたボランティアらが，ボランティア団体を立ち上げ支援を継続した。その後，共同再建住宅の建設に尽力するも，被災前の居住者が地域に戻ってくることは困難であるなど挫折もあったが，地域の他の団体とも連携して，慰霊祭，盆踊り，餅つきなど地域イベントを継続的に開催した。

　2001年に新自治会が活動を開始すると，協議会の役割が理解されにくくなり，2006年に協議会は解散したが，ボランティア団体によるまちづくりの取組みは継続されている。

　以上の2つの長田区の事例では，事前の状況は異なるものの，地域コミュニティが震災後に対応したことには変わりない。しかし，どちらも地域のなかでコンフリクトを経験している。真野地区の場合には，地域コミュニティ内の階層性を反映したものであり，御蔵通5・6丁目地区の場合には，目的達成型の組織と従来の自治会組織との関係におけるものである。コミュニティはその「共通性」を源泉にしているため，内と外との対立，あるいは排除の論理も成立しやすいことの表れとしても読み取ることができる。

■ 地域外からの支援──ボランティア・NPO の状況

　阪神・淡路大震災は地域外から多くのボランティアが集まり，そうした力が発揮されたはじめての大きな出来事でもあった。その一方で，はじめての事態に現地は混乱も生じていた。山下祐介・菅磨志保（2002）はその様子について，神戸市長田区を事例に以下のように詳細をとらえている。

　長田区はインナーエリアを抱えており，高齢者や低所得者および外国人居住者も多く，その様子がマスメディアにも取り上げられたため，多くの救援物資

やボランティアが集まった。混乱のなかで物や人が大量に集まっても，これらを差配するキャパシティが長田区役所にはなかった。そこで，発災後1週間は，支援物資の仕分けや行政職員を派遣できない避難所運営に，ボランティアが配置され活動した。

　その後もボランティアが押し寄せるなかで，初期から手伝い，役所内に待機していたボランティアたちが，自らボランティア・グループを立ち上げた。また，長田区で活動する団体をつなげる「リーダー・ミーティング」が組織化され，3月末まで毎日ミーティングが行われた。リーダー・ミーティングの重要な機能は情報共有であり，各団体が現地で得た情報を交換して救援ニーズを集約し，支援を担える団体に割り振る仕組みができあがった。

　ボランティア・ミーテイングにはいくつかの国際協力NGOも参加しており，ピースボートも当初から中核的メンバーとして参加していた。ピースボートは被災地支援の経験はこのときはじめてであったが，平時の活動の経験から被災地に船で救援物資と救助ボランティアを派遣した。事前に現地を視察した結果，不足しているのは情報であると認識し，地域に密着した生活情報を毎日届ける「かわら版」の発行も行った。

　1日1万部にも達したかわら版を，スタッフたちが区内すべての避難所を回りながら手渡しで配布し，同時に情報収集も行った。こうして被災者とのコミュニケーションのなかから，生活情報とともに救援ニーズを集め，自分たちでは対応できないニーズを，リーダー・ミーティングで共有したのである。

　一方，救援物資については，地元ボランティア団体である西神戸YMCAによって，戸別配送されるなどの仕組みがつくられた。また，混乱するボランティア・コーディネートについても，平時からボランティアを募ってプログラムを行っている実績から，西神戸YMCAが窓口となり，ボランティア・グループに振り分ける仕組みが整っていった。

　このように，偶然集まった個人のボランティアや地元のボランティア団体，そして国際協力NGOが，制度や経験が何もないところから，避難者の支援ニーズと供給のマッチングや，ボランティア・コーディネートの仕組みを手探りでつくっていったのである。ここで特記しておきたいのは，リーダー・ミーティングでは，被災者への支援活動の相互調整が第一であることが確認され，

各団体の活動方針や理念は問わないことが約束されていたということである。被災地における協働の場面において,「共通の課題」＝被災者支援というところが相互理解されていれば, すべてを共有する必要はないということである。

■ 被災地のエスニック・コミュニティ

これまで事例で取り上げてきた神戸市長田区は, ゴム工業がさかんであり, とくにケミカルシューズ関連産業の集積地であった。産業の分業体制を下支えしてきたのは, 在日韓国・朝鮮人のコミュニティである。震災によってこれまで断絶が見られた, エスニック・コミュニティと日本人コミュニティとの交流の可能性が開けてきたことを, 文貞實（1999）は以下のように指摘する。

産業の再建においては, 在日コミュニティの協同組合を含む5つの組合が中心となって,「ケミカルシューズ産業復興研究会」を設立し,「くつのまち：ながた」復興プランをまとめた。また一方で, 外国人居住者の集住地区という特性を活かしたまちづくりという視点から,「アジアタウン構想」が生まれた。背景には, 震災直後の救援・救助活動における地域住民と在日コミュニティの協力関係を, その後も活かせないかとの思惑もあった。

まちづくりの場面においても, まちづくり協議会の会長が「日本人」, 副会長が「在日韓国・朝鮮人」という構成パターンが多く見られたという。文は, こうした場面において, はじめて地域住民としての在日の存在が見え始めたのではないかと指摘する。

また, 仲野誠（1999）も, 震災後に朝鮮初中級学校を取り巻く, 日本人のかかわりを取り上げる。東神戸朝鮮初中級学校に避難所が設置され, 近隣住民の在日韓国・朝鮮人へのまなざしは, 朝鮮学校の実態を知ることで大きく変化した。また, 在日韓国・朝鮮人と日本人の母親同士の連帯により, 朝鮮学校への公的な支援を拡大させる運動を展開する会も, 震災から半年後に結成された。

以上に見てきたように, 地域のなかのもともとのネットワークや活動の蓄積が基盤となり, それが被災後に大きな力を生んだことは間違いないであろう。しかし一方で, そうした蓄積がないところにも, 新しいコミュニティ組織が生まれ, 震災がこうした組織を生み出す契機ともなっていることがわかる。それだけでなく, 被災という体験は, これまで交わることのなかった人や組織をつ

なぎ合わせるインパクトをもたらしたとみることができる。

2.2　東日本大震災における災害対応とコミュニティ

　東日本大震災は，2011 年 3 月 11 日三陸沖を震源地とする，国内観測史上最大であるマグニチュード 9.0 という激甚災害である。大地震のみならず遡上高で国内観測史上最大となる津波が発生し，大きな被害をもたらした。さらに，福島第一原子力発電所の爆発事故が併発し，未曾有の複合災害の様相を呈した。東日本大震災復興構想会議による『復興への提言――悲惨のなかの希望』の前文では，「『つなぐ』ことで『支える』ことの実態が発見され，そこに復興の光がさしてくる」とされている。確かに，東日本大震災は多くの人びとをつないだ一面をもつ。

■ ネットワーク化された NPO・ボランティアの成果

　阪神・淡路大震災では，ボランティアの組織化や，組織と個人をつなげるような中間支援の機能が未熟であったが，その後この状況は大きく変化した。この背景の 1 つとしては，「防災ボランティア活動の環境整備」および「ボランティアの受け入れ」に関する項目が，1995 年 7 月の防災基本計画の改正によって明記されたことがある。

　また，2005 年に内閣府に「防災ボランティア活動検討会」が設置され，これに災害ボランティア組織のリーダーがかかわるなどしてきたことで，全国をつなぐネットワークが構築されていた。

　東日本大震災発災後，3 月 14 日にはすぐに準備が始められ，3 月 30 日の設立総会には 300 人超が集まり，「東日本大震災支援全国ネットワーク（JCN）」が設立された。当初参加したのは 140 団体だが，4 月末には 450 団体まで増加した。

　JCN は「内閣官房震災ボランティア連携室」と共同で，各省庁との情報共有の場である「定例連絡会議」を 6 回にわたって開催した。中間支援組織が，このように国と連携できる体制が整ってきていることからも，NPO・ボランティアの立場が大きく変化していることがわかる。

　被災地宮城では，せんだい・みやぎ NPO センターが 1997 年に設立されて

おり，県内だけでなく，全国の NPO との交流をもってきた。被災後すぐに，せんだい・みやぎ NPO センターと全国の NPO が連携して，「被災者を NPO とつないで支える合同プロジェクト（つなプロ）」が立ち上がった。3 月 14 日には結成され，各団体の役割分担がなされ，3 月 17 日には先遣隊が現地活動を開始した。桜井政成（2013）は，このような迅速な対応の理由として，震災前から形成されていた関係性を活かしたことが重要であり，「強い紐帯」や「閉じたネットワーク」といえる関係性が存したためであると分析している。

　このような全国的なネットワークは他にも多数形成され，被災地内外の NPO が連携して被災地の復旧・復興にあたった。国際的に活動を行っている NGO も，多数被災地支援にかかわり，地元の団体などと協力して活動を行った。

■ 被災地外の団体と被災地内で育った団体との関係

　日本 NPO センターによる，被災地支援活動への助成事業の申請および採択団体を数量的に分析した結果によれば，2012 年は被災地外からの申請も多かったが，時が経つにつれて現地の団体が中心となっていったことがうかがえる。被災地の団体は震災後に設立された団体が多く，なかには 3 年以上にわたって助成を受けるなど，地域の核となる活動として成長していった団体が見受けられる（須田・小山 2021）。

　石巻市の NPO 法人にじいろクレヨンは，被災した子どもに向けて遊び場の活動などを行う団体である。代表の柴田滋紀氏は石巻で被災後，避難所や仮設住宅で子どもたちを遊ばせる活動を行ってきた。現在は子育て支援拠点や，プレーパーク活動，また多世代のコミュニティづくりの活動などを行っている。

　柴田氏は東京の大学を出たのち，地元の石巻に帰り高校で美術を教えていた。被災当日は，消防団員ということもあり多くの人を助けた。現在は NPO 法人冒険あそび場 – せんだい・みやぎネットワークの理事にもなっている。

　冒険あそび場 – せんだい・みやぎネットワークは，震災前から仙台市の海岸公園冒険広場というプレーパークを，仙台市の指定管理で開設している団体である。被災後は，遊びの道具を載せた 3 台のプレーカーを走らせて，仮設住宅などでの遊び場の開設を展開してきた。プレーカーの活動には，全国組織であ

る NPO 法人日本冒険遊び場づくり協会が支援した。

　以上のように，震災前には思いもよらなかった活動を被災者が立ち上げ，もともと同じような活動を行っていた団体とつながったり，また同様の活動を行う全国組織が活動を支援したりということが，被災後に起きていることがわかる。被災後に目の前の現状に対処する形で新しくスタートした活動と，以前からある団体とが交わっていくという一例である。

2.3　災害ユートピアの出現とネットワーク型コミュニティ

　災害ユートピアという語は，まさに大災害の被災という共有の体験が，にわかに一過性のコミュニティを作り上げることを表す。この語をあらためて世に広めた R. ソルニット（2009 = 2020）は，私たちのコミュニティへの希求を，普段は個人主義，資本主義，社会ダーウィン主義といった哲学が妨げていると指摘する。災害のあとにはこれらがリセットされ，人びとが利他的に行動するというのである。

　郭基煥（2015）は，東日本大震災の被災地において，災害ユートピアの一形態として，国家や民族を含めた社会的カテゴリーが一時中断される現象が見られたことを指摘する。被災直後，自分という根源的なアイデンティティさえもが失われ，他者の痛みへの応答が意識の中心課題となっているような，「共生文化」ともいうべき社会空間が，いたるところに出現していたというのである。

　人と人との隔たりが取り払われた空間において，外国人，障害者といったカテゴリーは無効となっていた。それは，組織と組織（自集団／他集団）においても広範にみられたという。この状況を J・ロールズのいう「無知のベール」を被った人たち（自分の社会的属性について知らされていない人たち）の状態に等しいとし，恵まれない人により多くの恩恵が及ぶようにする，「格差原理」に合意した状態であるとする。

　一方で，飯塚智規（2021）は，「災害時要援護者」として規定される「高齢者・障害者・外国人・乳幼児・妊婦等」とは異なり，女性・障害者・外国人に焦点をあてる。「災害ユートピア」が見知った人同士のなかに現れ，土着的文化や風習が前面に出てくることにより，既存の役割が女性に求められ，そこからはみ出す人びとがはじかれてしまう。

　法制度によってある程度守られてきた人びとの日常をもこわし，その地域社会に根づいた土着的文化や風習が前面に出てくることで，「災害ユートピア」の閉鎖性・非寛容性が現れるというのである。ソルニットが指摘した災害による「リセット」は，資本主義などによって後景化していた土着のコミュニティ文化を復活させる可能性があるということである。

　私たちはかつての土着的なコミュニティ文化を喪失しつつ，国民国家という幾段か大きな枠組みとしてのコミュニティ文化を受容してきた。いくら災害ユートピアが築かれようと，そこで築かれた「私たち」の外の人びととの連帯は，また別問題であるということである。

　一方，前項まで確認してきたアソシエーションが連帯していくコミュニティは，対立点を保留にしたまま有事に対応することができ，またその連帯がなされた痕跡は消えない。ここにネットワーク型のコミュニティを希求する所以がある。

3　ネットワーク型コミュニティの可能性

　コミュニティを「課題の共有」や「共通の認識」に端を発するものとして論を進めてきた。この「共有」や「共通」の源泉は何か。地域内のネットワークに関してはある「地域」が，地域外に広がるネットワークに関しては「課題・テーマ」が，エスニック・コミュニティに関しては「民族・エスニシティ」がこれにあたると考えられる。

　しかしながら，情報通信技術および移動手段が発達した今日において，私たちはこれらのうちどれか1つに埋め込まれた存在ではない。複数のコミュニティとの回路を同時に保有している。コミュニティは「共有」や「共通」を前提とするがゆえに，内と外との区別がはっきりとしてしまう概念である。しかしそれと同時に，いくつものコミュニティをつなぐ存在としての個人や組織を介して，さらに大きなネットワーク型コミュニティを想定することができる。

　被災という「経験」は，まるでそれぞれが関連をもたずに存在しているように見えた，数種のコミュニティをつなぐきっかけをつくった。それは突然降っ

てわいた悲惨な「経験」の共有であり，また復興に向けた「共通の認識」をもたらした。しかしたとえば，ある「場所」，ある「時」を共有するということは，楽しい「経験」の共有にもつながるものである。それは祭りやフェスのような仕掛けかもしれないし，やすらげる居場所の創造かもしれない。ある人にとっては匿名性が保たれているからこそ安心できる，オンライン上の空間かもしれない。そして，こうした場所を存続させようとする共通の認識が生まれるかもしれない。

　コミュニティを形成することは，こうした「共有」を増やすことで成り立つであろう。そして，コミュニティ同士のネットワークを広げることで，より大きなコミュニティを創造することができる。このように想起されるネットワーク型コミュニティは既存の枠組みを超えていける無限の可能性を秘めている。

　コミュニティが必要かと問われれば，私はやはり「必要だ」と答えるだろう。個人化の進む時代に，やはり私たちに「包摂」を想起させる概念だからである。個別の関心の解決をめざすアソシエーションを包摂し，より広い共同性を示す概念としてのネットワーク型コミュニティの可能性を今後も模索したい。

▷ 読 書 案 内
①今野裕昭（2001）『インナーシティのコミュニティ形成──神戸市真野住民のまちづくり』東信堂。
　　神戸市長田区真野地区における，地域内のネットワーク型コミュニティの形成過程をみることができる。こうした地域内の連帯が，阪神・淡路大震災にどのように対応したか，コミュニティの重要性を再確認できる一冊。
②桜井政成編著（2013）『東日本大震災とNPO・ボランティア──市民の力はいかにして立ち現れたか』ミネルヴァ書房。
　　東日本大震災において，NPOやボランティアがどのように支援を行ったか，様々な視点からとらえた論考集。ボランティアや国際NGOのかかわり方，支援金の流れ，企業のかかわりやICTの活用など，支援のあり方の変化を感じることができる。
③阪口毅（2022）『流れゆく者たちのコミュニティ──新宿・大久保と「集合的な出来事」の都市モノグラフ』ナカニシヤ出版。
　　エスニック・コミュニティ研究の蓄積が厚い大久保地域において，移動する人びとが織りなす流動的なコミュニティを，新興の「祭」を取り巻く「出来事」を

通してとらえた研究。「祭」の経験の共有を通して紡がれるコミュニティ成立への示唆を得られる。

—————— 小山弘美 ◆

第 **3** 章

「職」「住」をシェアする
アクティビストたちの自治コミュニティを中心に

ドイツ・ミュンヘンのオルタナティブ・スペースの掲示板（筆者撮影）

　社会運動というと，議員への陳情活動や路上を歩くデモ，オンラインでの署名など
をイメージする人が多いかもしれない。しかし，あるコミュニティを作り出し，そこ
で住み，働くことを社会運動とする人びとがいる。本章では「場所」と「人」に関す
るさまざまな問題を解決するために，ある空間を共有し，そこで共に住まい，ときに
は働くアクティビストたちの実践を「予示的政治（prefiguration）」という概念か
ら検討する。本章では，日本の都市コミュニティで行われる実践を対象に，彼らがど
のような政治的・社会的理念をもって労働と居住を行うのかを検討し，コミュニティ
のオルタナティブな政治的・社会的可能性を明らかにする。

1　はじめに

　近年，少子高齢化や，新築物件の供給が世帯数の増加を上回るといった要因から「空き家問題」が取り沙汰されている。これに加え，2020 年以降はコロナ禍における若年単身者の孤立化，また都市部では単身者向け住居が狭小であることによる「ステイホーム」の困難さなども度々取り上げられてきた。

　都市における空き家という「場所」の問題と，人びとが孤立し，不安定な状況に苦しむ若年層という「人」の問題をいかに解決するか。1970 年代以降，「スクウォッティング」と呼ばれる形で，空き家を合法的に再利用しつつ，行政や地域住民と連携する形でコミュニティ・センター，ソーシャル・センターや貧困層向け住居を運営するといった市民の活動はよく見られた（Owens 2009など）。日本では，スクウォッティングは法的に認められていないが，たとえば東京・高円寺や大阪・釜ヶ崎などで空き家や空き店舗を引き継ぎ，DIY でのリノベーションを施した後にゲストハウスやリサイクルショップ，カフェといった形で運営したり，住居として活用する事例が多く見られる（松本 2016）。

　こうした活動は，欧州では社会運動の一環として取り組まれ，また日本で従事している人びとも社会運動への参加経験をもつアクティビストであることが少なくない。そもそも「社会運動」というとデモやシンポジウムを想像する人も多く，あまり「コミュニティ」のような場と結びつくイメージがないかもしれない。ここでは，社会運動とコミュニティの結びつきを先行研究と実践の双方から検討することで，コミュニティの可能性について考えていきたい。

　このような活動は，多くは有志が一店舗・一施設から運営を始めるものの，同じ理念をもつ同世代や，その活動を知り自分もやってみたいと考えるより若い世代にノウハウが伝えられる。後続の人びとも当該地域に移住し，人的なネットワークを活用し新たな空き家や空き店舗を譲り受け，業態を拡大しながら，同じように価値観を共有して移住した人びとや地域住民との間で互助的なネットワークを形成しつつ，「子ども食堂」などの機能も担いつつ地域の交流拠点としての役割を担いながら，経済的に自律した地域ごとのコミュニティを形成している（えらいてんちょう 2018 など）。

　本章では，20代・30代の比較的若手であるアクティビストたちが集い，空き家・空き店舗の再利用を中心として形成した職住を核とする都市コミュニティの形成過程と，そのコミュニティがもつオルタナティブな社会的・政治的可能性を明らかにする。

2　社会運動論はどのように「オルタナティブなコミュニティ」を論じてきたのか

■ 社会運動と予示的政治

　「社会運動」というと皆さんはどのようなイメージをもつだろうか。政治的主張をしながら路上を練り歩くデモや，多くの識者を呼んで行うシンポジウム，あるいは海外の報道などでストライキなどの映像を見たことがある人もいるかもしれない。どちらかといえば動的で短期的な印象があり，持続性を前提として認識されやすい「コミュニティ」とはあまり関連がないと考える人が多いのではないのだろうか。

　ただ，たとえばみんなでシェアハウスやコレクティブハウスに住むというときに，トランスジェンダーのメンバーがいる場合トイレやお風呂をどうするか，食事を共同で行う場合ハラルやヴィーガンの人びとにどう対応するか，あるいは身体障害を抱える人の動線の確保など，いわゆるマイノリティの人びととどう生きていくかを考えるということは，それら1つひとつが社会運動ということもできるだろう。このように，生活をめぐる日々の営みに政治的理念を反映させ，生活の諸営為においてオルタナティブを模索する試みは「予示的政治（prefiguration）」として知られている（Maeckelbergh 2011, Yates 2015, Tominaga 2017, Creasap 2021）。

　シェアハウスやコレクティブハウスほど持続的な形でなくとも，社会運動を行うなかで「みんなで一時的に一緒に過ごす」ことはそう珍しくなく，このように寝食を共にして行う社会運動は「プロテスト・キャンプ」を形成することもある（Feigenbaum et al. 2013）。たとえば，世界貿易機関（WTO）やG8といった国際的に行われる閣僚会議の決議や開催そのものに抗議するために，社会運

動参加者たちは会議が行われる現地に赴き一緒に滞在することになる（Feigenbaum et al. 2013, 富永 2016）。そこには国境を越えて来る者も少なくないため，異なる言語や生活習慣，規範や慣習をもつ人びとが一緒に生活するための知恵が必要となるし，それを考え，実行することもまた社会運動となるのだ。P・ルートレッジは，このような集まりの場を「コンバージェンス・スペース」として概念化している（Routledge 2003）。コンバージェンス・スペースでは，社会運動の参加者は限られた空間内の特定の場に一定期間滞在し，それぞれの政治的理念をその場での共同生活に反映しながら，予示的政治を実践しようとする（Maeckelbergh 2009）。

社会運動における，コンバージェンス・スペースを通じた一時的な共同体の先行研究は，予示的政治のそれぞれのプロセスについて多様な研究を行ってきた。その 1 つが内部での民主主義の形成，あるいは自律性（autonomy）や民主主義の実践といった主題である（Böhm, Dinerstein and Spicer 2010, Leach 2009, Maeckelbergh 2009, 2011, Polletta 2002）。合意による意思決定（Haug 2013），熟議（Wood 2012）など，予示的政治と水平性の課題に関する問題がかなり検討されており，組織のルール形成といった制度設計に立ち入って議論するものもある（Claeys and Duncan 2019）。

しかしコミュニティは話し合いだけでは成立するわけでなく，簡単に明文化できないプロセスも数多くある。そこには食べる，寝る，余暇活動をする，といった，非言語的な，しかし生きていくのに必須のプロセスが数多くある。こうした過程は再生産（reproduction）と呼ばれ，そこでも予示的政治の実践は数多くなされている。たとえば，一部の参加者は，スーパーマーケットや食料品店などの周辺にあるゴミ箱から，まだ食べられる食品を集めて食事の材料にすることで食品ロスに対する問題提起を行う「ダンプスター・ダイビング」を行う（Graeber 2009）。もちろん食料を購入する場合もあるが，その場合は大きなチェーン店ではなく，地元のスーパーマーケットなどに立ち寄り地域への貢献を志す場合が多い（Feigenbaum et al. 2013 など）。また調理法に関しても，ヴィーガンの食事や地元農家による農作物の支援に重点を置くという場合もある（Glass 2010）。ただ，社会運動には肉食を伝統としている先住民族の権利の尊重といった側面もあるため，コミュニティのなかで一貫したポリシーを取り

にくいこともまた難しい点である（Tominaga 2017）。

　食事に政治的理念が反映されるなら，排泄に関しても同様のことが言える。トイレは，ジェンダー，衛生，エコロジーといった社会における複数の課題が現れる場でもある。たとえば参加者のなかには，より環境に優しいコンポスト・トイレを好む人もいれば，化学的な薬品を使うものの一般的には衛生的と言われるトイレを好む参加者もいる。これもまた，簡単に結論の出ないコミュニティ運営に関する論点と言えるだろう（Feigenbaum et al. 2013: 35–36, Harvie, Milburn, Trott and Watts 2005）。

■ 社会運動の場所

　ここまでは一時的なコミュニティ運営に関する議論だが，この持続性をさらに高めたものが「ソーシャル・センター（社会センター）」や「コレクティブハウジング」と呼ばれる場であり，こうした場に関する研究も数多く見られる（Yates 2015, Creasap 2021. Chatterton 2010, Kouki and Chatzidakis 2021, Jaureguiberry-Mondion 2021）。たとえばDVの被害に遭っている，移民であるといった理由で，社会的に不安定であったり住所をもたない人びとが公的なサービスを受けるのは非常に難しい。そのため，たとえば食事や衛生などのベーシックなニーズを満たしたり，医療サービスを提供したり，あるいは映画の上映会や読書会が行われたり，パーティーやワークショップが開催される光景は世界中どこでもよく見られる。このような場も社会運動から派生している場合が多いため，やはり予示的政治としての一面や，多様な背景をもつ人を包摂しようというコンバージョン・スペースの理念が強く反映されている。

　場所の調達方法は国や地域によって異なり，たとえば冒頭で挙げたようなスクウォッティングによる場もあれば，運動の理念に賛同した人びとから提供された場であったり，メンバー同士で借りた場所であったりする。たとえば1年や2年といった時限的な場もあれば，より継続的な運営をめざす場合もある。

　一方で，空間を維持するという点にはいつもある程度の妥協が必要な場合もある。場所を保持するためには，たとえばソーシャル・センターのような場に顕著だが，行政や周辺住民との調整との結果，ラディカルな試みができづらくなったり，柔軟性が低減してしまうということは十分にありうる。一方でどの

ようなやり方であっても，場所を維持するということはそれ自体が大資本による空間の私有化に対抗するという試みでもある。社会運動は手段自体もまた運動となりえる。手法にこだわるか，手法はさておき目的を優先するかということは常に社会運動のなかで生じるジレンマであるが，空間や場をめぐる社会運動においても，やはり同様のジレンマが存在する。

　近年の研究では，L・イェイツ（Luke Yates）は予示的政治概念を用いてスペイン・バルセロナのソーシャル・センターを対象に研究し，人びとが物を共有することや一緒に食事をすること，あるいはソーシャル・センターの余暇時間の時間割を作ることから電車の乗車のキセルや廃棄された食物を食べることまで，日常のさまざまな面において政治的理念を反映する様子を論じた（Yates 2015）。このなかには，食用植物の大半を有機栽培したり，ソーラーパネルで水を温めたりといった実験的な方法を採用するといった，一般的にはまだ先進的と考えられる実験的な方法も含まれている。また，イェイツの事例のなかには生活を共にしないソーシャル・センターも存在するが，そこで行われる多くの人に開かれた議論や自主的な勉強会ももちろん運動の実践となる。

　K・クリーサップはスウェーデンで社会運動に従事する人びとが運営するスクウォット・コミュニティ「サイクロフェン（Cyklopen）」を研究している。2007年に発足したCyklopenは，アマチュアの建築家たちが輸送用コンテナを改造して作ったDIYによる建造物であるが，何者かによる放火を経て再度支援により再建することとなった。「クィア・カラオケから大西洋貿易投資パートナーシップに関する討論まで」（Creasap 2021: 568），また政治集会，教育ワークショップ，音楽演奏，パーティー，映画討論など，さまざまな目的で利用されている。

■ 水平性の志向

　アクティビストがこうしたコミュニティを作るうえで，予示的政治とともに重要視されているのが「水平性」という概念だ。決め事をするためのミーティングやインフラ形成など，「誰でも参加できる」ということに，多くの社会運動は強くこだわる。たとえば，余暇活動であるサッカーに関しても，障害者や子どもといった人びとも楽しめるようにデザインし，建築に関しても，容易に

入手できる建材や誰でも採用できる建設方法によって作られる（Heinonen 2019）。しかし，余暇のスポーツにせよ建築にせよ上手下手は必ずあるものだ。メンバーのなかには自ずと上手な人や得意な人ができ，その人たちが強い求心力や発言力をもってしまう。それを可能な限り避けるために，運動のなかで権力関係を作らないためのデザインが必要となる。これが「水平性（holizontality）」を志向した営みと言える（Sitrin 2006）。

3　何かを共有することの有効性

日本においても，東京や京都といった都市で空き家を活用し，若年層が自営業を営む事例が増えてきている。その代表的な例として，20年近く継続しているリサイクルショップやバー，ゲストハウスを中心とした都市コミュニティである高円寺「素人の乱」が挙げられる（松本 2016）。こうした動きはいっときのムーブメントに終わらず，同じく社会運動経験をもつ人物が近い理念を有する飲食店やオルタナティブ・スペースを運営し，そのノウハウが全国に伝播する動きも見られる（えらいてんちょう 2018）。

業態としては独立系の書店やヴィーガンあるいはハラル食のカフェ，自然食の食材店や格安で泊まれる旅行者向けのゲストハウスなどがあり，多くの場合多様性や環境配慮といった社会的理念を有する。あるいは，地域に根ざした便利屋や引っ越し業，リサイクルショップといった，地域の人的関係を重要視しながらビジネスを行う人びとが多く，障害をもつ人びとを雇用するなどの試みも行っている。諸外国の事例のようなソーシャル・センターは多くないが，たとえば臨時で「子ども食堂」や無料での食料配布を行う形で社会的に弱い立場にいる人びとの支援を行っている。

また，必ずしも労働者協同組合や共同での店舗運営といった，職や労働にまつわるコミュニティだけでなく，「暮らし」に特化した自治コミュニティも多数存在する。こうしたコミュニティとしては，東京や京都，大阪や札幌といった都市に点在する社会運動経験をもつ人びとのシェアハウス，また子どもの共同保育を中心とした育児コミュニティ（櫨畑 2018）などもある。

　先行研究が示したソーシャル・センターの事例は，先述したように空き家のスクウォッティングを行うものから，運動の理念に同調する人びとの援助によって支えられるもの，あるいは参加者たちが自費で支えるものまで数多くあるが，日本の社会運動コミュニティは政府・自治体の補助を期待できず，また寄付などによる市民の援助も期待できない（坂本・秦・梶原 2019）ため，基本的には人的ネットワークによる資源の融通と参加者の稼得活動によって成立する自律的なコミュニティとなっている。

　先行研究の知見に依拠するならば，こうした自律性の高さ（外部への頼れなさ）は，そのまま資源の少なさということもできるが，一方で制度化されない自由な運動，柔軟な運営が可能ということでもある。本節では，2020 年代に存在する「職」と「住」を共有するコミュニティそれぞれについて検討し，それぞれの社会運動的な意義について検討してみよう。

■ 労働を共有する

　ここでは，労働にまつわる 2 つのコミュニティを紹介したい。1 つは東京都北区の「生活者・生活事業労働者協同組合」である。東京都北区のリサイクルショップを拠点とした自治コミュニティだが，引っ越しや草むしり，クーラーの取り外しや不用品の回収といった，住まいにまつわる「便利屋」としての仕事を主としている。数名の従事者は東京を中心に 20 代の頃社会運動・政治運動に関与していた人びとであり，一般企業での就職やシェアハウスの運営などを経て労働者協同組合を結成するに至った。

　出資・経営・労働を構成員全員で行う「協働労働」を前提としており，商品の買取や配送，店番のローテーションや営業時間なども全員で決める[1]。立場に上下を作らない，前節で述べた参加者の「水平性」を重視した試みと考えられるだろう。「ひとりひとりが経営者であり，労働者である」という理念のもと，物件に関しても全員で内見をして，全員が納得してから借りる。商品のレイア

---

1)　「生活者・生活事業労働者協同組合」note「報酬差が 100 倍，1000 倍…，これって変じゃない？」 https://note.com/namanamakumiai/n/naa9f4e08b17f　最終アクセス 2022 年 9 月 14 日。

ウト，料金，チラシ作り等々，すべてのことに時間がかかってしまうが，それが「顔の見える労働者／経営者同士の関係」を形成するうえで重要だという。[2]

　なぜ労働を「シェア」するのだろうか。メンバーの1人であるS氏は，①毎月の店舗費用を1人で借りるより安く抑えられ，店舗を倉庫と同程度の金額で維持できる点，②複数人の同業者での運営によって，現場がない人が店番に入ることができるため，店番に入った日に各々の事務仕事やネット出品をすることができ，また地域での関係性を築いて仕事を拡大することができる点，③1人でお店を開くよりも受注できる仕事に幅をもたせることができる点をメリットとしている。[3]

　こうしたありようを聞くと構成員同士の水平な関係性を企図していると言えるが，むしろ水平性からは遠いスタイルを意図的に採用している部分もある，と運営者の1人は語る。[4]基本的に，仕事の依頼に関しては，「1人親方」と呼ばれる自営業者が何人かいて，誰かが請け負った仕事を他の人に分配するスタイルを取っている。しかし，このスタイル自体は明文化されているわけでもなければ，マニュアル化もなされておらず，あくまで構成員間における「あ・うん」の呼吸でやっている，と言う。かえって明文化することで決まりを守った／守らなかったといった議論に時間を割かれてしまったり，人間関係のコンフリクトが生じるのを避けるためだと言う。

　しかし，社会運動やコミュニティ形成において，属人性や明文化の欠如といった要素は必ずしも歓迎されるものではない（富永 2016, Claeys and Duncan 2019）。明文化しない，属人的に運動を行うということは，誰もが平等に参加できるという水平性に反しているとも言えるし，特定の人物の影響力を強めてしまうためだ。しかし彼らは内部のマネジメントを水平・ボトムアップ式に行うのではなく，トップダウンで属人的であっても，この試みが他地域に広がることそのものが労働を自律化するという意味での社会運動なのだと主張する。

2)　「生活者・生活事業労働者協同組合」note「顔の見える関係の中で働く」 https://note.com/namanamakumiai/n/n7ebdace31a20　最終アクセス 2022 年 9 月 14 日。

3)　note「2021 年に共同でリサイクルショップを立ち上げる理由」 https://note.com/sugaya0623/n/n34f29eff2a48　最終アクセス 2022 年 9 月 14 日。

4)　2021 年 9 月 6 日フィールドノート。

　社会運動の「予示的政治」や「水平性」といった原則とは多少異なる運営の仕方をしつつも，社会運動的な理念を遂げている「職」のコミュニティはほかにもある。本節で紹介するのは，兵庫県川西市を中心とした自治コミュニティである。これは数名で１つの事業所や店舗を運営するという活動とはやや異なり，カレー屋を運営する人物が，その傍ら，コーヒー屋，ラーメン屋，パン屋，沖縄料理屋，バー等の起業支援を行うというプロジェクト[5]である。かなりのところを中心人物であるＫ氏のリーダーシップに依拠している。

　こう考えるとトップダウンの属人性に依拠したコミュニティに聞こえるが，「生活者・生活事業労働者協同組合」と同じく，地域密着型の顔の見える関係を重要視している。たとえば飲食店を運営する場合も，古い物件の内部をコミュニティのメンバーで大規模に掃除し，設備を整え，キッチンの内部やカウンターをラーメン屋として使えるように整備し直し，設備や内装の多くは元からあるものをきれいに磨いてそのまま使うことが多かったり，冷蔵庫やエアコンは家庭用のもので済ませて初期費用を圧縮することが多いという[6]。さらにＫ氏は，「古い物件を自分達の手で手入れし，店として使えるようにして経済活動をするのはしょぼい起業の醍醐味[7]」であると締めくくる。

　とはいえ，彼らは労働を完全にシェアしているわけではない。物件の掃除や初期設備の整備などはシェアしているが，店番や調理は各店舗で各々の経営者・従業員がやっているため，シェアできているわけではない。しかし，Ｋ氏は「ノウハウ」をシェアしている，と語る。起業には時間と労力がかかるが，類似の方法論をもっている店舗や経営者から学習することでその参入障壁を下げることができる，いわば「方法論をめぐる協働」を行っている。

　「生活者・生活事業労働者協同組合」と「しょぼい起業」コミュニティの共通点は，コミュニティの取組みは社会運動的な原則に反する部分があるものの，その取組み自体が全国各地で行われることが結果として社会運動になる，という考え方であるところだ。実際，生活者・生活事業労働者協同組合と同じく，

5)　脚注2）と同じ。
6)　かもカフェ note「川西ケプリタウンの社会学〜しょぼい起業の街づくり〜」https://note.com/kamocafe/n/n755ac9975b91　最終アクセス 2022 年 9 月 14 日。
7)　Ｓ氏オンラインインタビュー，2021 年 10 月。

兵庫県川西市の「しょぼい起業」コミュニティにも，他地域での企業をめざして見学に来る人が多くいるという。[8]

　彼らのコミュニティ自治に対する考え方は，それぞれの社会運動経験に裏打ちされた部分もある。S氏は20代の頃社会運動従事者を中心としたシェアハウスを中心に活動しており，K氏も大阪や東京で社会運動従事者が数多く参入する都市コミュニティに関与していた。たとえばS氏は，学生運動家時代に「資本家に首を取られたら終わり」と先輩に声をかけられ，[9] 新卒での就職や正規・非正規を問わず雇用される立場に置かれることに疑問をもったことが，起業の間接的なきっかけになったと語っている。資本主義と距離を取ることの重要性が，労働のシェアにつながったという形になるだろう。K氏もまた，なぜこうした形でコミュニティ運営を行うのか，それは社会運動とどのような連続性があるのかという筆者の問いかけに対して「前の世代のように資本主義と対抗することは難しいが，資本主義から逃げることはできるのではないか。その結論がこのような独自の経済活動にある」と回答していた。[10]

　これらは外部からの支援や援助によらない自主的な稼得活動であるため，基本的には自律性は高い。しかし，地域密着型の事業を行う以上，地域住民との関係性や同業者との連携は密になるということ，また「しょぼい起業」のようなコミュニティは障害者雇用なども行っており，政府・自治体からの補助や支援にも応じているため，しがらみがないとは言えない。しかし，それらをネガティブにとらえている印象はない。むしろステークホルダーの広がりが，運動としての可能性を増やしているととらえている部分が大きいようだ。

　■ 「住」をシェアする

　社会運動を発端とした2000年以降の自治コミュニティとしては，むしろ「職」や「労働」より「住」をシェアする活動のほうが多く見られてきた。たとえば東京・池袋の「りべるたん」，それに連なるムーブメントとして「ゆと

---

8)　同上。
9)　K氏，2016年8月10日インタビュー。
10)　2016年11月，2018年12月フィールドノートより。

り全共闘」や「オストロイテ」といった，若者中心のムーブメントもあれば，京都を中心に発足したシェアハウス「サクラ荘」「フロントライン」「スキマハウス」，札幌の「ミジンコハウス」などは，その代表的なものだ（増井 2015 など）。

　こうした社会運動としてのシェアハウスやシェアスペースは，通常の世帯とは異なりその空間利用の流動性の高さに独自性がある。空き部屋をイベントスペースとして運営することもあれば，遠方から来た宿泊客向けの部屋としている場合も多く見られる。数名の居住者が運営を担っており，基本的には居住者は個々人の都合に応じて出入りするものの，若年層（20代・30代）の単身者が多い点が特徴であり，居住者・非居住者による運営コミュニティがイベントの企画などを担当している。居住人数は3〜5名，収容人数は10〜20名前後で，小規模な映画上映や読書会などを行っているところが多いが，あまり政治的な目的をもたない飲み会などのレクリエーション機能もある。家賃は各居住者の負担によるが，寄付も受け付けている場合が多い。

　日本におけるシェアハウスやシェアスペースは，いわゆる予示的政治や水平性に基づく政治的なライフスタイルの実践というよりも，人間関係の形成に重きを置く「居場所」的役割を強めている。こうした動きは，1990年代以降の都市における若者運動の潮流として根強い（松本 2016，神長・長谷川 2000）。ネットワーキングやコミュニケーションの場として暮らしをベースとした社会運動が存在する背景には，それ自体が周辺化された若者たちのインフォーマルなセーフティネットとしての作用をもつことと無関係ではないだろう。属人性や秘匿性が高く，それほど大規模なものにはならない点は，「職」「労働」を通じたコミュニティと類似している。

　住まいをシェアするということは，再生産（reproduction）にかかわる営みであり，自ずと他者のケアなどの議論にもつながってくる。そこでは「職」や「労働」をシェアするときよりもむしろ，ジェンダーに関する論点が強調される。たとえば，トイレやバスルームといった空間をめぐって「男」「女」といった分け方がいいのかどうか議論になることもあれば，炊事や洗濯といった分担において，慣れ親しんだ性別分業が反映されてしまうこともある（Tominaga 2017）。筆者の過去の調査では，トランスジェンダーの参加者たちが

トイレの分け方を批判したり，女性の参加者たちがミーティング後の皿洗いを率先して行う状況が見られた。

　また，クリーサップの調査したスウェーデンのソーシャル・センターも，やはりジェンダーの課題に突き当たったようだ（Creasap 2021）。家事に関する責任感が女性に強くのしかかるものである一方，建築に関する技能については男性のほうに一日の長がある，とクリーサップの調査した人びとは語る。釘を打つのに半日かかったとしても，スキルアップのためのワークショップに時間とお金がかかったとしても，ジェンダーにかかわらず平等に建築プロセスにかかわることは予示的政治の観点から見れば重要であるだろう。しかし，スウェーデンのソーシャル・センターの人びとは，あくまで完成を優先させ，そこで行われる建築以外の営為を通じてジェンダー平等を達成させようと考えたのだ。

　筆者は継続的に，シェアハウスや「居場所」作りに従事するアクティビストたちと議論を続けてきたが，ジェンダーにまつわる問題意識は，とりわけマイノリティである女性や性的少数者の中で浮上してくる。以下は，シェアハウスに携わる女性参加者から筆者に寄せられた語りである。

　　ケアの問題は大きいですよね。家事的なことを女性がやりがちで，「綺麗好き」という役割を課せられている。自分のいるシェアハウスは，相対的に偏差値の高い大学生が多いからなのか，「理詰め系」になっちゃう。なにかあればすぐ「議論しよう」となるから……そうなると，主張するのがめんどくさくて，しんどい。[11]（2021 年 9 月 20 日，AS 氏インタビュー）

　　社会運動系のシェアハウスとかシェアスペースって，だいたい，汚くてどこか「濃い」という印象です。そういうのが社会運動だと思い込んでいるんだけれど，それ自体が限られた人たちの先入観に依拠していることを自覚しなきゃいけない。女性がいづらい空間になることって多いし，最初からその空気とは違って見える女性をそもそも呼ばないこともある。[12]（2021 年 9 月 20 日，AT 氏インタビュー）

　　元々短期合宿型の運動に参加していたんですけど，「泊まる」ということ

に抵抗があるのは女性という印象があります。20人中女性が5人しかいなかったりするんです。（中略）「合宿」というところに抵抗があるのかな。合宿型の運動って，だいたい講義があって，みんなで飲み会で交流して，という感じなんですけど，講義だけ聞けないか？　という声は女性から多いです。[13]（2021年9月20日，AN氏インタビュー）

　3つの語りから明らかになる点は，運動の「中心」と「周辺」をめぐる考え方である。つまり，シェアハウスのような「住」を基調とするコミュニティでは，人びとは「職」「労働」よりも多くの時間を他者と共有せざるをえない。だからこそ，ある意味目的志向性の高い労働とは異なる，言語化しづらい「いづらさ」「空気」が問題となる（しかしそれらは言語化しづらいままにとどまってしまう）し，他のプロセスでも重要な役割を担っていた「議論」にもまた属性や専門性による熟練度の違いがあるという問題点を前景化することになる。

　不特定の人びとと夜を過ごす，「泊まる」ということそのものに対して危惧する声がマイノリティからあり，プロテスト・キャンプをめぐる筆者の聞き取りでも（富永 2016），たとえば夜間，女性や性的少数者の人びとは身に危険を感じながら夜を過ごさなければいけないし，その怖さがマジョリティの参加者にはなかなかわからない。安全性という論点も，住まいをめぐるコミュニティからは導き出されるだろう。

　一方で，このような住まいをめぐる課題は共通であるだけに，社会運動でも対策が取られている。日本でも「シェアハウス界隈」という，シェアハウスに従事する人びと向けの交流イベントを行うことで，シェアハウスやシェアスペースといった住まいをめぐるコミュニティの「あるある」を話す場を設けたり，新たなシェアハウスやシェアスペースを設立したい人が既存のスペースを訪問するという光景も，筆者のフィールドワークのなかではよく見られた。

　こうしたシェアハウスやシェアスペースは，海外のソーシャル・センターのように空き家をスクウォッティングしたり行政から場所を借りたりといったことは一切なく，基本的には住民たちの自費により賄われている。しかし，聞き

11）12）13）　それぞれ，2021年9月20日フィールドノートより。

取りを行ったところ，多くが賃貸物件であり，近隣住民からの「迷惑」視や大家・管理会社とのコミュニケーションが運営体制を維持するにあたって大きな要素となっており，その結果閉鎖したシェアハウスやシェアスペースも存在する[14]。こうした問題が都市部の住宅事情によるものか，あるいは社会運動に対する寛容性の低さによるものかは定かではないが，労働にせよ住まいにせよ，そのコミュニティが立脚する，より広い「地域」との関係性を考えなければ持続可能にならないという点は，強調しておいたほうがよい点であろう。

4　予示的政治としてのコミュニティ

　ここまで，「職」と「住」を中心に，現代日本における社会運動としての自治コミュニティを検討してきたが，「職」「労働」から見えるコミュニティの課題と，「住まい」から見えるコミュニティの課題はそれぞれ異なっていた。しかしどちらも，予示的政治としてのプロセスはある程度共通している。

　イェイツは，予示的政治の過程を5つに概念化している（Yates 2015）。「実験（experimentation）」「展望（perspectives）」「実践（conduct）」「安定化（consolidation）」，そして「拡散（diffusion）」である。「実験」とは，自分たちが今考える社会において望ましいと考えられる営為を，非公式に「試してみる」という段階である。プロテスト・キャンプのような場であればコンポスト・トイレの採用や菜食主義の人びとの食事を作ってみること，ソーシャル・センターのような場であれば障害をもつ人びとや子どもでも参加できるルールによるサッカーなどの余暇行為も入るかもしれない。実際に筆者の見てきた職住をめぐるコミュニティでも，たとえば事業を共有している組合員同士で慰安旅行に行ってみる，住まいを共有している者同士で虫を食べてみるといった「実験」が見られた。しかし，それは必ずしも明確な政治的理念を伴っているわけではなく，何か新しいこと，変わったことをやってみたいという好奇心などに基づいている場合も数多い。

14）2018年5月，2018年11月フィールドノートより。

　しかし，どんなことでもやってみようというだけでは，コミュニティの政治的理念や社会的理念は著しく弱まってしまうし，外からではただ単に新しい思いつきややりたいことをやっているようにしか見えない。そこで試みの政治的理念を裏づける「展望」が必要になる。たとえば組合員同士で慰安旅行に行くにしても，社員同士の関係性を深めて業務上のコミュニケーションの改善を図るといった「展望」を与えるのであれば，それは利潤追求の一環にしかならない。そこで慰安旅行に行く社会運動としての理由を与える必要があるわけだ。虫を食べるという行動にしても，たとえば飼育するにあたって肉より温室効果ガスの排出が少ない，飼料が少なくてすむといった理由をつけて，「環境運動」としての意味づけを与えることができる。

　職住双方に関するコミュニティに従事する人びとは，この「展望」をブログやミニコミ誌（「zine」と呼ばれることもある）で文章化することでコミュニティ内外のメンバーと共有していた。たとえば，職をめぐるコミュニティがトップダウン，非明文化，属人化といった一見社会運動らしくないコミュニティのありようを提示しているのは，彼らが「運動の組織構造そのものではなく，試みそのものをたくさんの地域で行ってほしい」というノウハウのシェアを伝播させるというビジョンをより明確に言語化しているからだ。

　実験と展望が組み合わさることで，コミュニティに一定の規範ができ，より明快な，一種の運動手法として「実行」されることになる。展望に照らして個々の実践は妥当か否か，が逐一チェックされ，議論され，時には批判し合うことで，コミュニティは予示的政治としての性格を強めていき，繰り返すうちに「安定化」することになる。安定化した試みは，上で見たように，イベントやそこでの人的交流を通じて，多くの地域や組織へと「拡散」されるという帰結につながる。

　たとえば，職をめぐるコミュニティに従事する人びとは，特定のコミュニティや地域をベースとしながら，事業の拡張・拡大をめざさず，顔見知りや口コミのネットワークに基づく商売を志している。一方で彼ら自身は自らの営みを一地域にとどめたいわけでは決してなく，異なる地域で同じ理念を抱く他者への継承に重点を置く。たとえば同様の事業を行いたい人びとに対してワークショップを開催する例もあれば，実際に労働の現場に同伴してもらい作業を手

伝うなかで手順を覚えてもらうといった方法をとることもある。また，事業を行うための空き店舗や施設があれば積極的に紹介し，あっせんするといったことも行う。このような「継承」や「互酬」により，地域内・地域間に同じような理念をもつ人びとの事業体を増やすということが，彼らの労働と事業を通じた「社会運動」だと考えられるだろう。また，住まいをめぐるコミュニティに従事する人びとも，相互に行き来したり共同でイベントを開くことによって，自分たちの自治をめぐる試みを広げようとしていた。

　最後に，冒頭で提示した「場所」と「人」という 2 点に立ち返り，コミュニティがもつ政治的・社会的可能性とは何か，2 点から明らかにしておきたい。

　第 1 には「場所」に対する影響である。都市計画や建築学，地理学の議論では，自治によるコミュニティが大資本による都市の私有化に抗する手段として重要であると主張している（Minuchin 2016）。さらに言えば，都市開発の急速な進行は，たとえばディベロッパーやハウスメーカー，あるいはそれを支える土地税制を決定する政府や自治体，土地や住居を購入・売却して利益を得る個人投資家など，さまざまなアクターが関与し，循環することで成立している。土地に住む人びとが自らの手で住居やソーシャル・センターを形成することは，こうした土地の「商品化」の回路を一時的にでも切断できる。

　第 2 に「人」に対する影響である。これは医療や建設といった専門的と見なされやすい技能により顕著であるが，専門家の特権性や専門知の商品化といった問題が存在する（Kouki and Chatzidakis 2021, Minuchin 2016）。たとえば建築であれば，建築から生み出される価値が，少数の建築関係者，開発産業によってほぼ独占的に獲得され，結果として消費者は高額の費用を払うことになる。これに対して本章で紹介したような自主的な建物のリノベーションは，金銭的なコストがかからないというだけでなく，さまざまなアクターによる資源の独占を防ぐことにつながる。

　コミュニティを通じた運動は，従来の社会運動のように「抗議」や「提言」を直接行うわけではない。しかし，それとは異なる形で，土地や労働を「商品化」する社会，自分の生活の営みを「消費」を通じて行わざるをえない社会に対するオルタナティブを示している。

〈**謝辞**〉　　本章の基となった研究成果は窓研究所，大林財団，トヨタ財団，労働問題リサーチセンター，全労済協会，第一生命財団，研友社の支援によるものです。

▷ 読 書 案 内

①松本哉（2016）『世界マヌケ反乱の手引書──ふざけた場所の作り方』筑摩書房。

　　多くのフォロワーを生み出したコミュニティづくりの達人，松本哉氏の著書。クリエイティブな刺激があるだけでなく，社会運動って真面目でなくていいんだと気づくはずだ。

②笹尾和宏（2018）『PUBLIC HACK──私的に自由にまちを使う』学芸出版社。

　　公共空間を「私的で自由」に使っていいと考える人はもはや少数なのではないか。まちが規制でいっぱいだと，何がいけないの？　という点から考えさせてくれる本。

③山﨑孝史編（2019）『「政治」を地理学する』ナカニシヤ出版。

　　社会運動や社会問題は「ひと」や「組織」からだけでなく「空間」からも解釈できることがわかる本。コミュニティと政治の関係を読み解くにあたり最適な本。

──────── 富永京子 ◆

第2部

た ど る

コミュニティという概念の由来

第4章

「想像の共同体」としての
国民国家と地域社会

昭和初期における盆踊りの流行（日本ビクター株式会社 60 年史編纂委員会
1987: 9）

　この章では，近代における「想像の共同体」としての日本という国民国家がどのよ
うに近世までの地域社会を再編したのかについて論じていく。近世以前からの地域社
会の秩序，たとえば集落やその宗教的な基盤である神社といったものを，支配が及ぶ
ようにいかに再編していくかは明治以降の政府の大きな課題であった。そうした再編
を通じて府県，また村々を合併した市町村といった，国家のもとで地方行政を行う自
治体がつくりだされていく。さらにこうした地域社会の秩序は，1920 年代以降のメ
ディア産業の発展のなかで次第に，民衆の側からも自発的に受け入れられていった。
しかしながらそうした自治体がはたして本来の意味での「自治」，すなわち同じ地域
社会において抱える生活の課題を共有し，解決に向けて模索するための「コミュニ
ティ」たりえたかというとそうではなかったし，現在も残念ながらそうとは言いがた
い。本章は最後に地域社会をそうした「コミュニティ」たらしめる可能性をめぐる，
同時代の模索についても論じる。

1 はじめに

　この章では近代における国民国家（nation-state）の成立が，近世以前に存在していた地域社会のあり方をどう再編したのかについて論じていく。後に述べるように，そもそも現代の私たちが当たり前に感じている「日本人」という国民意識そのものが，日本においては主に明治期以降に広まったものであり，近世までは地域的にも身分的にも，また言語や文化の面でも日本列島に住む人びとは分断されていた。本章ではまず，そうした状態からどのようにして国民という共同体＝コミュニティとしての意識がどうつくりだされたかに触れる。

　そのうえで，政府が近代以前から存在してきた地域コミュニティをどのように再編し，都道府県や市町村のような地方行政の単位を通じて国民国家の一部として組み入れていったのかについて論じる。すなわち私たち1人ひとりの個人が，「××市」に暮らしており，その「××市」が「○○県」のなかにあり，さらにそれは「日本国」の一部であり，「日本国」はこの地球という空間に属しているという「同心円上の世界」（松沢 2013: 15）がいかに生まれたか，そのうえでそこでつくり出された市町村のような単位がいかに自明化していったかを見ていくことになる。

　これはたとえば甲子園で行われる夏の高校野球をイメージしてもらえばわかりやすい。高校野球では47都道府県の代表として選ばれた高校が出場しており，新聞の地方面を見ると各都道府県の人びとがそれぞれの代表校を応援するという体裁で，同じ都道府県の人が一体感をもち，勝利を喜び，健闘を讃えるという体裁がとられている。そうした大会においてまずは予選において都道府県内で，そして全国大会で各都道府県代表のチームが競い合うことを通じて，「都道府県」や「日本」という共通の平面が浮かび上がる。ここには先の「同心円上の世界」が見られる。こうした世界観がいかに生まれ，また自明化していったのかを本章では見ていくことにしよう。

　その際に注目するのは，人びとがコミュニティとしての一体感を分かち合う場となる祝祭的なイベントや，そこで用いられるシンボルの役割である。先の甲子園野球がそうであるように，人びとが「私たちは同じコミュニティの一員

だ」という意識をもつうえで，思い入れを寄せるチームの存在，そしてお互い
に競い合うことで熱狂できる大会というイベントの存在は重要な意味をもつ。
とくに大正の終わりから昭和期くらいになると，上に挙げた夏の高校野球の場
合と同様（というか，そもそもその前身となる大会も含めて）マスメディアを通し
て，同心円上の世界を前提とした形でのシンボルやイベントが自主的に新しく
生み出され，受容されていった。こうした状況を手がかりとして，日本人意識
の広がりとそれと結びついた地域社会の再編についてこの章では見ていく。

　そのうえで，単なる国家の支配のしくみや一体感の醸成にとどまらず，人び
とが暮らしのなかの課題を共に解決する「コミュニティ」としての地域社会の
可能性について，明治時代からの地域社会の変容を見据えつつ郷土教育・郷土
研究の可能性を模索した柳田國男の言説を手がかりに考察したい。

2　国民（nation）＝「想像の共同体」（imagined community）の創出

　読者のなかには高校野球に負けず劣らず，あるいはそれ以上に「日本人」と
して，オリンピックやサッカー・ワールドカップの日本代表やその選手たちを
熱心に応援したりする人が少なくないだろう。なぜ，私たちは彼（女）らに熱
狂するのか。もちろんスポーツやプレー自体の魅力もあるにせよ，「その選手
たちが自分と同じ国民（nation）だから」というのが，力を入れて応援する大
きな理由のはずである。

　国民（nation）がどのようなものを指すかについて考える場合，「自分と同じ
○○（日本）人が活躍すると誇らしい」として選手を応援する行為や，そこで
前提とされている「自分たちは同じ○○（たとえば日本）人だ」という意識を
思い浮かべれば話が早い。オリンピックで使われている「日の丸」の掲揚や
「君が代」の斉唱もそれと結びついた典型的な行為である。「日の丸」や「君が
代」は，「日本」を表すシンボルとして，「同じ日本人」であると意識させるた
めに使われている。

　日本に限らず，こうした「私たちは同じ○○人である」といった意識や人び
との間にそうした意識を強めようとする行為，またそうした意識に基づいて国

家を作り，あるいは国家の力を強めようとする活動，さらに「私たち○○人」を脅かすものとして外国や外国人を敵視したり，戦争を起こしたりといった活動を含めて「ナショナリズム」と呼ぶ。難しい表現をすると，ナショナリズムとは，「『我々』は他者とは異なる独自な歴史的・文化的特徴を持つ独自の国民（nation）であるという集合的な信仰，さらにはそうした独自感と信仰を自治的な国家の枠組みの中で，実現，推進する意志，感情，活動の総称」のことである（吉野 1997: 10–11）。そしてこの基盤となるのが「○○人」，すなわち国民（nation）というコミュニティということになる。

　しかしこうした「私たちは『○○人』である」といった意識はそれほど昔から，人びとの間にあったわけではない。たとえばヨーロッパにおいてはフランス革命（1789 年）以前，そこに住む人びとの間に「フランス人」や「ドイツ人」のような，「国民」としての意識やそれに基づく一体感は存在しなかったし，ましてや一般民衆を含む「国民」が「国家」の担い手になることは考えられなかった。それというのも，フランス革命より前の絶対王政下における国家は，身分制度を前提とし，その構成員の間には大きな隔たりがあったためである。聖職者や貴族といった人びとは多くの土地を所有して莫大な所得を得，また国王に対する免税や領主としての住民への課税権，軍隊・宮廷での役職といった特権など，国家における政治的な権利を独占していた。これに対して領土内の住民の大多数を占める平民は，彼らにとっては重い税負担を課す対象でしかなく，また平民から見ても聖職者や貴族は一方的に自分たちを支配する存在でしかなかった。そうした状態では，聖職者・貴族と平民がお互いについて連帯感をもち，同じ「国民」としての愛着を感じることは不可能だった。

　しかし革命以後，フランスでは領土内の住民を国家に協力させ，他国との戦争に動員するべく，特権階級が独占していた諸権利を平民にも配分・付与し，「市民」として国家に包摂するようになる。身分は廃止され，国王や貴族，聖職者による土地の独占や不公平な税制は是正された。君主制においては不可能であった「法の下での平等」が実現されて，選挙に基づく議会も開かれるようになった。かくして国家の領土内における男性の住民が「市民権」をもつ国家の主体的な担い手，すなわち「国民」として位置づけられたのである。こうした変化はフランスだけにとどまらず，ヨーロッパの各国にやがて及んでいった

(李 2009)。

■ 日本における国民意識の創出

こうした状況は日本でもおおよそ同じである。幕末から明治において活躍した啓蒙思想家の福沢諭吉は，明治維新後に有名な『文明論之概略』において，「日本には唯政府ありて，未だ国民あらずと云うも可なり」(福沢 [1875] 1975: 41) と嘆いていた。江戸時代の人びとは身分によってその社会的な地位が定められ，支配層である武士とそれ以外の民衆とは区別され，武士以外の家の子どもが支配者になるのは最初から不可能であった。また当時は交通機関が未発達なこともあり，一般の民衆は近くの村や町に移動するくらいで，九州の農民が江戸に出稼ぎに来たり，東北の農民が京都や大阪で働くのは難しかった (速水 2002: 171)。江戸時代までの日本列島に住む人びとは，身分や地域によって分断されていた。

また日本列島のなかでも身分や地域に応じて，人びとが受け継ぐ文化は違っていた。たとえば江戸時代では身分によって使う言葉は違い，同じ武士であっても将軍・大名・旗本・下層武士の用いる言葉は異なっていた (鈴木 2005: 80–122)。さらに共通の「日本語」というものが存在せず，地域によって話されている言葉には大きな違いがあった。それは現在でも「方言」が存在することを考えればわかるだろう。当時は別に東北出身者と九州出身者が江戸で出会って話をするなんてことはめったになかったから，言葉が違っていても何の問題もなかったわけだ。このように近代社会が始まる前，人びとは生まれつきもっている属性 (家柄，性別など) によってその社会的な地位は決まっており，さらに交通が不便なこともあって，社会は地域によっても分断されていた。人びとの多くは生まれた村や町で暮らし続け，生まれ育ったときからの人間関係のなかで，親から子へと受け継がれてきた職業に従事していた。

かくのごとく身分や地域によって社会が分断されている状況では，たとえば武士と農民とが，また同じ農民であってもたとえば東北の農民と九州の農民同士が，「自分たちは同じ日本人である」という一体感をもつことは難しい。しかも国の政治に関係するのは武士だけで，それ以外は政治にまったくノータッチだったから，福沢が「民衆は自分たちを国家の一員として感じていないから，

外国が攻めてきたら逃げてしまう」といったことを述べたのもうなずける。実際，1863（文久3）年に長州藩とフランス・アメリカの連合軍が下関海峡で戦闘状態に入り，敗北した際，領民は長州藩に対して一揆を起こし，また一部は自発的に両国の軍に協力したほどである（井上 2006: 129）。

　そんなわけで，欧米列強からの脅威に直面していた明治政府にとって課題となったのは，外国に攻められたら逃げてしまうような民衆に国家に対する忠誠心をもたせるべく，同じ「国民」の一員という一体感を，人びとにいかにして感じさせるかということであった。そのために政府が打ち出したのが身分を廃止して人びとを「均質化」すること，すなわち「四民平等」である。福沢が言うように，それまでの「武士が支配する人，それ以外は支配される人」という状態では，国家に対する忠誠心や責任感がうまれなくても仕方がない。そしてそれまでのように武士のみが武力をもつのでなく，徴兵によってすべての男性が軍隊に入り国家の一員として戦争に参加する，国民皆兵も行われた。

　四民平等は，人びとに国民としての一体感をもたせ，かつその国民によって構成された国家を富国強兵という形で強化するうえで大事なことだった。兵力を備え，工業や会社を興して大規模な生産をするためには大量の兵士や労働力が必要になる。しかし江戸時代は人口の多くが農民であったため，農民たちを都市に出て工場や会社で働かせる，あるいは兵士にする必要があった。したがって政府は身分を廃止するとともに，日本全国に鉄道を整備して，農民たちの労働力を都市の工場や会社に吸い上げようとした。身分や地域による人びとの分断をなくすことが産業化には合理的だったのだ。E・ゲルナーはこのような近代における産業化が国民意識を生み出していくプロセスを，世界各地の事例から明らかにしている（Gellner 1983 = 2000）。

　こうした国民化と富国強兵・殖産興業を前提に，教育も大きな変化があった。近代以前は武士は漢文や武芸，身分に応じた礼儀等を学ぶための藩校，農民や商人は農業技術や帳簿をつけられるように読み書きそろばんを学ぶ寺子屋といったように，それぞれの仕事に応じて異なった場で学んでいたが，政府は工場や会社，軍隊などで役に立つような共通のカリキュラムに基づいた学校を作り，親が子どもをそこに通わせることを義務化したのである。工場や会社では，全員が同じ機械のマニュアルを読んだり書類を作成したりしなくてはならない

し，あちこちの農村から出てきた人と意思疎通ができなくては仕事にならない。身分や地域で言葉が違っていてはコミュニケーションが取れないし，自分たちを同じ「日本人」だとも感じにくいと考えた政府は，標準語という新しい言葉を創り出し，人びとにそれを教え込んだ。

　また言葉のような目に見えない文化だけでなく，人びとの身体も学校を通じて均質化された。皆さんは小学校のとき，体育の時間に「1，2，1，2」とリズムをとって行進したことがあったと思う。今では誰もが当たり前にできるこの動作であるが，実はこれは明治時代以前の人びとにはできなかったことなのである。たとえば1890年に松江で中学教師の職を得たラフカディオ・ハーンは，リズムに合わせて行進できない当時の子どもたちが，先生の歌う唱歌に合わせて行進を習っている様子を描いている（三浦　1994: 126）。

■ シンボルを共有するイベントとメディアの重要性

　こうして日本列島に住む人びとは産業化の進展に合わせて，均質化された言語や身体を共有するようになったが，これだけでは，人びとが自分たちのことを「同じ日本人」として感じるにはまだ不十分である。上に挙げられたような言語や身体の均質化が進められたからといって，それだけでは意識の面で一体感をもつようになるとは限らない。そこで重要になるのが，人びとが同じシンボルや経験を共有できるイベントの役割である。たとえば「天皇」はそのなかでも最も重要なものであり，明治政府はそれを地域や身分を超えた共通の政治的なシンボルとして利用し，日本人としてのアイデンティティを育もうとした。そのために人びとに天皇を見せて回るべく巡幸や行幸を行い，その際には学校や地域の人びとが動員されて，天皇や皇太子が乗った御召列車や行列に対して全員で敬礼する姿が繰り返された。そうした儀礼を通じて，互いに面識はなくとも共に儀礼を行う人びとの存在を意識させ，またそうした人びととの一体感を人びとに生み出すことによって，「想像の共同体」（Anderson 2006 = 2007）としての国民としての意識を育もうとしたのである（フジタニ 1994）。

　近代における写真・映画・ラジオといったメディアの普及や発明も，天皇のイメージを人びとに広げていくうえで役立った。明治期には天皇の肖像写真とされる「御真影」を全国の学校に配布し，児童・生徒がそれに対して敬礼する

103

儀礼が行われるようになった（多木 [1988] 2002）。また大正から昭和になると天皇や皇太子を前に何千人・何万人といった人びとが日の丸の旗を振り，君が代を斉唱して万歳を繰り返すイベントが数多く行われた（原 2001: 229-30, 267-93）。このように人びとが天皇というシンボルを前にして共に敬礼・斉唱し，万歳を唱えて諸手を挙げるイベントを通して，見ず知らずの人びと同士が共振し共通の感情を抱く場が形成される。かくして「日本人」としての一体感や「日本」という国家への忠誠心が生み出されていくことになる。地域社会の再編もまた，こうした動きと軌を一にするものであった。

3 国民国家と再編される地域社会

■ 市制町村制の導入

さて先に述べたような均質な「国民」を政府が創り出そうとすべく，政府はそれ以前に存在した分断された地域社会の秩序や文化を，国民統合にむけて再編成しようとしていった。それが明確に現れているのが1888（明治21）年に行われた「市制町村制」，そしてそこでつくり出された町村を基盤とする日露戦争後の1908年以降に政府によって行われた地方改良運動という政策であった（→第5章）。これによってはじめて生み出されたのが，冒頭で挙げたような「××市」が「○○県」のなかにあり，さらにそれは「日本国」の一部であるという「同心円上の世界」である。まずはこの点について説明しておこう（以下は，松沢 2013: 26-50）。

近世までの日本社会の基本的な構成単位は町と村であり，それを幕府やその家臣である旗本，あるいは大名といった領主が支配していた。ところがこうした町あるいは村と領主との関係は，ここからここまでが○○県で，その範囲のなかにある××村は○○県の一部といった近代以降の市町村と都道府県の関係とはまったく異なったものである。幕府の命令で個々の村の領主は頻繁に交替し，ある村は大名Aの支配を受けているが，隣村は大名Bの支配を受けていて，さらにその隣村は幕領といったまだらの支配が発生していたり，あるいはある村の石高の半分は大名Aだが，残り半分は大名Bの支配だというように，

1つの村に複数の領主が存在するのも普通のことであった。県境を除いて，隣り合う自治体が他の都道府県に属していたり，1つの自治体が複数の都道府県に分割されているということは現代ではありえないことである。

　すなわち「村」というのは，近代の市町村のような一定の領域がありそこに住む人間すべてを平等な構成員として扱う地域団体でもなく，また農民の生活を丸ごと抱え込むような自己完結型の共同体でもなかった。それはあくまで百姓という身分の人びとで構成されて公的に認められた，領主が農民たちに年貢の納入に責任をもたせる単位にすぎなかったのである。したがって村を越えた範囲で生活上必要な関係が取り結ばれたり，1つの村のなかに村より小さい複数の集落が含まれていて，それが生活上の結合の単位として大きな役割を果たしている場合も少なくなかった。百姓同士はその生産や生活を支えるためにさまざまな共同での組織をつくりあげ（たとえば水の分配や肥料・燃料を採取するための山林の管理，農繁期の相互扶助組織），その必要性から領主が異なる村同士であっても村同士の連合組織を作っていた。課題ごとにいろいろな組合が形成されて，1つの村は複数の組合に属していた。

　こうした状況を抜本的に変えたのが，政府による「市制町村制」の公布である。まずは明治期に入って地方行政の単位として1878（明治11）年に郡区町村編制法が制定された。すなわち国の下に府県，その下に郡（農村部）あるいは区（都市部），さらにそれらの下に村や町を置くという地方行政のしくみが整えられた（松沢 2013: 112–13）。その10年後に公布，翌年に施行されたのが市制町村制であり，その際には身近な自治体の行政の事務をその住民が自分たちで遂行することによって行政への責任をもたせるという，地方自治という考え方が導入されている。こうした自治体をつくり出すために行われたのが，戸数300〜500戸を基準として合併する町村合併であった（松沢 2013: 160–69）。こうして生まれた村を行政村と呼ぶ。合併によってつくり出された新たな町村は「恣意的な境界線によって作られた恣意的で空虚な単位」であり（松沢 2013: 178），それ以前のモザイク状の地域秩序，すなわち複数の領主に支配されたり，課題ごとの複数の組合に所属していたかつての村とはもはやまったく異なっている。

■ 地方改良運動と共同性の創出

とはいえ，もちろん一朝一夕に，人びとがその町村になじむことができたわけではない。先に「地方自治」という考え方が導入されたことを述べたが，そもそも合併によってつくり出された市町村といった自治体に人びとが「自治」，すなわち自分たちの利害にかかわる問題について自発的に参加して解決するといったコミットメントをするようになるとは言いがたい。すなわちそう簡単に人びとは新たな町村をコミュニティとして意識するわけがないのである。そうした状態において次に現れる政府の課題は，ではこうした町村に自発的に関与しつつ，かつ天皇を中心とする日本という国民国家に貢献する人びとをどのようにつくり出すのかということになる。

それが明確に意識化されたのが，日露戦争後の時期である 1908 年に明治天皇によって渙発（かんぱつ）された戊申詔書（ぼしんしょうしょ）であった。これは 1904 ～ 05 年の日露戦争後に日本が帝国主義国家として国際舞台で欧米列強に伍していこうとするにあたり，国家の政策に全国民が協同一致の体制をもって協力して勤労すること，その国家の核としての天皇制の位置づけを全面に押し出す内容である。その一環として行われた地方改良運動は，そのための財政的・経済的・社会的基盤を，町村のレベルから創出しようとすることをめざし（宮地 1973: 18–20），旧来の集落の共同性を打破し，新たにつくりだされた町村を「国家のための共同体」として構築しようとするものであった。天皇を中心とした日本についてのはっきりした国家意識をもち，その要請を主体的に町村に浸透させることができる，さらにかつての村同士の対立や階級間の対立などをおさえて国家の諸政策に一致共同できる町村民をつくりだすことが目的であった（宮地 1973: 73–77）。

そのためにさまざまな施策が行われた。まずはそれまでそれぞれの村の住民たちが共有していた林野を統一して町村の財産にしてしまうという部落有林野統一政策である。それまで集落の住民はその近隣の山野を入会地として共有し，そこから田畑の肥料となる草木や薪，屋根の材料などに用いる茅を得たり，家畜の放牧や焼畑をしていた。各村落の自立を可能にしていたこうした土地をまとめて没収し，町村の財産として活用することで，町村の財政的基盤を安定させようとしたのである（宮地 1973: 34–44）。

次に小学校教育の強化と村落における若者組織への弾圧，青年会への再編が

挙げられよう。若者組織とは，たとえば15歳から25歳までというように村の若者が年齢を基準として特定の期間，所属する組織である。そこに属する若者は集落の運営に参加する重要な労働力であり，他の集落との間でのいさかいの際に実力行使を担うような存在でもあった（岩田 1996: 32-88）。そうした地縁的・自生的な地域共同体たる村の秩序を解体・再編し，それを国民国家のなかに統合すべく，こうした若者組織が弾圧された（川村 1996）。

　これと関連して，若者たちが中心になって行われ，各集落の人びとの祝祭の場となっていた盆踊りのような芸能を，府県や町村は改良されるべき悪しき風俗であり，「卑猥」で「醜態」を示すものとして厳しく取り締まった（笹原 1992: 50-51）。盆踊りは集落における男女の出会いの場，また人びとがさまざまな仮装や異性装をしてその姿を誇示しつつ練り歩き，踊り騒ぐといった地域の共同性に根ざしたイベントであり，こうした「盆踊りの輪がつくりだす非日常的な社会編成」は「治安当局にとって警戒すべき事態」とされた（兵藤 2005: 2-3）。

　府県，町村はこうした若者たちを国家の秩序のなかに組み込むべく，各地で青年会や青年団と呼ばれる団体を若者たちに組織させ，あるいはその結成を奨励していく。そこでは若者たちを夜学会と呼ばれる補習教育に参加させたり，農事改良事業への参加の推進が行われた。そして青年会の会長や副会長は町村長や小学校長に統一され，それ以前の自主的な若者組織に代えて，国家が定めた指導者によって掌握し町村と国家に貢献させるための組織がつくりだされたのである（宮地 1973: 81）。

　さらに新たな町村を名実ともに日常生活の単位とすべく行われたのが，神社合祀である。それまでおのおのの集落に見られた数多くの神社やそこで行われる祭礼は，各集落それぞれにとっての精神的・社会的なよりどころとなってきた。しかしながらそうした神社の多くを廃して合併し，可能な限り1町村に1つにまで統合しようとする政策が実施された。その神社を町村民の共同崇敬の対象とすることを通じて民心の統一を図るというのがその目的であり，すなわち町村を新たなコミュニティとして編成するための核として神社が位置づけられ，合祀が強行されたのである。このように，生活共同と結びついた地域コミュニティは必ずしも自然発生的なものというわけではない。村落という生活

共同のコミュニティ，その宗教的な中心となった神社とその祭礼もまた，そうした行政の介入を経た形でつくりだされていくことになった（森岡 1987）。

■ コミュニティ・ソングを通じた地域アイデンティティの表出

こうした政府からの町村合併や神社合祀による上からのコミュニティづくりには当然ながら，住民からの大きな反発があった。しかしながら国民国家の一部としてそれぞれの住む地方を位置づけるこうした同心円的な想像力が，時間の経過とともに次第に定着し，自明化していく。それを示す 1 つのわかりやすい例として，コミュニティ・ソングと呼ばれるジャンルの音楽やそれにまつわるイベントを見ていこう。コミュニティ・ソングとはコミュニティの象徴としてつくられる歌のことで，たとえば国歌とされている「君が代」や学校の校歌・寮歌，社歌などがその例である。こうしたコミュニティ・ソングの地域バージョンとして，県歌や市町村歌，またある時期以降には各地に伝わる民謡，そして新民謡と呼ばれる民謡風の歌などがある。

地域社会におけるコミュニティ・ソングが数多く現れた最初の時期は，まさに先の明治 20 年代〜 30 年代（1887 〜 1906）であり，日本全国で「地理唱歌」と呼ばれる歌が数多く作られた。この時期には近代国家にふさわしい国民をつくりあげるための啓蒙教育の一環として，政府により自分たちの国や地理を知るための地理教育が行われるようになる。こうした教育は自分たちが住む地域を「郷土」と位置づけ，郷土教育としてその地域について知識を与えることを通じて愛郷心を醸成し，それを起点として愛国心を涵養しようとするものであって（加藤 2003），それらの歌はその補助教材として作られていた（渡辺 2010: 174-91）。ただしこの時期全国各地の府県に関してつくられた地理唱歌の大半はその後，忘れ去られていくことになり，戦後に長野県の県歌に制定された「信濃の国」が現在でも定着している唯一の例であろう。

■ 民謡・新民謡の流行

こうしたコミュニティ・ソングが上からのお仕着せでなく，住民の自発的な参加を得て広く歌われるようになったのは 1920 〜 30 年代のことであり，市町村を単位に創作された民謡や新民謡というご当地ソングの流行がそれにあたる。

民謡というと，一般的にはそれぞれの地域において古くからの民俗的な共同性のなかで「伝統的」に歌い継がれてきた歌謡として理解されている。だが現在「民謡」というジャンルに位置づけられているようなこうした歌が，特定の地域と結びついた伝統文化として理解されるようになったのは，まさにこの1920年代後半から30年代以降のことであった。その背景には，1920年代の鉄道などの交通網の発展と大衆的な観光旅行のブーム，そして1920年代後半から30年代における昭和恐慌と世界大恐慌による地方経済の疲弊という状況があった。そうしたなかで各市町村やそこで商業を営む自営業者たちが，それぞれの地域を宣伝し，観光客を誘致したいと考えて，そのための手段を模索していたのである（武田 2000，渡辺 2013，細川 2020）。

　その際に大きな役割を果たしたのが音声メディア，すなわちラジオとレコードである。ラジオ放送が1925年から始まったことに触れたが，レコードの大衆的な普及もこれとほぼ同時期であり，こうした歌は当時のニューメディアを通した地域宣伝に格好の役割を果たすことになった。各市町村や商工会，鉄道会社，芸妓組合，料芸組合，温泉組合等からレコード会社が依頼を受け，専属の歌手や作詞家，作曲家を派遣し，新民謡と呼ばれるご当地ソングを制作してもらう。そして，それぞれの市町村やそこにある名所，産物，風情といった地域らしさを，東京の百貨店での地域の宣伝イベントや鉄道会社のイベントなどで宣伝していった。たとえば鳥取県の三朝村は温泉こそあったものの，地元以外からは誰も来ないような土地だったが，「三朝小唄」という曲とそれとタイアップした映画によって一躍観光名所となった（町田 1996: 80）。

　こうした動きはさして観光地とはいえない町村にも拡がっていき，来客を呼び込んで地元の商業振興に役立つイベントとして，またそこに住む人びとの郷土愛を高揚させる手段として，地元のレコード店におけるキャンペーンも含め，盛んに活用されていく。そしてこうした歌は先ほどの三朝村なら「三朝小唄」，長野県中野町（現在は長野県中野市の一部）なら「中野小唄」といったように，当該の地域以外の人びとにも認知されるように町村名，あるいはその町村にある有名な名勝地のようなわかりやすい地名がタイトルにつけられた。

　さらにこうした新民謡の誘致とそれによる地域宣伝の成功という流れは，それぞれの地域でコミュニティ・ソングとして活用できる歌や伝統的な祭礼，民

俗行事等が埋もれていないかどうかを模索する動きにもつながっていった。そこでクローズアップされたのが各地の民謡である。たとえば他地域に比べて新民謡が少なかった東北地方では，後藤桃水という人物を中心に，生活する身体から分離した民謡の普及が進められ，「埋もれかかっている『うた』を発掘し，下品なものは歌詞を整理し，節回しを整えることで，創作曲に準じたものを作り出す」動きが活発化していった（竹内 1974: 251）。

　たとえば最も有名な民謡の 1 つとされるものに「佐渡おけさ」がある。この歌は元をたどれば小木町という一地区での酒盛り唄，もう 1 つは佐渡金山の労作唄とされ，それぞれに取り立てて名前はなく，かつ「通人の好んで唄う上品な唄ではなく，どちらかというと，芸のない野暮な人の唄として卑しめられていた」ものにすぎなかった。その後，ある地元の医者が佐渡を観光地に仕立てあげるために「おけさ」を活用することを構想し，そのためには「野卑」でない新作が必要だと考えて，これを地方新聞が守り立てて懸賞募集して歌詞が数多く新作され，それが普及するようになったという。さらにレコード化される際，売り上げを気にしたレコード会社によって「佐渡おけさ」というタイトルが付けられるに至り，この歌の佐渡ヶ島の文化的なシンボルとなった（山本 1972: 428-34）。

　この「佐渡おけさ」の例に見られるように，民謡を売り出す際には，作詞家・作曲家によって歌詞・曲やタイトルにこうした形で手が加えられ，都会に向けて売り出しやすい地域のイメージが創出されていった。その意味では新民謡と民謡の場合で大きな違いがあるわけではないのだが，民謡の場合はとりわけ，こうして生み出された民謡は近代化によって変容していない，その地域に昔から伝わる伝統＝「正調」であるかのように主張されることになる。しかしながら実際にはそうした民謡の「正調」と呼ばれるものはこの時期に作り出されたものであって，ここにも「伝統の創造」が見られる（Hobsbawm and Ranger 1983 = 1992）。そもそもそれ以前は「拍子があるのやらないのやら」「二度うたえば二度節が違う」（竹内 1974: 155）といったように，歌詞も曲もその時々で即興的につくりだされていくのが普通であり，唯一の「伝統的」な「正調」などありはしなかった。

■ イベント・メディアを通した「想像の共同体」の自明化

　こうした「民謡」「新民謡」は，レコードや放送といった音声メディアや保存会，観光博覧会，発表会といった場において享受されることになるが，そういったなかで，最も地元においてインパクトの大きかったイベントは盆踊りである。民謡も新民謡も当初からしばしば盆踊りという形で多くの人びとを巻き込んでイベント化することを想定してつくられたものが多かった。地元における観光客誘致や，地域の商工会の振興策，さらには郷土愛の涵養の手段として，盆踊りというイベントは最も有効と考えられた（武田 2000, 2007）。各地での盆踊りの新作や復興には，各市町村が青年会や芸妓組合その他と共に積極的に参与しており，それらに掛かる費用を商工会とともに負担し，また町村長自らが盆踊り奨励のために踊りに加わるなどということが各地で行われた（小寺 1941: 113-14）。かつて盆踊りが近世以来の集落と若者組織を突き崩すべく弾圧されたのから一転して，それらはコミュニティ・ソングとして奨励され，各地で急速に盛んになったのである（笹原 1992）。

　もちろんかつて弾圧された村落における歌や盆踊りと，昭和初期の民謡・新民謡による盆踊りでは大きくその内容は異なっている。かつてのそれらは近世以来の村落に根ざし，秩序をかく乱するような自律的な若者組織と結びついたものであって，国民国家にとって警戒すべき対象であった。しかしながら町村や地域の商工業者たちからの委嘱や奨励を通じて生み出され，また外客に対してわかりやすい地域のイメージを適切に表出するために歌詞も曲もコントロールされた 1920 年代後半以降の盆踊りに，そうした要素は何もない。さらに町村の名称が歌のタイトルに付けられた新民謡では，合併によってつくり出されたはずの町村という「想像の共同体」の枠組みがあらかじめ自明なものとされ，それを前提として郷土意識を喚起するものとなっている。

　加えて 1930 年頃からは，こうした各地の民謡の全国的な競演大会やそのラジオ放送が盛んに行われるようになった。こういった競演において，それぞれの地域の担い手は，各地における同様の「（新）民謡」の存在を互いに認知するとともに，そのなかの 1 つとして改めて位置づけられ，優劣を競うような立場に置かれることになる。そしてそれぞれが互いに熱狂的に競い合って地域アイデンティティを強めるとともに，全国に対してその存在をアピールしていく。

こうした各地での「（新）民謡」という文化を通した「地方」アイデンティティの強化，他の地域との競合関係と全国へのアピールを通じて，人びとは「日本」という想像の共同体の枠組み，そしてそれぞれが住んでいる町村のようなコミュニティをそのなかの一部として自明視するような認識を，自然ともつようになっていった（武田 2000, 2007）。ここに冒頭で述べた甲子園野球に見られるような，市町村から都道府県，日本という「同心円上の世界」が見いだされる。愛郷心から愛国心へと人びとを向かわせようとする上からの強制もさることながら，むしろ 1920 〜 30 年代におけるメディア状況を通じてこそ，人びとはこうした世界観を自発的に感得し，それは現在まで効力を有しているのである。

4 コミュニティとしての「郷土」の可能性

　ここまで，明治期につくりあげられた国民国家，そしてその内部における町村や府県の単位が政策的に形づくられ，そしてメディアやイベントを通してそれが次第に自明化していくプロセス，市町村―府県―日本という「同心円上の世界」観が拡がっていくプロセスを見てきた。そこに見られるのは近世以前の地域社会の秩序をつきくずし，国家が上からつくりあげた府県―市町村という秩序であり，神社合祀に見られるように，人びとの地域社会におけるアイデンティティをその単位にまとめあげるものであった。またこうした市町村内の小学校を単位として，その地域についての知識を与えることを通じて自発的な愛郷心を醸成すること，さらにそれを基盤として愛国心を涵養しようとするといった郷土教育が，戦前期には数多く行われた（関戸 2003，伊藤 2008）。さらに民謡や新民謡のメディアを通じた拡がりと競合が生み出したのは，こうした上からの秩序の押し付けではないけれど，むしろ各市町村という単位を前提とした自発的な一体感の創出であり，それを通じた「日本」という枠組みの自明視であった。

　このように近代日本において生み出されてきた地域社会における町村とは，単に国民国家による支配のための単位として，人為的に上から愛郷心と愛国心

を涵養するための対象であり，また町村と府県，日本という枠組みを自明化するものにすぎなかったのは確かである。しかし先に少し触れたように，もともと 1888（明治 21）年に施行された市制町村制は，それらの市町村を「自治体」，すなわち自分たちの利害にかかわる問題について自発的に参加して解決するという自治を行うコミュニティとして位置づけるものであった。ただ，それがそもそも国家による上からの合併によってできた単位であったがゆえに，その自治という出発点はあらかじめ見失われ，それは単に国家の諸政策に一致共同する町村民をつくりだす手がかりにすぎないものとなってしまったのである。

■ 柳田國男の郷土教育・郷土研究論

だが，こうした地域社会における自治の可能性をあらかじめ閉ざされたものとし，愛郷心の高揚やナショナルな枠組みを自明視させていくしくみにすぎないとのみ裁断してしまえば，それは私たち自身が地域社会において今，実際に抱えている課題を共に解決するのを不可能なこととみなすシニシズムにしかつながらない。むしろこの時代においても，そうした愛郷心や愛国心の涵養とは違った自治に向けた地域コミュニティを模索する動きは存在したし，そのオルタナティブな可能性を掘り起こして活かしていく必要があるだろう。

　その手がかりとなるのは，1930 年代に郷土研究や郷土教育に力を入れ，後に民俗学という学問の父と見なされることになる柳田國男の言説である。柳田は当時の町村や府県といった自治体の単位について，「忠誠の臣民を養成する方策」や，家庭の「純良なる属員を作り上げる手段」は発展した一方で，「［臣民と家庭との］独り其の中間に於て，一個の町村民，一個の府県民としての正しい行為を訓練し，更に進んでは新たに組織し直されたこの雄大なる共同生活体の為に，日本人相互の間柄を約束し調和する法則だけが，まだ何人によっても指示せられて居らぬばかりか，是を如何に定めてよいかも，実は一向見当が付いて居らぬ」と述べる（柳田［1944］1998: 168）。府県や町村が「共同生活体」（＝コミュニティ）として自分たち自身で「間柄を約束し調和する」，すなわち自治という課題には，まったく見通しが立っていないというわけだ。

　そのような観点から，柳田はそれまでの「愛郷の精神を養うは即ち愛国心を盛ならしむる所以」などと褒められていた，戦前における多くの郷土教育を批

判する。柳田にとって，「偉人傑士の事蹟をしらべて模範とする」といった偉人の伝記や，「耳に快く心を楽しくする出来事」に偏した郷土教育・郷土研究は有害なものでしかなかった（柳田［1944］1998: 174-75）。そうした教育は，生徒が長じた後の生活で抱える課題に解決の手がかりすら与えない「一時の気休め」を与えるにすぎず，かえって「子供の大きくなってからの失望」を招く。「田舎者と呼ばれるのを不愉快に思うような人々に，お国自慢の種を供するだけ」の郷土教育になど意味はないと，柳田は厳しく批判を加えている（柳田［1922］1997: 115-16,119）。

　では柳田にとっての郷土教育や郷土研究の目的はどのようなものだろうか。それは貧困をはじめ衣食住や婚姻，労働といった人びとが共通に抱える日常の場における不幸や困難と，その原因を歴史的に究明して，暮らしの課題を解決する手がかりを提供することにこそあった。たとえば「農村道徳の昔はあれで備わり，今はこれでは足らぬという理由，及びそれを成長せしめまた支持していた力の所在」「離村問題」，「『何ゆえに農民は貧なりや』の根本問題」である（柳田［1935］1998: 261）。すなわち多くの農村の子どもにとって「殊に普遍的で，しかも深刻極まる実際的の疑問は，何ゆえにうちは貧乏なのか。之を積極的に言い換えると，どうすればもうちっと生活が楽になるか」という疑問に対して「充分な答え」を与えることこそが，郷土教育にとっての課題となる（柳田［1944］1998: 152）。

　農民の貧困という問題は，柳田にとって単に個人的な自己責任としてとらえられるものではない。「今の農村の動揺苦悶の底にも，良し悪しは別として，古い信仰の名残のあることは，これを認めずにはおられぬであろう。切って棄てるにせよ，はた堅く守って放たないにせよ，それを確かめるためには我々の通ってきた過程を知って居らねばならぬ」（柳田［1935］1998: 261-62）というように，その原因は歴史的な起源をもつものであり，それを問い直して解決への道を探らねばならない。

　こうした暮らしの課題を見つめ，それを歴史的な視点から解決しようとする柳田の姿勢は貧困問題に限らず，生活全般について言えることである。たとえば「衣食種類と国民健康とは，少なくとも併行して変わってきて居るので，とにかく過去歴代の生活改善なるものが，正しいか正しくないかは批判せられ，

検討せられて然るべきものだということは言える。是まで人のしたことにも結果から考えて，為になったことならなかったことがあった。それをよく知ってからでないと，新しい改善に責任を負うことはできぬ筈である」（柳田［1939］1998: 609-10）と柳田は述べる。そのような「人が知らんとする願い」に答えることが郷土研究と郷土教育の役割であった。

こうした課題に応えるためには，それぞれの郷土において単に孤立して問題を考えるだけでなく，各地の郷土研究者が相互に互いの知識を共有・比較し，検討することが必要だ。「個々の郷土に於て蒐集せられた事実，その割拠的の観察者によって，理解せられて居る限りの知識が，比較も綜合も無く，又各地相互の啓発も無しに，其のまま郷土教育に利用して，効果を挙げ得るか否か」について柳田は「深く之を危ぶ」む（柳田［1935］1998: 261）。日常生活のなかの不幸を解決するには個別の努力だけでなく，同じ悩みを抱える人びとが対話を通じて問いを共有し，相互に比較・啓発しあうことが必要だ。それは従来の郷土教育・郷土研究に内在する郷土自慢を反省的に乗り越えていく論理であった（佐藤 2002a: 69, 2002b: 318, 2015: 133）。

その際に「郷土」とは単なる場所ではなく，「それぞれの身体に，いわば所与の素材として与えられている日常であり，実践として使いこなされ再生産されている『意識感覚』のありようそのもの」を指す（佐藤 2002b: 315, 2015: 129）。それぞれの地域における「郷土人の意識感覚を透して」課題を見出し（柳田［1944］1998: 145），それをお互いに共有し，共に原因とその解決の方法を考えていく。そうしたプロセスのなかにおいてこそ，自分たちの利害に関わる問題について自発的に参加して解決するという意味での「コミュニティ」を通じた「自治」は可能となる。柳田が見た「郷土」，すなわち単なる抽象的な単位，あるいはそれを通して人びとを国家に動員するための道具にとどまるのでなく，文字通り人びとの「自治」を可能にするコミュニティとしての自治体。柳田が提起したその可能性は，その後も形を変えて問われ続けていくことになるだろう。

▷ 読書案内
①ベネディクト・アンダーソン（2006 = 2007）白石隆・白石さや訳『定本

想像の共同体——ナショナリズムの起源と流行』書籍工房早山。

　　ナショナリズム研究の古典。国家による一方的な均質化や抑圧を通じた人びと
の国民化よりも，ネーション（国民）という「想像の共同体（コミュニティ）」
が，出版資本主義や博物館，人びとの移動（巡礼），地図，人口統計などを通し
て，いかに自明なものとして人びとの意識に具現化していくのかについて，メ
ディア論的に明らかにした点が重要である。

②渡辺裕（2010）『歌う国民——唱歌，校歌，うたごえ』中央公論新社。

　　近代日本における「国民づくり」という唱歌のビジョンが次第に換骨奪胎され
つつ，学校・自治体・工場・労働者などにおける歌を通した「コミュニティ」の
創出実践が拡がっていった状況を，戦前から戦後にかけて描き出した作品。民謡
や新民謡については同じ著者の『サウンドとメディアの文化資源学——境界線上
の音楽』（春秋社，2013 年）も参照。

③佐藤健二（2015）『柳田国男の歴史社会学——続・読書空間の近代』せりか書
房。

　　著者は柳田のテクストを通じて「柳田民俗学」をめぐる既存の解釈図式を脱構
築し，歴史社会学の「方法」としての可能性を描き出してきた。本章で触れた柳
田による「郷土」概念の含意はこの作品に多くを負っている。

　　　　　　　　　　　　　　　　　　　　————————　武田俊輔 ◆

コミュニティを組織する技術

都市計画とソーシャルワーク

大阪市市民館（『ウェルおおさか』Vol.132，2021 年 6 月）

　コミュニティの存在やその必要性は，たとえ「コミュニティ」という言葉を使わない場合でも認識されていた。そして，日常的な共同性を再編成するための実践が展開されてきた。明治末期の地方改良運動は，人びとの内面にまで踏み込み，その関係のありかたを組みかえる統治の実験であった。この運動の過程で浮上した「田園都市」というコンセプトは，物的，社会的の両面で，コミュニティを組織する技術の模索が始まっていたことを物語る。1920 年代には，これらの技術がより意識的に洗練されてゆく。そのようすを，2 人の中間指導者──都市計画家の石川栄耀と社会事業家の志賀志那人──の歩みからたどってみよう。

1　田園都市の理想

■ 地方改良運動

　序章で述べたように，日本で，コミュニティという言葉が，都市化・産業化の過程で失われた共同性の回復をもとめる人たちのシンボルとなったのは1960年代のことである。しかし，コミュニティの形成に難局を打開する鍵を見いだすという発想そのものは，それ以前から存在した。日本の近代史のなかで，こうした取組みがはじめて本格的に展開されたのは，第4章でもふれた明治末期の「地方改良運動」であろう。

　地方改良という名称は，1909（明治42）年から1911（明治44）年にかけて5回にわたり開催された地方改良事業講習会に由来するものだが，その発端は1906（明治39）年の地方長官会議とされる（宮地 1973: 18）。日露戦争の講和をめぐる都市民衆の直接行動，いわゆる日比谷焼き討ち事件（1905年）の衝撃が冷めやらぬ時期である。

　当時語られた「地方」の意味は，現在の語感とは大きく異なる。それは，東京と対比される地方ではない。むしろ国家に対比されるものであり，R・ウィリアムズが指摘した意味での「コミュニティ」（序章参照）と読みかえる方が，意図を理解しやすい。「地方」の語に託されていたのは，国家の対極に位置する，日常に密着した領域であった。

　では，なぜ「地方」は改良されなければならなかったのだろうか。日本は，欧米にならって議会や憲法をはじめとする近代的な制度をととのえ，日清・日露戦争の勝利によって「一等国」の地位に登りつめたものの，その足元は脆弱さをかかえていた。これを克服して列強と肩をならべる強靱な国家を作り上げるには，統治のアプローチを変える必要がある。当時の指導者たちはそう考えたのである。

■ コミュニティの選別

　歴史学者の宮地正人は，地方改良運動がめざしたのは，「町村を『国家のための共同体』に転化させる」（宮地 1973: 73）ことであったと指摘する。

　「町」や「村」は，1888（明治21）年公布の町村制，いわゆる明治の大合併によって創出された行政単位（鈴木榮太郎のいう「行政村」）を指している。それまで7万を数えた村落（むら）は，近世の地域秩序を受け継いでいた。明治の大合併によって，町村は1万数千にまで整理された。しかし，統治する側の都合で引かれた境界線は人びとの生活になじまず，実施から20年を経てもなお，かつての村落（「自然村」）の間の対立は解消されていなかった。

　地方改良運動を指揮した官僚のなかでも，内務省地方局府県課長をつとめた井上友一（1871〜1919）はとくに重要な人物である。国内の事情に通暁していたばかりでなく，欧米視察などを通じて得た該博な知識をもとに旺盛な執筆活動を展開した。井上が説いたのは，「公共心」と「共同心」の両立である。

　井上の言う公共心とは，国家の要請に応えて奉仕する態度のことであり，中央から末端までの指令系統を強固なものにすることを指す。ここで「公共」が国家によって独占されていることに注意したい。これに対して，共同心とは町や村の内部の団結のことである。すでに述べたように，町村は，明治の大合併でつくられた行政村であり，いぜんとして部落（旧村）間の影響力が強い。そこに地主と小作人の階級対立が加わった。日露戦争後の増税がこれに追い打ちをかけ，地域は複合的な紛争の火種をかかえていた。

　行政村を名実ともに日常生活の単位とし，「国家の諸政策・諸要請に対し一致共同・隣保緝睦［しゅうぼく＝寄り集まって仲良くすること］しうる町村民をつくりだす」（宮地 1973: 77）ことが，地方改良運動の眼目であった。そのために何が行われたのかといえば，コミュニティの選別である。地域で受け継がれていた風習は，徴兵や徴税や義務教育といった国家の要請に背きかねないものとして，しばしば排撃の対象となった。その一方で，新たに導入された「共同体的なもの」（宮地 1973: 73）もあった。青年会，貯蓄納税組合，報徳会などである。地方改良運動は，明治維新が積み残した課題である日常生活のレベルからの近代化を，政府主導で推し進めようとするプロジェクトだった。

　国民統合にむけたコミュニティの再編成というねらいがもっとも露骨にあらわれたのが，「神社合併政策」（神社合祀）である（森岡 1987）。神社合併は，全国の神社のうち小規模なものを廃止し，一町村一社に整理統合するというもので，削減の対象は，20万近くを数える神社の9割以上を占めていた。それは，

町村の財政基盤を強化するための，部落が所有する林野の統一と表裏一体の政策であった。各地で大きな反発をまねきつつも，地域の生活と密着した慣習と信仰の領域にまで立ち入る再編が実行された。

■ ガーデンシティと田園都市

1907 年（または 1908 年），『田園都市』と題する書物が刊行された。著者は「内務省地方局有志編纂」とのみ記され，誰がこれを書いたのかは不明であるが，井上が深くかかわったとされる。自治体の財政基盤を強化し，あわせてその精神面での統合を進めることが地方改良運動の本流であったとすれば，同書は傍流に位置する。とはいえ，コミュニティを組織するという発想の源流をさぐるうえでは，見のがすことのできないテクストである。

『田園都市』が世に出る数年前には，E・ハワードの *Garden Cities of To-Morrow*（1902 年）が発表されていた。ハワードは，「都会と田舎は結ばれなくてはならない」と訴え，「この喜ばしい結合から，新たな希望，新たな暮らし，新たな文明が生まれるだろう」との展望を示した（Howard［1902］1965 = 2016: 73）。のちに文明史家の L・マンフォードは，ガーデンシティこそは，飛行機とならぶ 20 世紀初頭の偉大な新発明であると語った（Mumford［1951］1965 = 2016: 40）。

ハワードが変えようとしたのは，住む場所を選ぶときに都会か田舎かという二者択一を迫られる状況である。都会は，雇用や娯楽の機会には恵まれつつも，自然を締め出し，水や空気が汚れている。田舎は，新鮮な空気と太陽の光には恵まれてはいるが，雇用が足りない。彼は，都会と田舎の双方の長所をかねそなえたガーデンシティという第 3 の選択肢を提示し，その運営方法も含めて精緻な見取り図を描き，事業への賛同を呼びかけた。1903 年にはロンドン郊外で，最初のガーデンシティであるレッチワースの建設に着手する。

ガーデンシティに「田園都市」という卓抜な訳語を与えたのは井上である（大月 2007: 66，渡辺 1993）。そして『田園都市』は，ガーデンシティ運動にヒントを得た書物である。もっとも，ハワードの構想に含まれる資本主義批判の「毒」（たとえば，土地の私的所有の禁止）は取り除いてある。著者らは言う。「都市農村両者の特徴を存して，各々本然の美を発揮し，長短相補うてたがいに醇

表 5-1　『田園都市』全 15 章の構成

章タイトル	テーマ	章タイトル	テーマ
1　田園都市の理想	都市計画	9　協同推譲の精神	協同組合
2　田園都市の範例		10　共同組合の活用	
3　田園都市の趣味		11　都市農村の民育	社会教育
4　住居家庭の斉善	住宅／家族	12　救貧防貧の事業	社会福祉
5　保健事業の要義	公衆衛生	13　我邦田園生活の精神（上）	まちづくり
6　国民勤労の気風	生活習慣	14　我邦田園生活の精神（中）	
7　矯風節酒の施設		15　我邦田園生活の精神（下）	
8　閑時利導の設備	余暇		

（出所）　内務省地方局有志編纂（1907）より。「テーマ」は筆者が書き加えた。

美の自治を遂げしめ，両者あいまってともに国運の発揚に資せしめんと期する
は，これすなわち本書の主旨とするところなり」（内務省地方局有志 1907: 7）。
同書を貫くのは，既成の都市や農村の美点を評価しつつ，これに微調整をくわ
えることで問題に対処するという姿勢である。

　『田園都市』全 15 章の構成は表 5-1 の通りである。

　全 15 章は大きく 3 つの部分に分けられる（大月 2007）。1 章から 5 章までは
「ハード編」であり，地域生活の物的な基盤を扱っている。6 章から 12 章まで
は「ソフト編」で，心がまえや組織形態，そして行政サービスについて論じて
いる。ここまでは欧米の先進事例の紹介であるが，13 章から 15 章では，日本
の模範事例が紹介される。

■ 亀裂の修復

　『田園都市』の最初の 3 つの章は，諸外国の田園都市の紹介である。じつは
ハワードのガーデンシティについての言及はわずかで，経営者が従業員のため
に開設した住宅地──いわゆる「社宅」──に，多くのページが割かれた。た
とえば，世界有数の製鉄会社であるドイツ（プロイセン）のクルップ社が開設
した「職工農村」を田園都市の理想像として称賛する。

　　もとドイツには詭激なる社会主義の唱導者すこぶる多かりしがゆえに，

　　これが思想の伝播もまたことに著しきものあり。数多の工場も勢いこれが
　　感染をのがれずして，資本主と職工との間には，つねに多少の紛擾を絶た
　　ざりしに，ひとり「クルップ」工場のみは，和気藹然として，毫も粗厲の
　　態あることなく各自の交情もまたきわめてあたたかにして，あたかも一家
　　族のごとく，かつて怨嗟の声を聞きたることなしという。(内務省地方局有
　　志 1907: 48)

　温情主義の経営方針のもとで開発された社宅は，ガーデンシティ運動の本来
のねらいからは外れている。しかし，地方改良運動の主唱者たちが田園都市と
いう理念に何を託そうとしたのかがうかがえる点で興味ぶかい。
　『田園都市』の表向きの主題は，都市（都会）と農村（田舎）の調和である。
その裏には，階級間の対立を緩和し，社会主義に対する防波堤を築くという，
もう1つの主題があった。政府はすでに治安警察法（1900 年）を手にしていた。
しかし井上らは，既存秩序への反抗者を権力の行使によって制圧するという手
法を避ける。そして，労働者の生活環境を整備し，勤勉や節酒や健全な余暇の
ように望ましい心的態度や生活習慣に導くことで，紛争を無力化しようとした。
　このときに持ち出されるのが，「協同推譲」というスローガンである。「推
譲」とは，幕末期に二宮尊徳がとなえた「報徳仕法」に由来する概念で，飢饉
にそなえて計画的にたくわえた富を，困窮する人に惜しみなくあたえるという
倫理的行為を指す（Najita 2009 = 2015: 178）。現代風にいえば「互助」や「共
助」であろうか。

　　それ農村の生産を発達せしめんには，地主と小作人との協同に頼るもの
　　甚だ多く，工業を改良せんとするにも，またひとえに起業者と労働者との
　　一致にまたざるなし。ここにおいてか各種の階級を通じて，あまねくこれ
　　を調和するの要素たる，協同推譲の精神に待つのほかあることなく，いや
　　しくもこの精神だにあらば，ただに有形上の親和を進むるにとどまらず，
　　精神上においてもまた相互の輯睦をはかることを得べし（内務省地方局有
　　志 1907: 184）。

『田園都市』には，直接にコミュニティという言葉が登場するわけではない。とはいえ，地域における理想の共同性についての語りにみちている。これを駆動させたのは，社会のなかに生じつつあった亀裂に対する危機感である。もっともそこでは，「民衆生活の事実をふまえない政治的ディレッタンティズム」（橋川 1993: 149）とも評されるように，国家官僚の理念が先行していた。第2節，3節では，日常生活の現実についての知識に根ざしながら，コミュニティを組織する具体的な技術を論じた人物に焦点をあてたい。都市計画家の石川栄耀（1893〜1955）とソーシャルワーカーの志賀志那人（1892〜1938）である。

2 小都市主義と親和計画——石川栄耀

■ 生活圏としての都市

1918（大正7）年に東京帝国大学工科大学（現在の工学部）土木工学科を卒業した石川栄耀は，1920（大正9）年，内務省の都市計画技師の第1期生としてキャリアを積みはじめた。彼の経歴は，20世紀の都市計画を体現している。それは，国家の威信を高めることをめざす19世紀の都市計画とはことなり，日常生活の基盤をととのえることをめざすものであった。この項では，地理学者の山田朋子による評伝（山田 2006）と，都市工学者の中島直人らによる年譜（中島ほか 2009: 344-53）をもとに，石川の足跡を概観してみたい。

石川は，内務省に採用されると，都市計画名古屋地方委員会に赴任した。当時は，産業化にともなって都市への人口集中がすすみ，道路，上下水道，ごみ処理施設といったインフラストラクチャーの整備が課題となっていた。ようやく1919（大正8）年に都市計画法が施行され，全国の大都市で実行態勢が整えられつつあった。

1933（昭和8）年まで13年におよんだ名古屋勤務において，技術者として取り組んだ最大の仕事は，「区画整理」という手法の確立である（後述）。それと並行して，同僚と発刊した雑誌『都市創作』（1925〜30年）などを通じて，独自の都市計画論を育てていった。その特色は以下のようなものである。第1に，大都市は個性をもった小都市の集合体であるべきという「小都市主義」の提唱。

第2に，盛り場（娯楽街，歓楽街，商店街など）の空間演出手法の開発と，「都市美研究会」などを通じたその実践。第3に，地域の文脈を無視して欧米の近代都市計画を模倣する日本の都市計画への批判。

その後，石川は東京に移り，戦後は戦災復興計画の策定を指揮した。人口の抑制，広大な緑地帯，広場をもつ隣保区域の設定など，彼の都市計画論の集大成といえる意欲的な計画であったが，予算の制約によって大幅に圧縮された。もっとも，この時期の盛り場計画のなかには，新宿歌舞伎町のように石川のアイデアが実現したものもある。

実務の最前線に立ちつつも，石川は，「都市計画の枠を超えていこうとする」（山田 2006: 37）志向をもちつづけた。それは，都市を単なる建造物の集合としてではなく，文化的，歴史的文脈において成立する「生活圏」としてとらえたからであり，客体としての都市を操作する側だけに身を置くのではなく，「一市井の人となって街について考える立場」（山田 2006: 39）を失わなかったからである。

■ 何のための都市計画か

石川は，『都市創作』に「郷土都市の話になる迄」と題するエッセイを連載した。その初期の断章で，1923 年から翌年にかけての欧米視察旅行の途上，R・アンウィンに面会したときのことを回想している。アンウィンはレッチワース田園都市の設計も手がけたイギリス都市計画界の第一人者で，当時は住宅政策を担当する保健省の首席建築官の地位にあった。

石川が見せた名古屋の都市計画について，彼は次のように述べたという。

> あなた方の計画は人生を欠いている。私の察しただけではこの計画は産業を主体においてる，いや，主体どころではない産業そのものだ。なるほどカマドの下の火が一家の生命の出発点であるように産業は立都の根本問題であろう。それに対しては何もいわない。しかし，たとえてみても一家の生活においてもカマドの火はたかだか一時間で消される，そしてそれから後は愉快な茶の間の時間がはじまるはずだ。（石川 1925: 17）

そして，「文化の召使^{サーバント}」にすぎない産業に，なぜ家（都市）のなかのもっともよい場所をあたえるのか，と問いかけた。石川は，この上なく尊敬する先達から，都市計画が何のためにあるのかを考え直せ，と諭されたのである。

その衝撃から立ち直る過程で，彼は1つの方向を見いだす。これこそが「夜の都市計画」，すなわち，夜の生活を中心に据えた計画であった。夜は，昼間の生産活動の後に残された余白ではない。「部屋にあっては家庭^{ホーム}の時であり外に出れば隣人の時であり巷に出れば市民の時」（石川 1925: 19）であり，それこそが都市の本体であるという。夜の都市計画は，石川が終生追い求めたテーマであり，のちに盛り場論として体系化される（初田 2009）。

石川のエッセイを読むと，定量的なデータや技術的な実行可能性の検討もさることながら，「夜の都市計画」のように，読者の関心を引き付ける言葉が躍っている。ここにあるのは，ユーモアをまじえて親しく語りかけ，議論にいざなうような文体である。それは石川の個人的な資質のなせるわざであるが，都市計画が，市民とのコミュニケーションに長けた人物を必要とする段階に至っていたとみるべきであろう。

「愛の半径」も，そうした言葉の1つである。彼は大都市にアイロニーをみる。都市に人が集まるのは人とかかわることへの渇望があるからであり，要するに，人は愛をもとめて都市をめざす。「そんなら都市は人口が大きいほど愛の量が大きくなくてはならないはずだのに，なぜ実際は全く反対の結果になってしまっているのだろう。それは愛には半径があるからだ」（石川 1927: 45）。田園都市論者が一都市の人口は3万人までという原則を定めたように，愛が維持されるには規模に限度を設ける必要があると説く。

「大都市は亡ぼさなければならない。それはそのままには人間の墓である」（石川 1927: 47）とまで断言する石川は，都市計画家が大都市の繁栄に貢献する一方で，小都市の衰退に手を貸しているのではないか，と自らに反省の目をむける。現実的な解法として提示されるのは，「小都市主義」の都市計画である。大都市の小都市化と，小都市の固有の価値の向上という2つの目的を掲げた。この発想は，20年後，東京の戦災復興計画において，大都市を，個性ある多数の小都市に分割するというアイデアに結実することになる（西成 2009）。

■ 都市の作用にあらがう

　石川は，小都市主義の都市計画の課題を「大都市の中にいかにして愛の半径を回復すべきか」とパラフレーズするとともに，そのための技術を「親和計画 Community Planning」と呼んだ（石川 1927: 60）。コミュニティを「親和」と訳すところに，石川の卓越した言語感覚があらわれている。R・ウィリアムズが指摘した，近代におけるコミュニティの語感の核心部分をつかんでいるからである（序章参照）。

　この点を確認したうえで，もういちど「夜の都市計画」に戻ってみよう。その具体的な手法について，街路や建築物の照明，休養・娯楽そして通俗教化（社会教育）のための施設のほかに，「夜の親和計画」という項目がもうけられている。

　　　　近代文明は土地と土地の距離を短くしたが，その代わり人の心と心を遠くした，とある社会学者が云った。／ことにその遠さは都市人の間において然りである。／これは都市が田園人の墓であるより呪わしいことだ。／この人と人の間に失われつつある，愛の回復のために夜の親和計画が考えつかれる。（石川 1926: 30 「／」は改行）

　彼がこれほどまでに「夜」にこだわった理由は何だろうか。「夜の暗さ，そのために灯の楽しさ，広大な闇　そのために人の世の相寄り相まじわる親しさ」（石川 1926: 30）。夜には昼にはない特殊な力があるという。この力は，夜に明るさが欠けていることに由来する。いわば，灯りという資源の希少性が，昼間とはちがって人が注意を向ける先を限定し，心身の距離を縮めることを可能にする。石川はそんなふうに考えていたようだ。

　さて，「夜の親和計画」にかんする考察は，ほとんどが「隣交館」についての検討に費やされる（石川 1926: 31-33）。それによれば，隣交館には，小さな集会ができるクラブ室，展覧会のための部屋，素人劇などができる舞台，ラジオも聴ける音楽室，保育所，よろず相談所，医務室，公衆電話，暖炉やテラスのある談話室などがそなえられている。小公園に面して建てられ，周囲のどこからでも見える「チャーミングな塔」があって，夜間は照明によって浮かび上が

る。1つの隣交館が受け持つエリアは，人口3万人，1マイル（1.6km）四方ほどとされる。

　この提案には，地域住民の活動の舞台となり，シンボルともなりうる施設を拠点として，計画的にコミュニティを作り出すという発想がみられる。それは，人を地理的には近接させながらも心的に遠ざける「都市作用」（石川 1926: 31）の巨大な力にあらがうにはどうすればよいか，という難問に対する1つの応答であった。

■ コミュニティをつくる技術

　1930年に，全国の都市計画担当者のための専門誌『都市公論』に寄せた「郊外聚落結成の技巧」は，照明による空間の演出や施設の配置に着目した「夜の都市計画」とは異なったアプローチを試みている。それは街路の計画であり，彼が名古屋での実務において従事していた区画整理と直接にかかわるものである。

　区画整理は，市街地の無秩序な拡大（スプロール）をふせぐ技術で，現在でも郊外の宅地開発や災害復興で一般的に使われる手法である。具体的には，土地所有者が一定の土地を提供し，道路や公園などの公共用地を確保する。政府が土地を買収するわけではないので，行政の財政負担は小さい。ただし，土地の所有者など当事者の間で合意を形成できるかどうかが成否を決める。石川は都市計画技師として，区画整理の手法を研究し，その普及に奔走した。彼の活躍もあり，名古屋は，全国的にも区画整理が進んだ地域となった（西成 2009）。

　「郊外聚落結成の技巧」のなかで石川は，スプロール的に広がる市街地のことを「場末帯（ばすえたい）」と呼ぶ（石川の場末論については，中川〔2022〕も参照）。場末帯にはスラム（細民街）──劣悪な住居が密集し，貧困層が集住する地区──が生まれる。スラムに対しては，不良住宅地区改良法（1927年施行）のように，衛生と治安の観点からの研究や介入が行われてきたが，これをとりまく場末そのものは軽視されていた。

　石川が場末の害悪として挙げるのは，「anti community 的な空気」あるいは「嫌隣的な感情」である（石川 1930: 42）。場末には，隣人とのかかわりを避けようとする雰囲気がみちている。その要因は，雑多な階層の人びとがくらし，

住宅と商店が混在していること，そして無遠慮に地区を通過する交通ではない
か。だとすれば，区画整理の技術によって解決できるはずだ。では具体的に，
どんな街路と広場の組み合わせが望ましいのか。このように考察を進めたすえ
に，街路が直交する碁盤目型ではなく，公園（広場）を中心に置いて放射状と
同心円状の街路を組み合わせたパターンが適しているとの結論に達した。

> 　　心理的に統合すること。（中略）例えば，いわゆる碁盤割のごときはい
> ずこにもなんらの変化なく　したがって自ら他を意識しえない。また，自
> 己の環境をも愛しない。／したがって，そこに統合の手がかりがない。／
> 放射循環形式に広場を適当に配する組み立ての場合，各街路はそれに面す
> る各家屋の共通前提となり　したがってそこに小さき Community の萌芽
> が発生する。（石川　1930: 52）

　だらだらと続く市街地のなかに，街路と広場によって，個性のあるまとまり
をつくり出すこと。これが石川の設定した区画整理の目的である。このまとま
りのことを，彼は「聚落」と呼ぶ。それは，たんなる行政上の単位にとどま
るものではない。「聚落とは，人類の社会性に根拠せる一つの居住形式である。
すなわち Community の物化である」（石川　1930: 46）。
　その思索のあとを追うと，石川が欧米の文献などから，コミュニティ計画の
思想や技法を貪欲かつ的確に吸収していたことがうかがえる。と同時に，この
概念を日本語の文脈で消化しようと苦心していたこともわかる。そこで選ばれ
たのが，「親和」や「交歓」（石川　1937: 86）といった訳語である。彼はコミュ
ニティを，物の形態ではなく，人と人の関係の質として理解していた。この理
解によって，「聚落が都市にとっての価値でなくして　むしろ都市が聚落のため
の価値なのでさえある」（石川　1930: 48）という，都市をとらえる視点のラディ
カルな転換が可能となったのである。

3　セツルメントと共同社会——志賀志那人

■ もう1つの技術

　物的な技術によって都市にコミュニティをつくろうとした石川は，もう1つの方法にも目をむけていた。「郊外聚落結成の技巧」には，次のような一節がある。「現在ニューヨークにおけるセツルメントの運動は物的に雑然たる場末に心的にひとつの聚落を結成せんとしつつある」（石川 1930: 49）。セツルメントとは，地域に拠点を設けて，住民の生活改善のための持続的な支援を行う活動である。それは，コミュニティをつくる社会的な技術といえる（セツルメントと「社会的なもの」の関係については，後藤〔2014〕参照）。石川の同時代人である志賀志那人（1892 ~ 1938）は，セツルメント運動の側に身を置いた人物である。この項では，おもに歴史学者の森田康夫による評伝（森田 1987）と年譜（森田 2006）に依拠しつつ，その生涯を追ってみたい。

　志賀は 1913（大正2）年に東京帝国大学文科大学（現在の文学部）哲学科に入学した。A・コントの学説をベースに独自の理論体系の樹立をめざした建部遯吾のもとで，社会学を専攻した。建部が海外視察などを通じて仕入れた知識をもとに，ソーシャルワーク（当時は「社会事業」と呼ばれた）をふくむ「応用社会学」に関する講義が行われることもあったという（建部 1940: 4）。

　熊本中学在学中にキリスト教に入信し，大学生のかたわらキリスト教青年会（YMCA）で活動していた志賀は，1916（大正5）年に大学を卒業すると，大阪キリスト教青年会主事に就任した。1919 年には労働調査事務嘱託として大阪市役所に採用され，その後，1938（昭和13）年に大阪市社会部長在職のまま急逝するまで，約 20 年にわたって，大阪市の社会行政を牽引した。

　石川が 20 世紀の都市計画の歩みを体現したように，志賀は社会事業の新たな展開を，身をもって示した。それは政府の関与とともに，当事者が担い手となる協同組合の発想を特徴とするものであり，民間篤志家を中心とする明治期の慈善事業とは異質なものである。

　志賀の活動の拠点は，1921 年に開設された「市民館」（1926 年に北市民館と改称）という施設であった。建設地は大阪市北部の天神橋筋六丁目（いわゆる天

六）で，工業都市・大阪がうみだした「場末帯」の典型ともいえる地区である。

　市民館は，米騒動（1918年）の際によせられた義捐金の剰余金25万円を基金として大阪市が建設したもので，地上4階地下1階建て，鉄筋コンクリート造の建物は，ひときわ目を引いた。規模は異なるものの，石川栄耀が思い描いた「隣交館」の機能を具現化したものといえよう。29歳の若さで市民館の初代館長となった志賀は，1935年に大阪市社会部長に転じるまでその座にあった。市民館と志賀の名は，日本初の公営セツルメントとその運営者として，社会福祉の歴史に刻まれている。

　石川と同じく，志賀は型破りな公務員であった。彼のもとで市民館は広範な事業に乗り出した（その内容については後述）。多数の団体を設立し，助言をあたえ，雑誌に個人名で論考を投稿し，エッセイを書き，講演会で語り，浪花節の台本を書き，日雇い労働者と句会を催した。大阪を訪れ，市民館を視察した建部に，彼は「先生，大阪北区のことなら，裏だなの夫婦喧嘩でも，私の頭に没交渉なものはありません」（建部 1940: 5）と誇らしげに語ったという。志賀は専門家にとどまらず，市井の人びととのネットワークを築いた。その葬儀は遺志にそって市民館でおこなわれ，3000人あまりの人びとが参列したとされる（森田 1987: 2）。

■ セツルメント運動の起源

　大阪市に市民館設立を決意させた米騒動は，かつて警戒された「社会」という概念が一般化する契機でもあった。政府は1919（大正8）年，公営住宅，公設市場，低利融資などを内容とする「社会政策」を発表し，1920年には，その実施のために内務省に社会局を設置した。1921年には，救済事業調査会が社会事業調査会に改組された。地方改良運動のなかに胚胎していた社会改良の機運が顕在化しはじめた。

　「社会」が，にわかに注目の的となったこの時期，日本社会学会は『社会学雑誌』を発刊した。その第4号（1924年8月）に，志賀は「ソオシヤル・セツルメントの起源及其の発達」（志賀 1924a）を発表した。この論文の前半で志賀は，イギリスに起源をもつセツルメント運動の歴史を語る。その際，階級間の亀裂とその修復に着目していることに注意したい。

　　進んで相隔てたる階級の間に協同生活の基礎を作り，社会の幸福平和を
　　招来するは，良き隣人の心である。大学の青年たちはこの心を抱いて細民
　　街に飛込み，そこをホームとし，まず知識階級と労働階級との結びの綱と
　　なった。（志賀　1924a: 19-20）

　セツルメント運動の発端は，オックスフォード大学やケンブリッジ大学で起
こった「教養民衆化運動」である。『田園都市』は，この点をとらえて，セツ
ルメント運動を「大学移植事業」と訳していた（内務省地方局有志　1907: 272）。
キリスト教社会主義ともかかわりの深いこの運動は，「教育と富と地位との恩
寵をほしいままにした大学関係の紳士たちが，いかにして賃銀生活者と接触し
得べきか」（志賀　1924a: 21）を問い，エリートたちに参加を呼びかけた。
　A・トインビー（20世紀に活躍した同名の歴史家は，彼の甥にあたる）は，これ
に応じた若者の1人であった。トインビーは「産業革命」の概念を提唱したこ
とで知られるすぐれた経済学者で，オックスフォード大学で講師をつとめてい
た。彼は東ロンドンのホワイト・チャペルの牧師館を拠点とするバーネット夫
妻（サミュエルとヘンリエッタ）の活動に加わり，その主要メンバーとなったが，
1883年，30歳で早世する。
　その頃，ジャーナリズムでは東ロンドンのスラム街に注目が集まった。この
機をとらえてサミュエルは次のように訴えた。イギリスの地方自治は1つの前
提を置いている。それは，どの地域にも「信頼すべき特権階級」がいるという
前提である。ところが実際には，これをみたさない地域がある。そうした地域
には，「教養ある人々を人為的に補充するの必要がある」（志賀　1924a: 26）。こ
の訴えに共鳴がひろがり，東ロンドン大学セツルメントが設立され，他の大学
も参加した。1884年のクリスマスイブに開設された館は，故人を偲んでトイ
ンビー・ホールと名づけられた。

■ 献身から職業へ

『社会学雑誌』第6号（1924年10月）の「ソオシヤル・セツルメントの精神
と其の経営」（志賀　1924b）は，上記の論文の反響を受けて書かれた続編である。

そこで彼は，自らが運営にたずさわる大阪の市民館の事業について語る。市民館は，トインビー・ホールと違って大学に起源をもつわけでもなく，ここに寝泊まりする居住員（セツラー）もいない。志賀は，このことを原則からの逸脱とは考えず，むしろそこに積極的な意義をみいだす。

　というのも，初期のセツルメント運動を突き動かした「上流階級の人々が貧民のために犠牲となって奉仕する」という姿勢は，じつは封建的精神のあらわれであり，「現代セツルメントの精神たるデモクラシイ」（志賀　1924b: 78）とは相いれないからだ。志賀は，2つの誘惑が，セツルメントに失敗をもたらすと説く。1つは，スラムでの献身を通じて「聖者」の高みにのぼることへの誘惑であり，もう1つは，スラムについての知識や体験を売り物にして「指導者」にのし上がることへの誘惑である（志賀　1924b: 79）。こうした動機は住民たちに見透かされ，活動家に対する依存や反抗をまねくのだという。

　では，志賀自身は，いかなる活動を追求したのだろうか。彼は，セツルメント運動がアメリカに渡ったのち，「しだいに民衆化し職業化して，犠牲的英雄的色彩を失った」（志賀　1924b: 78）ことに着目する。セツルメント運動にかかわる人びとは，特別な英雄でも聖者でもなく，住民と同じ高さに降りてきた。これは当然の変化であり，活動の主体は住民であるという原則をあらわしている，と彼は考えた。

　　　多くの不自然な急激な改善の手段は，旧い伝統の下に牢固たる集団生活を営むものには，何の役にも立たない。すなわちセツルメントは教養ある人々を移入はするが，その使命の実行の方法は移入しない。当該社会の内から発見せられた固有の特種法則にしたがって極めて自然に改造をとげるのである。（志賀　1924b: 80；強調原文）

　外から導入される改善が退けられ，内から発見される「自然」にそった改造がめざされる。必要なのは，地域の現状とその来歴を知り，その特性にあった解決策を見つけ出すことである。市民館の業務の筆頭に「社会調査」を挙げたのはこのためであろう。ケースワーク，グループワークがこれに続く。これらは，さまざまなサービスやイベントの雑多な寄せ集めではない。志賀らがめざ

表 5-2　市民館によるセツルメント事業

1　社会調査
　(1) 地理，(2) 人口，(3) 住居，(4) 職業，(5) 家計，(6) 教育，(7) 社会生活
2　個別的事業
　(1) 身上相談，(2) 法律相談，(3) 健康相談，(4) 貯金および金融，(5) 読書指導
3　クラブ指導および集団的指導
　A. クラブ指導
　　(1) 隣保組織（町内会），(2) 経済（貯金会），(3) 趣味（管弦団，合唱団，謡曲），(4) 修養
　　（青年会，家庭クラブ，視覚障害者クラブ）
　B. 教育
　　(1) 託児所，日曜学園，(2) 家庭学園（夜間女学校），(3) 講習会（長期・短期），(4) 講演会
　　（随時），(5) 展覧会（美術，衛生）
　C. 娯楽
　　(1) 音楽会（和洋器楽，声楽），(2) 演芸会（語り物，演劇，かくし芸の会など），(3) 活動写真
　　会

（出所）　志賀（1924b: 82–83）にもとづく。

したのは，それらの「有機的連絡」を通じた「人と人の関係の規正」であった
（志賀　1924b: 91）。

■ 共同社会への組織化

　志賀が『社会学雑誌』で提起したのは，「現代セツルメントの精神」とは何
か，という問いであった。この問いは，大阪府社会事業連盟の機関誌『社会事
業研究』（1913 年創刊の『救済研究』を 1922 年に改題）などで深められてゆく。
　それを見るまえに，彼が民主主義（デモクラシー）について考察するさいに手がかりとした書
物にふれておきたい。"*Organizing the Community*"（McLenahan 1922）という
本で，1922 年にアメリカで発行された。直接に関連すると思われる箇所には
以下のように書かれている。

　　人が力を合わせて社会運営上の熟達をなしとげられるという事実を認識
　すること。これこそが新しい社会哲学の基礎である。その実践的な意味は
　なにかといえば，民主主義があらゆる社会福祉運動に魂を吹き込まねばな
　らない，ということだ。人は力を合わせて，同胞の成長を阻害する社会的，
　経済的，政治的なハンディキャップを取り除かねばならない。そして，こ
　の任務が進展するにつれて，個人は自由を獲得し，自らの手で救済をなし

133

とげる。コミュニティ・オーガニゼーションは，新しい社会哲学の現代的な解釈にほかならない。（McLenahan 1922: xiii-xiv；強調引用者）

『社会事業研究』は，社会事業に従事する専門家のための雑誌である。ここに掲載された「民衆の手によって行う民衆の社会事業」（1928 年）は，社会事業が社会事業家のためのものではないことを自覚し，「市民に自分たちのための自分たちの事業という観念を養い，それを実現せしめることを工夫する」（志賀 1928: 16）よう，読者に呼びかける。ここには，コミュニティ・オーガニゼーションの理念が反映されている。

注目すべきは，社会事業家を，「彼ら〔市民〕を結合し，彼らを経営に参加せしむる仕事に配せられたるエンジニヤー」（ibid.）または「社会技師」（志賀 1928: 17）と位置づけた点である。『社会学雑誌』の論考では否定形——聖者でもなく英雄でもなく——でしか語られなかったソーシャルワーカーという職業の内容が，ここでは明確に技師（エンジニア）という像を結んでいる。

1935 年，『社会事業』（中央社会事業協会）に寄稿した「現代における隣保事業の意義と使命」で志賀は，隣保事業（セツルメント）の意義について次のように宣言した。市民館長から社会部長に転じた時期で，このころには，彼のセツルメント論はほぼ完成していたといえるだろう。

　　　すなわち隣保事業とは公私の適当なる職員を中心とし，これに篤志共働者が協力して，スラムを内核とする細民地区とそこに居住する，主として一般勤労無産者および小市民層に対し，全体としての社会的融合と結成とを企図する社会共同主義のもとに，教育的かつ民主的，自治的協力をもつ人格的接触の方策にもとづき，細民地区の共同社会への組織化ならびに隣人居住者の社会人格への向上を目的として，精神的，生理的，経済的および社会的欠陥による隣人の社会生活関係の不調和あるいは異常を調整せんとするところの，公私一切の計画的なる予防的ないし建設的な組織的努力である。（志賀 1935: 7；強調引用者）

志賀は，「共同社会」と「利益社会」とを対比させる。現代の「商業主義的，

個人主義的，個人の利益中心的および外面的結合を紐帯とする社会」にあって，人びとは「日に増し荒れ狂う生活難に，独り闘う」（志賀　1935: 8）ことを強いられる。セツルメントは，これに抗い，共同社会を復興するという使命を帯びた「社会技術」（志賀　1935: 7）として構想された。

4　中間指導者の役割

■ コミュニティについての思考のバリエーション

コミュニティへの着目はグローバルな現象であった。石川と志賀は，コミュニティ・プランニングとコミュニティ・オーガニゼーションという，同時代の諸外国の思想と実践から大きな影響を受けていた。ただし，都市計画にしても，ソーシャルワークにしても，現場に根づかなければ意味をなさない技術である。専門家たちは，眼前の課題に対処するための先行事例の探究と，外来の概念のローカル化という二重の課題に直面した。

コミュニティへの期待が，グローバルな現象であるだけでなく，くり返しあらわれることにも注意したい。欧米における「社会的なもの」についての言説の歴史を俯瞰したN・ローズは，次のように指摘した。「コミュニティが失われたという主題，そして，コミュニティを作り直したり，その利益を何かで代用したりする必要についての論議は，19世紀以降の国家のあり方についての批判的な考察のなかに，おどろくほど規則的に浮上してくる」（Rose 1999: 172）。それはたんなる反復ではなく，変化をともなっている（表5-3）。

この整理は，時期による段階的な変遷を示しているように見えるが，じっさいにはコミュニティについての思考のバリエーションであり，変化したのはその重点であると考えることができる。なぜなら，本章が検討してきた言説は，表5-3の③を中心としつつ，いずれの要素も含んでいたからである。

■ コミュニティとしての企業

さて，コミュニティを組織する実践にとって，地域社会は主要な焦点である。とはいえ，地域社会だけが現場ではない。

表 5-3　コミュニティに関する言説の変遷

①社会の形態としてのコミュニティ（19 世紀末）
利益社会へと向かう総体的な変化によって衰退する共同社会
②伝統的な秩序としてのコミュニティ（20 世紀半ば）
都市計画によって侵食され，福祉制度によって破壊される相互の絆
③サービス提供の単位としてのコミュニティ（1960 ～ 70 年代）
日常生活の圏域に配置された専門機関とサービスのネットワーク
④道徳的な場としてのコミュニティ（1990 年代）
ミクロな文化を通じて個人のアイデンティティが構築される感情的関係の空間

（出所）　Rose（1999: 170-72）にもとづく。

　日本企業の働き方は，「メンバーシップ型」と呼ばれることがある（濱口 2009）。「入社式」に象徴されるように，学校を卒業した若者が新年度の開始と同時にいっせいに働きはじめる。そして，昇進や昇給では勤続年数が重視される。同じ企業で長期にわたって働くいっぽうで，従事する仕事の内容や勤務場所は数年単位で変わっていく。それは，職務の内容が細かく決まっている「ジョブ型」の働き方とは対照的である。

　メンバーシップ型の特徴がよくあらわれるのは労使関係である。ジョブ型の働き方が主流の社会では，特定の職務に従事する人は，どの企業で働いていようとも共通の利害をもつ。それゆえ，労働組合は職種別に組織されやすい。しかし日本では，多くの場合，同じ企業で働く，あらゆる職務に従事する人が，1 つの組合に参加する。そこでは，労働者と経営者の利害が一致しやすい。産業社会学者の間宏は，日本の労使関係の特徴について次のように述べた。

　　　日本的労使関係の核心とは何か。それは一言でいえば，労使が協力して「コミュニティ」（生活共同体）を形成することに求められる。つまり，日本的労使関係を顕著に示している大企業では，経営者あるいは企業が，その従業員をたんなる労働力商品として扱うのでなく，その家族も含めて，生活全体に対して「面倒をみる」あるいは「世話をする（または世話をやく）」という考え方をもっており，雇用される従業員の側も，経営者や企業に「身をまかせる」，つまり生活上のさまざまな要求を企業または職場を中心として満たしていこうとする態度である。（間 1978: 8）

　ここに描かれるような経営者と従業員の相互依存というべき関係は，1970年代には日本企業の強さの源泉であると考えられていた。現在では，その評価が大きく変わり，正規従業員の長時間労働や，その一方で低く抑えられてきた非正規従業員の待遇，企業福祉を前提につくられた日本の社会保障制度の脆弱さをもたらした要因として批判されることも少なくない。注意したいのは，こうした労使関係が，日本企業にあらかじめそなわっていたわけではない，ということである。産業化の初期においては，過酷なまでに資本主義の原則が貫かれた。そこでは，労働者としての共通の利害をもとに，広範な組織が力を得る可能性があった。だからこそ，『田園都市』の著者たちは，労働者と経営者・資本家の対立，そしてその先にある社会主義を回避する手段として，「社宅」に熱い視線を注いだのだった。

■ 中間指導者としての実務家

　日本的労使関係は，歴史上の特定の時期に成立した様式である。では，いつ，どのように，そのような形をなしたのだろうか。間が着目したのは，宇野利右衛門（1875 ～ 1934）という人物である。宇野はいまでいう経営コンサルタントである。彼が活躍したのは1910 ～ 20 年代で，全国各地の工場を訪ね歩いて好事例を収集し，出版物や講演・講習などを通じて，企業の中堅幹部にむけて啓蒙活動を行った。その主張の根幹は「職工優遇論」であり，間によれば，「『工場コミュニティ』あるいは『企業コミュニティ』を志向するもの」（間 1978: 274）であった。

　宇野が掲げた，「不解雇主義（終身雇用制），長期勤続者優遇（年功制），幸福増進施設（企業福祉制），企業別職工組合（企業別労働組合）」（間 1978: 276）といった方針は，日本の大企業が歩んでいく進路を見通していた。彼は，日本的労使関係の発明者ではなかったが，変化の徴候をいち早くとらえ，キーパーソンへの説得を重ねながら，変化を促進・定着させようとした。宇野や，彼のような役割を担った人々を，間は「中間指導者」（間 1978: 72）と呼んだ。

　本章が着目した石川と志賀もまた，それぞれの領域における中間指導者であった。コミュニティについての思考は，職業的な社会学者だけでなく，これらの実務家によって練り上げられ，伝播していったのである。

＊ 1940 年代以前の文献からの引用は，漢字，かなづかいを変更したところがある。
また，翻訳書からの引用は原文を参照し，訳語を変更したところがある。

▶ 読 書 案 内

①松沢裕作（2022）『日本近代社会史──社会集団と市場から読み解く 1968-
1914』有斐閣。

　明治維新から大正初期にいたる日本社会の経験を，家や組合といった社会集団
と，それらをこえるとともに互いに結び付ける市場の働きに着目して俯瞰する。
なぜ近代化の進行がコミュニティの再編成を呼び込むのか，その背景が理解でき
る。

②柳田国男（[1929] 2017）『都市と農村』岩波文庫。

　民俗学の創始者である柳田は，もと農政官僚であり，第 4 章でみたように近代
日本のコミュニティ再編成の構想者でもあった。内務官僚の田園都市論や中間指
導者たちの実践と比較しながら読んでほしい。

③井手英策・柏木一恵・加藤忠相・中島康晴（2019）『ソーシャルワーカー』ち
くま新書。

　志賀が「社会技師」と呼んだソーシャルワーカーは，対象者別に構成された既
存の福祉制度を横断する包括的な支援体制のなかで再び注目を集めている。その
現代的な課題の一端を知ることができる。

──────── 祐成保志 ◆

第 6 章

共同の探求・地域の希求

戦後日本社会におけるコミュニティの需要／受容

菊竹清訓が設計したコミュニティ・バンク（京都信用金庫北山支店）（写真提供：京都信用金庫）

　本章では，コミュニティという言葉が日本の一般社会に普及した戦後，とくに1960年代から70年代を対象に，日本社会でコミュニティがいかに求められ，どのように受容されたのかをみていく。戦後の経済復興と高度成長によって日本社会では豊かさを享受する人びとが増えるいっぽうで，急激な都市化による社会問題があらわれ始めた時期に要請された都市・地域の生活共同体のつながりを結びなおすための「あたらしい」概念がコミュニティであった。それまでは社会学者など一部の専門家が限定的な範囲で使用していたコミュニティが，広く社会的に認知され，使われるようになったのである。本章では，地方自治，社会福祉，都市計画，建築という4つの領域における概念としてのコミュニティに着目し，いかに日本社会へ移植されたのかをみていきたい。

1 戦後民主主義の方法──佐藤竺のコミュニティ論

　社会学で学術的概念として研究がすすめられてきたコミュニティが日本の一般社会でひろく知られるきっかけとなったのは，1960年代後半から70年代にかけて行政が主導した一連のコミュニティ政策であった（→第2章）。ここでは日本のコミュニティ政策の嚆矢とされている国民生活審議会『コミュニティ』報告書（1969年）の内容と報告書の策定に中心的な存在としてかかわった行政学者の佐藤竺（1928～　）のコミュニティ概念への認識をみていきたい。

■『コミュニティ』報告書の公表

　まず，戦後日本社会でコミュニティの理念をうたった国民生活審議会『コミュニティ──生活の場における人間性の回復』の概要を確認しておこう。報告書の序論では，日本社会におけるコミュニティ問題が提起され，「国民生活優先の原則」にもとづき，生活の場における社会集団の形成の必要性が説かれる。ただし，戦前の町内会や部落会といった「古い家族制度を基盤とした閉鎖的な全人格的運命共同体的性格」をもつ伝統的隣保組織や地域共同体は「新しい生活の場に対して適合性」が欠けていることから望ましくない。戦後の復興を遂げ，社会経済的な成長の途上にある日本社会では「拘束からの自由と同時に参加する自由も保障」される社会集団としてのコミュニティが希求される。こうした問題意識にもとづき，報告書はコミュニティを次のように定義づける。

> 　生活の場において，市民としての自主性と責任を自覚した個人および家庭を構成主体として，地域性と各種の共通目標をもった，開放的でしかも構成員相互に信頼感のある集団を，われわれはコミュニティと呼ぶことにしよう。この概念は近代市民社会において発生する各種機能集団のすべてが含まれるのではなく，そのうちで生活の場に立脚する集団に着目するものである。（国民生活審議会 1969: 2）

　上のコミュニティの定義をふまえ，報告書の第1章では，1960年代当時の

日本社会における「地域共同体の崩壊」の状況が確認される。町内会や部落会といった既存の伝統的地域共同体が崩壊し，コミュニティが不在であることによって，防犯，防災，教育，保健，福祉などの分野でさまざまな社会問題が生じていると警鐘が鳴らされる。第2章では，コミュニティを形成する必要性が詳しく論じられる。コミュニティは「個人や家庭のみでは達成しえない地域住民のさまざまな要求を展開する場」であるとともに，「取り残された階層を含めて人間性の回復と真の自己実現をもたらすもの」である。ここでコミュニティの役割として提示されているのは，道路や上下水道といったハード面での生活環境の改善，人間同士の交流というソフト面での生活環境の改善，住民の欲求を統合する場としての機能である。第3章では，望ましいコミュニティ形成のための方策として，コミュニティを媒介とする住民と行政を結ぶフィードバック・システムの確立と住民参加，コミュニティ・リーダーの養成，コミュニティのなかでの人間同士の交流を促進する公園，運動場，図書館などのコミュニティ施設の整備があげられている。報告書の結語として，コミュニティ形成のために必要とされるのは，コミュニティ・リーダーの役割，コミュニティ形成の努力を支援する行政面の対応であることがふたたび強調される。

『コミュニティ』報告書では，コミュニティをめぐる現状認識，コミュニティ概念の説明，コミュニティ形成による社会像，そのための具体的な施策が提示されていた。このように報告書が策定され，公表されることによって，学術的概念としてのコミュニティは「社会目標」としてのコミュニティへ翻案されたのである。

■『コミュニティ』報告書への社会学者の参与

『コミュニティ』報告書は，それまで社会学をはじめとする学術界や都市計画などの専門領域のみで使われていたコミュニティの概念を一般社会に知らしめた点で画期的であった。さらに『コミュニティ』報告書の策定には，コミュニティ問題小委員会の専門委員として社会学者の倉沢進，奥田道大，安田三郎がかかわったことから，それまで学術的な概念としてのコミュニティの研究を積み重ねてきた社会学のコミュニティ概念が一躍脚光を浴びるきっかけとなった。『コミュニティ』報告書への社会学者の参与は，その後の社会学界でも肯

定的に評価されることが多い。たとえば，「都市」を主題に編まれた社会学の
リーディングス（鈴木・高橋・篠原編 1985）では，「社会学者が政府の政策を内
容的に動かした数すくない一例」と紹介されている（鈴木 1985: 12）。「報告書
の作成には，社会学者の発言が決定的な役割を演じていることは注目」すべき
ことであり，「コミュニティという社会学者以外の人にはほとんど知られてい
なかった専門用語はあっという間に流布し，そして定着した」と好意的な評価
があたえられている（高橋 1985: 253）。

　しかしながら，『コミュニティ』報告書にかかわった社会学者のひとりであ
る倉沢の回顧をひもといてみると，社会学者の「関与」のいまひとつの側面が
みえてくる。[1]

　　私は社会学者のはしくれとして告白をしなければならないのだが，この時
　　点（1969 年：引用者注）では，私自身が社会学の主要な概念の一つである
　　コミュニティが国民的な課題としてうけとめられるであろうというような
　　予測を持つことが十分にできなかった。むしろ大変よく勉強していた官僚
　　のほうがこの問題の到来をひしひしと感じていたようである。（倉沢 1983:
　　5）

　　70 年代のコミュニティ論議，コミュニティ施策は，少なくともはじめは
　　優れた感性を持った官僚から社会学者に投げかけられたものであり，社会
　　学にとっては必ずしも内発的なものではなかった。（倉沢 2008: 51）

　報告書の策定には社会学者が関与していたが，倉沢が率直にふりかえるよう
に，他の学術領域の研究者や経済企画庁（当時）の官僚の役割が大きかった。
前出のリーディングスには，『コミュニティ』報告書の一部が収録されている
（鈴木・高橋・篠原編 1985: 266–74）。ここに収められているのは報告書の第 3 章
「コミュニティ形成のために」のうち，コミュニティ形成と住民 – 行政の関係

1）　筆者による倉沢へのインタビュー調査でも引用文献の内容と同趣旨の証言が得られ
　　た（2013 年 9 月 3 日実施）。

を述べた第1節「コミュニティと行政的対応」と第4節「コミュニティ形成の方法」である。リーディングスの編者のひとりは「行政が考えるコミュニティ形成は，社会学者の影響がある」と解説している（高橋 1985: 254）。たしかに報告書には倉沢，奥田らの調査研究や都市理論を反映した記述が散見されるものの，それ以上に行政学の専門的な知見から「行政が考えるコミュニティ形成」を提言し，委員会の中心的存在として報告書をとりまとめたのは行政学者の佐藤であった。

■ 戦後民主主義の基盤としてのコミュニティ

ここでは『コミュニティ』報告書を策定した時期の回想を中心に，佐藤のコミュニティへの認識をみていきたい。国民生活審議会コミュニティ問題小委員会の委員に就任した佐藤は，倉沢ら社会学者とともに報告書を策定した[2]。委員の間では「コミュニティの定義は極めて多様で，研究者が各自の意図と思いを込めて使った」ことから，コミュニティをめぐる見解には少なからず相違がみられた（佐藤 2007: 69）。とはいえ，（1）伝統的共同体の否定，（2）自由な個人や家庭を基礎単位にした新しい地域社会の形成の必要性，（3）住民の権利の主張と相応する義務感の重要性という点では見解が共通していたという。佐藤が考えるコミュニティの定義を構成するうえで重要であったのは，「生活の場」と「市民としての自主性と責任を持っている」ということであった（佐藤 1997: 16）。こうした考えをもつに至った背景には，佐藤が全国の地方自治体を訪ねるなかで，中央と地方の関係，都道府県と市町村の関係，官における「愚民観，牧民官思想の残存」や「国民を支配する機関」としての行政を目のあたりにしたことが影響している（佐藤 2007: 70-71）。戦後民主主義の浸透が官民ともに不十分であることに加え，広域合併によって「住民の可視の範囲を超えて

---

2) コミュニティ問題小委員会は，委員長の清水馨八郎（地理学，千葉大学教授），委員の伊東善市（地域開発論・経済学，東京女子大学教授），佐藤竺（行政学，成蹊大学教授），専門委員の奥田道大（社会学，東洋大学助教授），倉沢進（社会学，東京学芸大学助教授），安田三郎（社会学，東京教育大学助教授）から構成されていた（肩書はいずれも当時）。ただし清水と伊東は最初の会合に出席後は審議に加わらず，実質的に佐藤が委員会をとりまとめ，奥田，倉沢，安田の4名で報告書が策定されたという（佐藤 1997: 8）。

しまった」市町村にとってかわり，コミュニティが住民自治の「可視の範囲」
としての「舞台」になったことが大きい。コミュニティとは従前の封建的な地
域共同体の再生ではなく，国民が「可視の範囲」で「真の主権者」として「自
治」を行う単位であるべきだと佐藤は考えていたのである。

　『コミュニティ』報告書は政府刊行物としては異例のベストセラーとなった。
倉沢と同様に佐藤もまた「コミュニティなる言葉が今日ほどに人口に膾炙する
とは思ってもみなかった」という（佐藤編 1980: 1）。それはコミュニティが
「日本の現実には存在しないものとして，この外来語を，日本語に変える努力
もしないまま使ってしまった」ことの遠因ともなったと佐藤は回顧する。さき
にみた『コミュニティ』報告書のコミュニティの定義については，「極めて多
様で，（コミュニティ問題小委員会の）研究者が各自の意図と思いを込めて使っ
た」としつつも，伝統的共同体の否定，自由な個人と家庭を基礎単位とする新
しい地域社会の形成の必要性，住民の権利の主張と相応の義務感の重要性とい
う意味が込められている点で，ほかの研究者の見解と共通していた（佐藤
2007）。

　行政学者である佐藤のコミュニティに対する認識の大きな特徴のひとつは，
民主主義を基盤とし，住民主体のコミュニティ形成を強調する点にある。報告
書にくりかえし登場する「上意下達からフィードバック回路をもつ行政へ」と
いう文言に象徴される住民－コミュニティ－行政の相互関係は，伝統的共同体
を批判するとともに民主主義を基礎とした住民参加を重要視する佐藤の問題意
識を具現化したものといえる。

2　社会福祉と「地域共同社会」——岡村重夫のコミュニティ論

　行政のコミュニティ政策が本格的に実施されるのと前後して，コミュニ
ティ・ケア，コミュニティ・オーガニゼーションのように，福祉の領域でもコ
ミュニティ概念をもちいた議論が始められていた。ここでは早くからコミュニ
ティ概念と地域福祉，そしてコミュニティ・ケアを批判的に検討し，さかんに
論じた戦後日本の代表的な社会福祉学者のひとりである岡村重夫（1906～2001）

のコミュニティ論を検討する。とくに岡村の議論で重点がおかれている主張，すなわちコミュニティがたんなる地理的範囲ではなく，地域社会のケアの提供主体であり，そのためにコミュニティの組織化（コミュニティ・オーガニゼーション）が必要であるという主張を中心にみていきたい。

■ 社会福祉におけるコミュニティの発端

　岡村は早い時期からコミュニティに注目していたが，1960 年代はコミュニティやコミュニティ・ケアといった言葉の使用に慎重な姿勢を示し，批判的に検討していた。ここでは『地域福祉研究』（岡村 1970）を手がかりに 1960 年代の岡村のコミュニティ概念に対する批判的検討をみていきたい。

　岡村はコミュニティ概念を考察するために，国際連合のコミュニティ・ディベロップメントの報告書（United Nations 1959）の "Community care" をめぐる国際的な動向と，日本国内のコミュニティ・ケアの先進的な報告書である『東京都におけるコミュニティ・ケアの進展について（答申）』（東京都社会福祉審議会編 1969）の双方を参照している。ここでは当時注目されつつあったコミュニティ・ケアに拙速に飛びつかず，原語の "Community care" に立ちかえり，言葉そのものを批判的に検討している点が注目される。社会福祉の対象となる人びとを，施設ではなく，可能なかぎり地域社会で生活できるようにするとした東京都社会福祉審議会のコミュニティ・ケアの定義を確認したうえで，これは従来の社会福祉で行われてきた「居宅保護」「在宅者サービス」と同じ発想にもとづくものであって，ことさらコミュニティ・ケアなる「新しい用語を使う必要はない」と疑問を投げかける（岡村 1970: 3-4）。もっとも，岡村は "Community care" を否定するのではなく，むしろ "Community care" には「居宅保護」「在宅者サービス」といった使い古された概念では説明できない意味があり，そこに本質があるのではないかと問いを立てる。

　岡村によれば，"Community care" の本質は，たんに政府機関，民間の社会福祉機関・関連団体といった個人・組織の協同にもとづく保護サービスという特徴だけでは解決されないものがある。"Community care" は「文字通り地域共同社会による保護サービスであり，従って地域住民の自発性と協同的行動によるサービス活動である点に本質をもつ」のである（岡村 1970: 5，圏点は原文マ

マ）。ここで注目されるのは，"Community care" を「地域共同社会による保護サービス」と訳出している点である。この「共同社会」を強調する圏点からは，たんに地理的範囲としてのコミュニティではなく，共同性を内包した"Community care" こそが重要であるという岡村の主張の一端をうかがい知ることができる。

■ コミュニティ・ケアと「共同社会開発」

　コミュニティ・ケアと同様に，1960 年代に使われはじめた地域福祉（Community welfare）という言葉は「含蓄に富んだ "Community" ないし "地域共同社会" の意味」に重点をおいて考えることが重要である（岡村 1970: 9）。ここでは同時期に発表された前出の国民生活審議会『コミュニティ』報告書が批判される。岡村は「コミュニティ」を「住民の平凡な生活者としての立場ないし権利を平等公正に貫徹できる "健全な常識" の通用する地域社会」とし，「"人間性の回復" などという抽象的な理念をもちだす必要」はないと報告書を批判する（岡村 1970: 12）。「コミュニティ」が「真実の生活問題解決のための福祉共同社会」たりうるためには，「官製のものであったり，一部有志の善意」ではなく，「住民自身の自発的な参加と共同によって作り上げられ」る必要がある。

　岡村はみずからの地域福祉論を構成するための下位概念として，地域組織化，予防的社会福祉サービス，収容保護サービスとともに，"Community care" を位置づける。そのために鍵となるのが，当時の国連を中心に推進されていた「共同社会開発（Community development）」である（岡村 1970: 15-17）。さきにみた「地域共同社会」と同様に，「コミュニティ・ディベロップメント」と表記されることの多い "Community development" を岡村は「共同社会開発」と訳出している。この「共同社会開発」をすすめるうえで，社会福祉学は医療，工学，教育，社会保障といった他領域の専門家との連携と地域組織化が重要であると岡村は指摘する。

　岡村が初めてコミュニティ・ケアを本格的に論じた『地域福祉研究』（岡村 1970）の段階では，終始一貫して "Community care" と表記していたことにもあらわれているように，コミュニティやコミュニティ・ケアといった言葉をも

ちいることにきわめて慎重であった。岡村の批判的な考察には，東京都社会福祉審議会の答申をきっかけとして「コミュニティ・ケア」が流行り言葉として独り歩きし，思いもよらない方向へ乱用されることへの警鐘という含意があった。

■ 社会学者のコミュニティ論への批判的検討

　1970 年代に入ると，岡村は原語の "Community" ではなく，カタカナ言葉の概念としてのコミュニティを積極的に使用し，コミュニティ・ケアを論じるに至った。この時期の岡村がみずからの地域福祉論を構築するためにしばしば参照したのが，奥田道大，松原治郎などの社会学者のコミュニティ論であった。ここではコミュニティ・ケアの議論を体系的に展開した『地域福祉論』（岡村1974）から，岡村が当時の社会学者のコミュニティ論をいかに批判的にとらえ，どのように影響を受け，地域福祉論として展開していたのかをみていきたい。

　とくに岡村が批判的に検討し，参照した社会学者のコミュニティ論は，奥田のコミュニティ・モデルと松原の住民運動論である（岡村 1974: 12-16）。第 2 章でみたように，地域社会の構成要件から提示される奥田の地域社会の類型は，住民の行動体系の主体化／客体化と住民の価値意識の普遍性／特殊性の組み合わせから，地域共同体モデル，伝統的アノミーモデル，個我モデル，コミュニティモデルの 4 象限で示される（奥田 1971: 138）。奥田の 4 類型には「中間型ないし混合型」があるとしつつも，「現実の地域社会の分析モデル」として「地域社会を漠然と単なる場所や地域的空間と規定する素朴な認識を克服するうえに有用」と岡村は評価する（岡村 1974: 16）。

　いまひとつの岡村が依拠する社会学者のコミュニティ論は，松原の地域社会の運動モデルである（松原 1971）。これは地域社会の住民運動を，団地自治会型，市民運動型，コミュニティ運動型に類型化したモデルである。岡村は松原のモデルを検討し，市民運動型とコミュニティ型の区分の妥当性などの点に疑問を呈しているものの，社会福祉学のなかで「住民の生活要求を民主的，合理的に解決するための地域社会」を考察し，「真に個人の個別的なかつ主体的な生活要求の実現」を果たすために有意義であると論じる（岡村 1974: 17）。

　もっとも，これらの社会学者のコミュニティ論がそのまま社会福祉の世界に

あてはまるわけではないと岡村は注意をうながす（岡村 1974: 20）。

■ 地域福祉論とコミュニティ・ケア

　岡村におけるコミュニティ・ケアの意味を知るために重要なのは，コミュニティ概念への理解である。それによれば，コミュニティ・ケアのもっとも単純な理解は，「『コミュニティ』を収容施設の外部にある地域社会と解して，『収容ないし施設ケア』に対立する『地域ケア』ないし『在宅者サービス』とする見解」である（岡村 1974: 45）。しかし，これはコミュニティ・ケアの理解として誤っているという。なぜならば，この見解では「地域社会」という概念を「きわめてルーズに解して」おり，「単なる空間的範囲」「単なる地理的場所」と解釈し，そこに居住する人びとの社会関係の「一定の傾向」に着目しないからである。この社会関係の「一定の傾向」に注目するために岡村が参照したのが，前述の奥田，松原らの社会学者のコミュニティ論であった。

　もっとも，岡村は社会学者のコミュニティ論を参照し，評価しつつも，無批判に受け入れていたわけではない。たしかにコミュニティ・ケアをきわめて効果的に実行できるのは奥田のコミュニティ・モデルのような「理想的な地域社会」であるにちがいない。だが，現実の社会に目を向けてみれば，社会学者がモデル化する地域社会構造は実現しておらず，「多かれ少なかれ他の類型との混合型」である（岡村 1974: 46）。岡村が重視するのは，混合型の地域社会構造からコミュニティ・モデルの地域社会への発展である。そして混合型の地域社会構造でコミュニティ・ケアを効果的に実行するための前提条件として，地域組織化活動が必要不可欠であると指摘される[3]。

　こうした議論をふまえ，岡村はコミュニティ・ケアの概念を地域福祉概念に

　3）　ここではコミュニティ・ケアの範囲が以下のように規定される（岡村 1974: 109）。
　　（1）日常生活において自用を足しうるように身体的，精神的機能の回復ないしは開発するための治療，訓練，リハビリテーションを目的とする収容ケア，中間ケア，および在宅ケア，アフター・ケア
　　（2）リハビリテーションを補完するものとしての（社会生活上の基本的要求の充足困難な部分に対する）直接的，個別的援助
　　（3）コミュニティ・ケアのための判定，相談サービスと各種サービスの調整機能としての社会福祉

もとづく地域福祉論の体系のなかに位置づけていた。岡村が措定するコミュニティ・ケアとは，「居宅保護」「居宅サービス」と異にする「地域共同社会」としてのコミュニティ概念から形成されるものである。地域福祉概念を構成するなかで岡村は社会学者のコミュニティ論，コミュニティ・モデルを参照しつつ，地域福祉の現実から混合型の地域社会構造のなかでコミュニティ・ケアを模索していた。岡村の地域福祉概念の体系に位置づけられたコミュニティ概念とコミュニティ・ケアの考察は，地域社会に制度的な枠組みをあてはめることによる施設福祉の処遇と措置型福祉の実施，いわば「上からの地域福祉」ではなく，「福祉の専門家による下からの地域福祉の組織化と主体形成」を強調した点できわめて画期的であった（安立 1998: 42）。

3　計画・居住・共同性——日笠端のコミュニティ論

　戦後日本の都市計画の世界では，コミュニティ概念がいかに受けとめられていたのだろうか。ここでは都市計画家の日笠 端（1920 ～ 97）のコミュニティ概念への認識と都市計画での実践をみていきたい。第5章でみた石川栄耀（1893 ～ 1955）や第二次世界大戦後の戦災復興都市計画，東京オリンピック（1964 年）の全体計画を統括した高山英華（1910 ～ 99）などの都市計画家の後続世代にあたる日笠は，建設省（当時）の研究所や大学で都市計画の研究・教育にたずさわり，建築審議会，都市計画中央審議会などの委員をつとめた戦後日本の代表的な都市計画家のひとりである。1970 年前後に都市計画家のなかでもっともコミュニティ概念に注目し，研究，そして実践してきた日笠がとくに参照したのは，社会学のコミュニティ概念であった。

■ 都市計画と社会学のコミュニティ概念

　日笠は建設省建築研究所に在籍時（1949 ～ 64 年）に都市計画家 C・ペリーの近隣住区論（Perry 1929 = 1975）を参照し，東京都内に居住する人びとの日常生活圏行動調査を通じた近隣住区の適正規模の研究を行った。ペリーの近隣住区論は，当時の都市計画の世界に大きな影響をあたえたことで知られている。

その後，日笠は東京大学工学部に新設されてまもない都市工学科で研究・教育にあたる（1964 ～ 81 年）。近隣住区論の調査研究を継続的に実施するなかで，日笠が着目し，研究・教育のなかでさかんに使用したのが，コミュニティ概念であった。

　コミュニティが注目を集めた 1970 年前後に，日笠はこの概念をどのようにとらえていたのだろうか。ここで鍵となるのが，同時期の社会学者が研究し，論じていたコミュニティ概念である。社会学にたいする日笠の関心のありようは，みずからの研究生活を総括した著作集『市町村の都市計画』の第 1 巻（日笠 1997）の「まえがき」で都市社会学者の奥井復太郎の『現代大都市論』（奥井 1940）を読んで「感動」し，のちに「都市学会や地域社会研究所で社会学の先生方との交流を通じて社会学でいうコミュニティと都市計画でいうコミュニティ・プランニングの関係に興味をもつようになった」と述べていることからもわかる（日笠 1997: v）。都市計画の研究・教育，そして実践のなかで，日笠が社会学のコミュニティ概念を参照するのに重要な役割を果たしていたのが日笠研究室で開催されていたコミュニティ・プランニングの研究会である（東京大学工学部都市工学科日笠研究室編 1977）。この研究会では，都市計画の研究者のほか，ときに社会学者をまじえ，コミュニティ概念をめぐる議論が活発に行われていた。とくに日笠のコミュニティ概念への認識に影響をあたえたのは，地域社会の保健，医療，公衆衛生を主題として，東京大学医学部で保健社会学・公衆衛生学の研究・教育にあたっていた社会学者の園田恭一のコミュニティ論である。「地域性」と「共同性」というふたつの要素がコミュニティの定義に共通するという知見（園田 1964）は，日笠がのちに座長をつとめた自治省コミュニティ研究会の報告書（日笠 1976）や都市計画の教科書（日笠・日端 2015）でくりかえし提示されている。

■ 居住と共同性

　社会学で調査・研究されてきたコミュニティ概念は，どのように日笠の都市計画の構想と実践に活かされたのだろうか。園田らの社会学者が提示した「地域性」と「共同性」をふまえ，都市計画におけるフィジカル・プランニング（物的計画）と対比し，日笠はコミュニティを 4 つに分類する（日笠 1976: 121）。

1つめは，あらゆる人間関係をコミュニティとするものである。ここでのコミュニティは「共同性」にもとづくものであり，「地域性」は必要とされない。2つめは，「地域性」は認められるものの，生活のあらゆる面で「共同性」が前景化するコミュニティである。日笠はこのタイプのコミュニティを「生活共同体」と呼んでいる。「中世の村落」を例にとっていることから，ドイツの社会学者F・テンニースが提示したゲマインシャフトに近似するタイプのコミュニティといえる。3つめは，「都市＝完全自治体」が地域社会のただひとつの基礎的集団としてのコミュニティである。最後に4つめとして，「地域社会」としてのコミュニティが提示される。ここでの「地域社会」は「厳密には社会学でいう地域社会とは一致しないかも知れない」と日笠は断りを入れつつも，「地域社会のスケール」を考慮すると，「フィジカル・プランニングの居住地区に対応する地域社会」は「一定の地域において社会生活を営む人間集団」である。コミュニティの概念からフィジカル・プランニングをとらえると整合的であって，それこそが居住地区計画としてのコミュニティ・プランニングといえる。「共同性はいかに稀薄であっても，また人間関係が如何にあろうとも，地区に人が居住する以上は当然，整えられなければならない環境条件」であり，「住民の誰しもが潜在的に望んでいる一般的要求に対応するもの」である（日笠 1976: 122）。コミュニティのなかの「人間関係」あるいは「共同性」が脆弱であっても，「コミュニティが存在するか否か，共同体であるか否かにかかわらず，『居住地区の計画』」としての物的環境の条件は整備する必要がある。

　コミュニティ概念に基礎づけられた居住地区計画が必要とされる理由は，コミュニティ・プランニングそれじたいの発展，1970年代当時の生活環境の破壊に対する住民運動の展開と，「住民生活の実体や社会的要求にもとづいた地区ごとの目標」を設定した計画立案の必要性に求められる（日笠 1976: 123-24）。居住地区計画をすすめるために，都市計画家は「社会学をはじめとするコミュニティ関係の他の専門分野の意見を十分にとり入れる」必要がある。それのみならず，他分野の専門家に「物的な計画条件が，今日ではコミュニティの形成の重要な条件の一つである」ことを訴え，理解を求めることの必要を日笠は強調する。都市計画の調査研究をすすめるなかで，生活実態調査や近隣住区論といった都市計画の知見にくわえ，社会学のコミュニティ概念が重要であったこ

とがわかる。

■ **都市計画におけるコミュニティ概念**

とはいえ，日笠は社会学のコミュニティ概念を無批判に受け入れていたわけではなかった。むしろ批判的に検討し，ときに都市計画の研究と実践のなかのコミュニティと明確に峻別していた形跡が認められる[4]。

> 都市計画におけるコミュニティ・プランニングという場合のコミュニティは，社会学的な意味のコミュニティではなく，住宅地におけるディストリクト（地区）ということである。もし，これを「コミュニティ」とよぶために誤解を生じ混乱を起こすことであれば，むしろ「コミュニティ」とよばないほうがいい。〈居住地区単位〉という言葉の方が正確であると考える。（日笠　1997: 187-88）

さきほど言及した居住と共同性をめぐる論考でも，場合によっては，コミュニティ・プランニングを「居住地区計画」と呼称することを日笠は提案している（日笠　1976: 122）。社会学のコミュニティ概念を参照しつつも，都市計画のなかで妥当でなければ，必ずしもコミュニティと呼ぶことに固執する必要はなく，別の呼称をあたえてもよい。日笠はコミュニティ概念を柔軟にとらえていたのである。

さらに興味深いのは，安直に使用されると誤解や混乱を招く可能性があるにもかかわらず，都市計画の世界でコミュニティが使用される背景に対する日笠の見解である。コミュニティという呼称に注意をうながす上の引用に続いて，日笠は以下のように付言する。「コミュニティという言葉は非常にいい雰囲気

---

[4]　引用箇所の初出は日笠（1983）である。日笠（1997）で再録されるにあたって表現は一部異なるが文意は同じである。初出の当該記述は以下のとおりである。「都市計画・フィジカル・プランニングにおいてコミュニティというものを考えるが，コミュニティは社会学的な意味でのコミュニティではなく，ディストリクトということである。もしこれを『コミュニティ』と呼ぶため誤解を生じ混乱を起こすことであれば，むしろ『コミュニティ』と呼ばないほうがいい。『居住単位』とか『居住地単位』，あるいは『計画単位』という言葉のほうが正確であると考える。」（日笠　1983: 54）

をもっている」ことから，たんなるディストリクト（地区）ではなく，「そこ
に期待感が生まれてくる」ものである。コミュニティは「期待感が生まれ」る
ものとみなされるからこそ，都市計画の世界でも使用されるようになっている
（日笠 1997: 188）。都市計画のなかでの使用に留保をつけつつも，コミュニティ
という言葉に肯定的な意味を見いだす日笠の視点は，序章でみた R・ウィリア
ムズのコミュニティの語感についての考察に通ずるものがある。

■ 都市計画とコミュニティの実践

　これまでみてきた日笠の都市計画とコミュニティ概念への認識は，どのよう
に都市計画の場で実践されたのだろうか。日笠は戦後あまたの市区町村の都市
計画にたずさわったが，もっとも広く知られている都市計画への関与としては，
自治省（当時）のコミュニティ政策があげられるだろう。『コミュニティ（近隣
社会）に関する対策要綱（案）』の公表を端緒として，自治省は 1970 年代に入
り，コミュニティ政策に本格的に着手した。とくに一連の政策で重要な位置を
占めていたのは，全国 83 地区のモデル・コミュニティを指定するモデル・コ
ミュニティ事業であった（1971 〜 73 年度）。コミュニティ・センターの建設な
どのコミュニティの環境整備計画と，住民が自主的に組織するコミュニティ活
動にかんする計画の達成がモデル・コミュニティ事業のおもな目標とされた。
『コミュニティ（近隣社会）に関する対策要綱（案）』（自治省行政局 1970）では，
モデル・コミュニティ事業を基礎づけるコミュニティ計画の策定とモデル・コ
ミュニティ地区の指導などを主たる目的として，自治省コミュニティ研究会の
設置が規定されていた。都市計画学者，都市工学者，社会学者，行政学者から
なるコミュニティ研究会[5]の座長をつとめ，自治省のコミュニティ政策を都市計
画の学術研究の観点から先導したのが日笠であった。自治省のコミュニティ政
策では，コミュニティ・センターなどのコミュニティ施設の整備と，住民によ

---

5)　自治省コミュニティ研究会は 1971 年 4 月に設置された。座長の日笠端（都市工学，
　　東京大学教授）をはじめ，委員の松原治郎（社会学，東京大学教授），佐藤竺（行政
　　学，成蹊大学教授），伊藤滋（都市工学，東京大学助教授），倉沢進（社会学，東京都
　　立大学助教授），森村道美（都市工学，東京大学助教授），石田頼房（都市農村計画学，
　　東京都立大学助教授）から構成されていた（肩書はいずれも当時）。

るコミュニティ施設の自主管理が促進されることによって，都市と農村とを問わず，コミュニティ行政が広範に展開されるに至った。このようにコミュニティが事業として計画され，政策として実現した背景には，コミュニティ研究会の座長であった日笠の影響が見受けられる（堤 2016: 94）。都市計画の研究を始めた頃から日笠が温めていたコミュニティ・プランニングの構想は，自治省のコミュニティ政策の場で都市計画として実践されたのである。

4 コミュニティ建築のこころ——菊竹清訓のコミュニティ論

■ 建築家の職分

　戦後日本社会の急激な都市化のなかで，都市計画とかかわりが深い建築の世界でもコミュニティに注目が集まっていた。ここでは，とくに積極的に論及した建築家の菊竹清訓（きよのり）（1928 〜 2011）がいかにコミュニティ概念をとらえ，建築論に援用し，コミュニティ建築として具現化したのかをみていきたい。代謝建築論（菊竹 1969）に代表される独創的な建築論や出雲大社庁の舎（1963 年），日本万国博覧会（大阪万博）エキスポタワー（1970 年），江戸東京博物館（1993 年），九州国立博物館（2005 年）といった作品で知られる菊竹は，1960 年代から 70 年代にかけて，コミュニティ概念を積極的に使用し，建築論を展開していた。菊竹がコミュニティ概念をもちいて考察を重ねたのは，建築家は建築の構想と設計にとどまらず，人びとの「生活をつくる」という職業上の役割，そして「空間と生活とを結びつける職能」をもつと考えていたからである（菊竹編 1975: 122–23）。

■ コミュニティ建築の要諦

　菊竹のコミュニティに対する認識は，どのようなものであったのか。コミュニティの名を冠した著作を手がかりにみていきたい（菊竹編 1975, 1976）。菊竹はコミュニティ概念を「現代文明と地域文化とのクロスポイントに位置し，そのノーダルポイント（接触点）として現代的課題を提供」し，「時間軸と空間軸と交互するところに，鮮明に描きだされる原存在として意味がある」ものとす

る（菊竹編 1975: 1）。たしかにコミュニティは「極めて曖昧な概念」であって，「わが国では未成熟な内容」であるかもしれない。しかしながら，コミュニティは「仮空の犠牲としてつくり出された意識の操作」によって，あえて「融通無碍の内容」とする必要があると述べているのは示唆的である（菊竹編 1975: 12）。

　こうしたコミュニティ概念への認識をふまえ，菊竹はコミュニティ建築についての考察をすすめる。菊竹が提唱するコミュニティ建築の着想は，ほんらいは環境を創出するためにつくられるはずの建築がむしろ環境を阻害しているのではないかとの懸念に由来する（菊竹編 1975: 118）。コミュニティ概念はあいまいで，とらえどころがないと批判的に言及されることはめずらしくない。そしてコミュニティ概念と同様に，建築もばくぜんとした概念であることから，「コミュニティ建築」なる「言葉の結合の意味するところも，また自然曖昧にならざるを得ない」（菊竹編 1975: 118）。そのうえで，コミュニティは「地域環境と社会文化との関係性」，建築は「空間と生活との関係性」と理解する必要がある。菊竹が考えるコミュニティ建築とは，環境，空間からなる「ハードウェア」が，文化，生活からなる「ソフトウェア」といかに関係するのかをあらわす概念なのである（菊竹編 1975: 118-19）。

　菊竹はコミュニティ建築を通じて，なにを考え，どのようなことを実践しようと考えていたのか。コミュニティ建築から考えたいことを菊竹は3つあげている（菊竹編 1975: 118-19）。第1に，特定の敷地に限定されることなく，環境を考えるためのコミュニティ建築である。物的敷地，物的環境，特定の個人や企業の生活機能といったものにかぎらず，環境をとらえる試みである。第2に，特定の人や目的の達成というよりも普遍的な環境の獲得を考えるべきだということである。第3に，身近な周辺の環境を具体的な経験にもとづいて考えることである。ここでは，都市という大きな単位ではなく，「少なくとも容易に変革することのできる」範囲を対象とし，「拡張ではなく連結」によって「環境に一種の連帯をつくり出す」ことでコミュニティの問題を考えることが肝要である。菊竹は「現代的意義を持って考えなければならない概念」としてのコミュニティ建築にかんする考察を通じて，建築家が「建物ばかり作るのではなく，建築と生活の両方を相互に関係づける仕事」に着手する必要を説く。それ

155

とともに，「もっと一個の建築だけから脱皮して，時間系としての伝統や，空間系としての地域環境にたいするグローバルな視点で，環境の問題をとらえていかなければならない」ことを強調する（菊竹編 1975: 155）。

■ 都市居住と高層建築

　菊竹はコミュニティ建築の重要性を強調するとともに，都市居住をコミュニティの観点から考察する。「基本的な根底となる生活の場」として「市民社会に大きな力を持っている」コミュニティが不在の場所には「必ず都市問題の基本が欠落するという現象がみられ」る（菊竹編 1976: 251-52）。菊竹によれば，コミュニティの不在は「都市住宅の未発達の大きな理由」でもある。こうした問題を克服するために提唱されるのが「都心型コミュニティ」である。1970年前後のニューヨーク，東京，ロンドン，パリをはじめとする世界の大都市における郊外化の流れは，都市中心部の「コミュニティ環境の形成」の放棄であって，「コミュニティ」を「郊外」へ追い立てるものであると菊竹は批判する。都市化にともなう都市問題の発生は，いまや郊外移転がすすむことで加速している。他方で，都市中心部のインフラ，都市交通，公共施設の計画的整備はないがしろにされている。「コミュニティにたいする偏見が，郊外型コミュニティの幻想を生み，この幻想が世界の諸都市を支配した」のである（菊竹編 1976: 3）。

　菊竹は郊外型コミュニティを批判し，「都市から追放するのではなく，都市のなかにこそ，コミュニティを確立」するために，都心型コミュニティの構想を提唱する。

　　都市を救うのは，コミュニティの回復しか道があるまい。いまのわが国においてコミュニティの回復とは，都心型のコミュニティを確立することであってはじめて意味がある。豊かな都心型コミュニティの構想をもって，都市とコミュニティの新たな結合を考え，そこで人間的環境の確立に向かっての基本的あり方を問いかけていくということがいま必要になっていると考えられる。（菊竹編 1976: 7）

「都市環境にたいする根本的な認識」を都心型コミュニティへ転換すること
で，都市環境の問題を都市の外部たる郊外へ追いやるのではなく，都市内部で
の解決にみちびく。これこそが「緊急かつ切実な問題」と菊竹は訴える（菊竹
編 1976: 8）。

菊竹はどのような都心型コミュニティを構想したのか。それは高層建築によ
るコミュニティである。郊外化の流れと郊外型コミュニティの乱立を回避し，
「通勤による生理的・経済的負担」を縮減するためには，100 〜 150 階の高層
ビルに住居をつくり，都心型コミュニティを「高層化」する必要がある（菊竹
編 1975: 138-39）。いっけん突拍子のない提言にみえるが，高層建築の構想は初
期菊竹の代表作のひとつ「塔状都市（Tower-Shape Community）」にルーツをた
どることができる（菊竹 1959；川添編 1960）。高層化による都心型コミュニ
ティの構想は，近年の都心部を中心に建設ラッシュが続いているタワーマン
ションの功罪を考えるうえでもきわめて興味深いものである。

高層建築からなる都心型コミュニティで重視されるのは，住居の問題，そし
て居住環境の問題である。菊竹によれば，住宅が不足し，居住環境がひどい状
態であるのは，社会のなかに「コミュニティに対する認識」がないからである
（菊竹編 1976: 252）。

> 日本の都市住居の欠落は，コミュニティに非常に関係している。コミュニ
> ティと都市の生活環境には深い関連があります。コミュニティがないこと
> によって，政府の住宅政策の貧しさ，あるいは産業優先の施策が表面に浮
> かび上がってこない。（菊竹編 1976: 253）

コミュニティと都市居住の欠落を克服するための打開策が，高層建築にもと
づく都心型コミュニティであった。結果として，この構想は菊竹の建築作品と
して実現することはなかった。しかしながら，菊竹のコミュニティへの問題関
心は，のちに別のかたちでコミュニティ建築として具現化する。

■ コミュニティ建築の誕生
菊竹のコミュニティ建築が作品として実現したのは，京都信用金庫のコミュ

ニティ・バンクである。コミュニティ・バンクは同庫の理事長であった榊田喜
四夫が 1960 年代にコミュニティ概念に着目したことに由来する構想である
（榊田 1978）。榊田はコミュニティを「たんなる行政区画を越え，生活・経済・
文化など様々な位相でまとまりをもつ生活の根拠としての一定の区域」と規定
し，同庫のあるべき将来像を「コミュニティへの奉仕を第一義とする金融機
関」として，コミュニティ・バンク構想を提示した（榊田 1978: 311）。コミュ
ニティ・バンクの構想は，当時の京都在住の知識人や大学人が多数かかわった
ことでも知られる。文化人類学者の梅棹忠夫，社会学者の加藤秀俊，建築評論
家の川添登らとともに，菊竹は建築・設計にたずさわることになった。

　菊竹は京都信用金庫の 77 支店の建築・設計を担当した（1971 ～ 93 年）。建
築・設計にあたって発表したコミュニティ・バンクの機能と空間にかんする論
考（菊竹 1972）から，菊竹がコミュニティの概念をいかにとらえ，コミュニ
ティ建築として実現したのかをみてみよう。この論考では，コミュニティ・バ
ンクが求められる背景，建築計画，建築の意味がおもに論じられる。菊竹は金
融機関の「社会的機能」から説きおこし，時代が変化するなかで，コミュニ
ティ・バンクは「個々の要求をある一定の地域でまとめて，その経済的な活動
を銀行が代わって担う」という機能をもち，「一般市民を対象とする地域化」
が重要であると論じる（菊竹 1972: 220）。そのうえでコミュニティ・バンクの
建築計画が提示される。コミュニティ・バンクの単位から空間規模を設定し，
従来からの菊竹の持論である「柱」を重視したアンブレラ・ストラクチャーを
基軸とするコミュニティ建築によって，京都の地域特性の抽出が可能となる
（菊竹 1972: 221–22）。こうした空間と構造からなるコミュニティ・バンクは，建
築作品としてどのような意味をもつのだろうか。それは「人間と空間との関係
を地域的にかつ時系列でとらえることによって，地道な現実の積重ねの上に人
間的なプロセスプランニングのありかた」の指針をあたえるものである（菊竹
1972: 222）。

　京都信用金庫のコミュニティ・バンクは，41 支店が現存している（2023 年現
在）。いまでは京都の「公共建築」（磯 2012）となった菊竹のコミュニティ建築
は新陳代謝をくりかえしながら生きつづけている。

5　あたらしい共同体の夢

　本章では，社会学者をはじめ一部の専門家のみが使用していたコミュニティ概念が戦後日本社会で一般的に知られるに至った背景を，地方自治，社会福祉，都市計画，建築の領域に着目し，代表的な人物のコミュニティ論を中心にみてきた。それらのコミュニティ論は，社会学のコミュニティ概念に影響を受け，社会学者の議論を参照するのみならず，ときに批判し，みずからの領域でコミュニティを立ち上げ，実践した点で共通していた。本章でとりあげた戦後日本社会の「コミュニティ・ブーム」から半世紀ほどを経て，21世紀の現在ふたたびコミュニティが注目されている（平井 2022）。まちづくりの分野で近年さかんに使われるコミュニティ・デザインは，そのひとつだろう（山崎 2011）。コミュニティ・デザインの研究と実践にたずさわる都市工学者の小泉秀樹は，本章でとりあげた日笠の「コミュニティ計画」を日本社会におけるコミュニティ・デザインの源流のひとつに位置づけている（小泉 2016）。早い時期から日笠がコミュニティ計画を主題化した背景には戦後日本社会では「民主的なコミュニティの形成を直ちに実現することが難しい社会的状況」があった（小泉 2016: 1-3）。コミュニティの「social な面」が重要であると認識しつつも，日本社会の歴史的背景，敗戦直後の社会・経済情勢，生活時間と余暇時間の問題を理由に，まずは「physical な面」で生活水準を高める必要があったと日笠は述懐する（日笠 1997: 174-75）。小泉が指摘するように，日笠の主眼は「都市計画による空間の計画・デザイン」，とくに「コミュニティセンターの建設設置と民主的運営」を通じて，あくまで「コミュニティの社会的な側面を形成する」ことにおかれていたのである。

　コミュニティ概念の社会的な側面に着目し，日常的な社会問題を解決する手段と考えたのは，佐藤，岡村のコミュニティ論においても同様であった。佐藤のコミュニティ論は住民自治と民主主義を基盤とした住民参加型のコミュニティ形成を重視した，いわば「戦後民主主義の方法としてのコミュニティ」であった。もちろん本章でもみたように，奥田をはじめとする一部の社会学者もこれに類する議論を展開していたが，行政学者である佐藤のコミュニティ論で

159

は住民と行政機構の関係に着目し，実践が試みられていた。岡村は社会福祉をめぐる諸問題の解決を念頭において地域組織化の手段としてのコミュニティを理論的にとらえ，みずからの社会福祉理論に位置づけるとともに，地域福祉の実践に向けて考察していた。

　いっぽうで菊竹のコミュニティ論は，日笠，佐藤，岡村とは趣を異にするようにみえる。たしかに菊竹はコミュニティを当時の都市問題や日常的な社会問題と結びつけて論じていたが，建築作品として実現したのは，それらの諸問題とは直接的に関係しないコミュニティ・バンクの建築群であった。みずからの建築を構想し，空間をデザインするために，菊竹はコミュニティ概念を象徴的にとらえていた。菊竹のコミュニティ建築の構想は，現在の日本社会で定着している「象徴としてのコミュニティ」の理解のさきがけに位置づけられる。かつては「コミュニティ計画」以上の意味をもちえなかったにもかかわらず，こんにちでは「つながり」「かかわり」「しくみ」といった意味が強く込められ，受容されているコミュニティデザインは「象徴としてのコミュニティ」の現代的理解の興味深い一例といえるだろう。菊竹のコミュニティ論は現代社会のコミュニティをめぐるさまざまな事象を考えるうえでも示唆に富んでいる。

　本章では，戦後日本社会の「コミュニティ・ブーム」を支えた社会学者のコミュニティ論ではなく，社会学のコミュニティ概念に影響を受け，ときに批判的にとらえ，実践した他領域の専門家のコミュニティ論を中心にみてきた。そのねらいは，かつてさまざまな領域で展開されたコミュニティ概念，議論，および実践を論じることによって，社会学中心主義的なコミュニティ論を脱し，複眼的かつ立体的にコミュニティをとらえることにあった。こんにちのコミュニティを社会学的に考察するための有用な視点は，いっけん迂遠にみえる理路をたどることによってこそ得られるにちがいない。

　▷ 読書案内
①牧野智和（2022）『創造性をデザインする——建築空間の社会学』勁草書房。
　　　学校，オフィス，広場，街路，公園などの公共空間の建築と，それらを日常的に利用する人びとのふるまいとの相互関係をミシェル・フーコーの権力論の観点から分析した建築空間の社会学的研究。建築空間・公共空間における人間の行為

と身体をあざやかに読み解いた刺激的な論考である。住民参加型のまちづくりワークショップの事例では，本章で言及したコミュニティデザインを対象にきわめて興味深い分析がなされている。

②佐藤仁（2023）『争わない社会──「開かれた依存関係」をつくる』NHK出版。

　国際開発や対外援助の研究で知られる著者による中間集団論。エミール・デュルケームらの社会学の中間集団論を手がかりに，対外援助，進化論，入会権闘争，生活綴方などの事例から，機能的な中間集団への「開かれた依存関係」を考察し，「争わない社会」の構想を提示する。コミュニティ論としても社会科学の入門書としても有用である。著者の近年の研究書『反転する環境国家──「持続可能性」の罠をこえて』（2019年，名古屋大学出版会）と監訳者をつとめたジェームズ・C・スコット『ゾミア──脱国家の世界史』（2009 = 2013年，みすず書房）も必読。

③室田信一・石神圭子・竹端寛編（2023）『コミュニティ・オーガナイジングの理論と実践──領域横断的に読み解く』有斐閣。

　市民が主体となって共同で行動し，社会を変える方法として近年あらためて注目されているコミュニティ・オーガナイジング（CO）を包括的にとりあげた入門書にして専門書。理論と実践の両面からのCOにかんする論考が充実している。COの創始者を政治史・政治理論的な観点から考察した編者の1人（石神）による『ソール・アリンスキーとデモクラシーの挑戦──20世紀アメリカにおけるコミュニティ組織化運動の政治史』（2021年，北海道大学出版会）もあわせて参照されたい。

───────　渡邊　隼◆

第3部

つくる

コミュニティの生成と再生産

第 7 章

"住民参加による環境保全"の構築

コモンズとしての生態系

希少種のトンボ，こうした存在はしばしば地域環境保全のシンボルになる（筆者撮影）

　「私たちの身近な生態系を，私たち住民自身の手で保全する」。こうした考え方は，現代日本社会のなかでおおよそ浸透したといっていいだろう。今日の環境保全において，地域住民，コミュニティは中心的な担い手として，欠かせない存在となっている。

　本章では，こうした考え方を"住民参加による環境保全"と呼び，それが環境政策のなかで登場してきた経緯を探る。また，外来魚ブラックバスの問題を事例に，在来の生態系が共有財産＝コモンズとしてとらえられ，住民自身の手で保全されるようになっていった具体的な過程をみていこう。これらを通じて，実際の地域環境保全のなかで，"住民参加による環境保全"がうまく機能するための条件を考えたい。

1　生態系保全の担い手としてのコミュニティ

■ "住民参加による環境保全" という考え方

　日々の生活のなかで，改めて意識することは少ないかもしれないが，私たちが生きる地域の自然環境は，大気，水，土，太陽光，そしてさまざまな生物の営みによって成り立っている。今日では，これらが複雑に絡まり合いバランスを取っている生態系を，私たちの共有財産＝コモンズとしてとらえ，将来にわたって保全していこうという考え方が広がっている。

　日本の環境政策では 1990 年代以降，この身近な生態系を保全する担い手として，地域住民，コミュニティが重要な位置を占めるようになってきた。環境政策のなかで最上位に位置する環境基本法（1993 年制定）では，「環境の保全に自ら努めるとともに，国又は地方公共団体が実施する環境の保全に関する施策に協力する」ことが，国民の役割とされている。2002 年には，住民等の発意によって多様な主体からなる協議会を組織し，自然再生事業を計画・実施する自然再生推進法が制定された。2018 年に策定された国の総合計画，第 5 次環境基本計画でも，住民を含む多様な主体のパートナーシップの充実・強化が，環境政策全般の共通要素とされている。

　本書の読者も，たとえば学校の授業のなかで「○○川を守る会」といった地域の団体が取り組む環境保全活動に参加したり，ニュースで NPO と行政や企業が一緒に SDGs のキャンペーンを行う姿を見た経験があるだろう。なかには自分で環境団体を運営しているという人もいるかもしれない。

　身近な生態系の保全という考え方は，どのようにして広がっていったのか。保全活動の担い手として，地域住民，コミュニティが注目されるようになったのはなぜか。もちろん，現代社会の環境問題は，直接的・間接的に私たちの日々の生活に起因し，その問題解決に 1 人ひとりが責任を負う，またローカルな保全活動がグローバルな環境保全につながる（"Think Globally, Act Locally"），といったロジックは理解できる。しかし，行政が企業を規制したり，より環境に配慮した行動をとるように税金を課したりといった，別様の解決策を考えることもできる。

　実際日本の環境政策の出発点は，産業公害への対策であり，その対象は健康被害が起こるほど劣悪な環境，解決策は行政による企業の規制であった。今日のような「私たちの身近な地域環境を，私たち住民自身の手で保全する」という考え方は，上記の環境政策の流れとはいくぶん隔たりがある。とくに環境行政の役割は，従来の規制の主体のような前面に出るものではなくなり，保全活動を行う住民の後方支援に回るものに変化しているように思える。

　本章では，こうした"住民参加による環境保全"という考え方が登場し，社会に浸透していった背景を探りながら，それがうまく機能するための条件について考えていきたい。本章前半では，日本の環境政策史のなかで上記の考え方が登場した経緯を概観するとともに，後半では，外来魚ブラックバスの規制・駆除の問題を事例に，生態系が共有財産＝コモンズとしてとらえられ，地域住民によって保全されるようになった具体的な過程をみていこう。

■ 環境問題の構築主義アプローチ

　上記をとらえるうえで，主要な研究の視角となるのが，社会問題，環境問題の構築主義アプローチである。構築主義とは，はじめ「社会問題」の定義をめぐる議論から提起され，しだいに環境問題にも応用されるようになった研究視角である（Best 2017 ＝ 2020, Hannigan 1995 ＝ 2007）。

　一般に「どのような状態を社会問題とみなすか」は，人によって定義が異なり，ある人にとっては問題だが別の人にとっては問題でないという事態が生じうる。そこで構築主義では，特定の「状態」ではなく，ある状態を問題とみなし，解決のために取り組む人びとの「活動」を，社会問題として研究する。私たちが普段認識している社会問題とは，こうした人びとの活動，さまざまな問題の定義づけが絡まり合った結果としてとらえられる。

　環境問題でも，こうした定義の問題は避けられない。たとえば，ある地域の環境を保全するというとき，どのような状態を問題とみなすのか。どの程度まで環境を改善すべきか。自分の，あるいは父母の，祖父母の子どもの頃の状態か。現場の保全活動を担うのは誰か。定義しなければならない事柄はあふれている。

　構築主義の利点は，研究者自身が定義するものや最終的に社会に浸透したも

のばかりでなく，別様にありえた問題の定義づけについて気づかせてくれる点である。現状××を問題として，△△という解決策に取り組んでいるからといって，それが最善のものとは限らない。むしろ人びとの活動の過程に目を移せば，別の定義，解決策のあり方が理想であったはずなのに，現状は次善の策として，それを採用しているだけかもしれない。構築主義は，現状を前提とせず本来別の選択肢があったこと，人びとの活動の絡まり合いのなかでそれが排除され，結果的に現状のものが成立したプロセスに目を向けさせてくれる。

　この構築主義的な視角に立って研究を進めるうえで，分析の着眼点となる概念が「フレーム」である。これは，社会運動研究をはじめとする議論のなかで組み上げられてきた概念で，人びとの問題の定義づけのあり方をとらえるために用いられる。社会運動研究では，「診断的フレーミング」（問題の同定と因果関係の帰責），「予測的フレーミング」（解決策），「動機的フレーミング」（動機づけの価値観）といった区別から，コアとなるフレームの要素を分析する枠組みが提起されている。環境問題にかかわる人びとは，このフレーミングを実践する主体としてとらえられる。

　本章では上記のフレームの要素のなかでも，環境保全の対象と解決策の担い手にかかわるフレーミングについて，主に注目していくことになる。

2 "住民参加による環境保全" の環境政策史

　環境問題の構築主義アプローチの視角から，"住民参加による環境保全" という考え方が登場し，社会に浸透していった背景について，日本の環境政策史からみていこう。[1) 図7-1は，環境政策の年次報告『環境白書』に登場するキーワード数の推移である。

　"住民参加による環境保全" にかかわる「住民参加」や「住民運動」「市民運動」「NPO」「NGO」などの語彙は，1970年代初めに環境行政が創設されて以降，断続的に言及されてきたが，1980年代末から急速に注目されるようにな

---

1) 第2, 3節のより詳細な分析は，藤田（2019）を参照。

図7-1 『環境白書』におけるキーワード数の推移

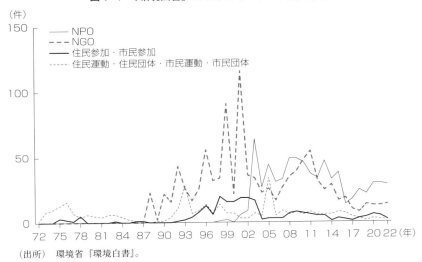

(出所) 環境省『環境白書』。

り，2000年代にかけて環境政策全般に浸透していった過程がみてとれる。

こうした流れは，環境政策の対象が，水俣病などの産業公害から，気候変動や生物多様性といった地球環境問題の対策にシフトしていった過程と，教科書的には描かれる。本節では，この流れのなかで，環境行政が地域住民やコミュニティに向けてきた，まなざしの変化に着目しながら，教科書的な環境政策史を再構成してみたい。

■ 1970年代後半の環境行政への逆風

1950年代から続いた高度経済成長は，代償として深刻な産業公害を引き起こしてきた。これらの問題に対して，抜本的な公害規制が整備されたのが，1970年代初めである。1970年のいわゆる公害国会では，公害対策基本法の改正をはじめ14本もの公害関連法案が可決され，翌年には総理府のもとに環境庁が創設された。

こうして産声を上げた日本の環境行政であるが，当時役割とされたのは主に公害規制と，農林省から移管された鳥獣保護，厚生省から移管された自然公園の管理である。今日のような「私たちの身近な地域環境を，私たち住民自身の

手で保全する」といった考え方は，まだ明確化されていない。

その後 1973 年に発生した第 1 次石油危機とそれに続く景気後退は，誕生して間もない環境行政にとって強烈な逆風となった。日本の高度成長は終焉を迎え，経済の立て直しが政府最大の関心事となるなかで，環境行政の主な役割である公害規制は，にわかにバッシングに晒されるようになる。

たとえば，開発事業の環境への影響を事前に評価・公表する，環境影響評価法案の挫折は，当時の公害規制の行き詰まりを象徴する事態として，教科書的にしばしば言及される。また 1977 年には，石原慎太郎環境庁長官が公害国会の公害対策基本法改正について「魔女狩り」と発言，さらに 1981 年には自由民主党の森下泰環境部会長が「環境庁は将来，廃止すべきものと考える」と発言し，物議を醸すことになる。このように政権内部でその存在意義が公然と批判されるほど，当時の環境行政に対する逆風は強まっていたといえる。

■ アメニティ政策の構想

こうした逆風のなかで，環境行政の新しいアイデンティティの 1 つとして構想されたのが，「アメニティ」にかかわる政策である。アメニティとは，イギリスの環境政策において「快適さ」「住み心地の良さ」を表す概念である。あいまいな概念で確固たる定義こそ存在しないが，とくに自然環境ばかりでなく，歴史的環境をも対象とするという点が特徴的である。この概念は，1976 年 11 月に行われた経済協力開発機構（OECD）によるレビューのなかで，日本の環境政策における今後の課題として言及された。

アメニティという課題にいち早く反応したのが，当時 20 ～ 30 歳代の若手官僚たちであった。同年 12 月には環境庁内に，自主的な勉強会「アメニティ研究会」が設立される。このメンバーには，1990 年代から 2000 年代にかけて環境行政の局長級や事務次官になる人物の名前も挙がっている。同研究会では，アメニティという概念の検討から新しい環境行政の方向を探求することが目的とされ，1978 年 4 月には『アメニティと今後の環境行政』という報告書がとりまとめられた。

この報告書では，まず産業公害の健康被害対策を「従来の事後的処理」と位置づけ，また当時「環境対策は不況のため苦境におちいっている」という問題

意識が述べられる。そのうえで「環境は単に護るべきものではなく，我々人間が努力して創造し，かつ維持管理していく」ことが，今後の環境行政の考え方として主張される。一方で，こうした政策を推進するにあたって，概して制約とされるのは，「財源の不足，マンパワーの配置，養成の遅れ等」である。この制約を前に，次のことが政策実施の手段として示される。

　　その第一は，行政の関与がボランティア活動等の地域住民活動を阻害するものではなく，むしろそれらを積極的に支援する配慮が加えられること，第二に行政の関与の際は行政組織の間で十分総合調整をはかること，第三に住民参加を積極的にとり込むことにより，行政と住民の間の協働体制を確立することである。（環境庁アメニティ研究会 1978，下線は原文ママ）

　アメニティ政策のフレームは，従来の公害の発生源のみならず私たちの身近な地域環境を対象とした点，その保護ばかりでない積極的な創造・維持管理を目的とし，担い手として地域住民活動，住民参加を示した点で，今日の“住民参加による環境保全”の萌芽と位置づけることができる。

　とくに興味深いのは，環境行政の財源・人材不足という問題意識があり，地域住民活動への支援が，それを結果的に補う役割を果たしている点だ。アメニティ政策からは，市町村に対して一定の補助を行うアメニティ・タウン事業，地域住民を主体とした環境保全活動のモデルとなるナショナル・トラストの支援，地域社会における民間活動の支援体制の整備・充実を謳った，環境教育の確立が企画された。

　ただし当時の環境行政への逆風のもと，厳しい予算の制約のなかでは，アメニティ政策の展開も，実質的には低調なままに終わった。この構想が本格的に施策化され，“住民参加による環境保全”がより前面に押し出されていくのは，続く 1980 年代末からの地球環境ブーム以降である。

■ 地球環境ブーム以降の環境パートナーシップ

　1992 年ブラジルのリオ・デ・ジャネイロで開催された地球サミットは，気候変動枠組条約や生物多様性条約を成果として，今日の地球環境問題対策の礎

となった国際会議である。日本の環境政策も，この地球サミットに前後する地球環境ブームのなかで大きな進化を遂げていく。

　日本の環境行政が，水面下ながら地球環境問題を意識しはじめたのは，1980年頃からである。とくに国連人間環境会議の10周年にあたる1982年のナイロビ会合で，日本政府は「環境と開発に関する世界委員会」の設立を提案。1987年東京で開催された同委員会の最終会合では，「持続可能な開発（sustainable development）」を中心的な理念とする報告書が公表された。ちなみに，この報告書は今日一般的に使われる「持続可能性（sustainability）」という概念が，社会に登場したきっかけの1つでもある。

　地球環境問題が喫緊の課題となるなかで，対策の担い手の1つとして環境行政が着目したのが，政府でも企業でもない民間の団体，NGO（Non-Governmental Organization，非政府組織）である。1988年版の『環境白書』では，はじめて「NGOs」という言葉が言及された。ここで，とくに政府でも企業でもない民間の主体が注目された背景には，行財政改革のなかでの環境行政の人手不足という問題意識がある。

　このように，当初は国際的な流れを契機として，民間の主体が着目されるようになったが，その背後にある問題意識は，従来のアメニティ政策の構想と通底しているといえる。1980年末から1990年代にかけては，"住民参加による環境保全" の考え方と合流しつつ，民間の主体の育成・活用に関する施策が矢継ぎ早に形成されていった。こうした施策は，地球サミットの『リオ宣言』で提唱された概念にもとづき，「環境パートナーシップ」と呼ばれるようになる。

　まずアメニティ政策の延長から，1989年全国の都道府県等に地域環境保全基金が創設された。この基金では，地域の環境保全活動の拠点の設置，リーダー育成の研修，各種のイベントによる普及啓発事業などが実施されている。

　また1993年には，従来の公害対策基本法に代わる基本法として，環境基本法が制定された。同法では，本章冒頭で紹介した国民の役割とともに，第26条には「民間団体等の自発的な活動の促進」が掲げられている。翌年策定された第1次環境基本計画でも，4つの長期目標の1つとして「参加」，すなわちあらゆる主体が協力・連携し，環境保全活動に自主的積極的に参加する社会の実現が謳われた。

表7-1 『環境白書』におけるキーワード数の分布（政策分野別）

		16 年	17 年	18 年	19 年	20 年	21 年	22 年	計
（総説）		16	12	12	8	15	10	8	81
各論	地球温暖化	1	1	3	4	5	6	4	24
	生物多様性	8	8	6	5	6	5	5	43
	廃棄物・リサイクル	9	1	1	5	6	6	6	34
	大気・水・土壌環境	1	1	1	1	1	2	2	9
	化学物質	0	2	1	0	0	0	0	3
	（基盤・参加・国際協力）	7	8	15	18	19	20	21	108

（注） キーワードは，「住民参加」「市民参加」「住民運動」「住民団体」「市民運動」「市民団体」
「NGO」「NPO」。各論は，「昨年度の状況」と「当年度の施策」を合わせて集計している。
（出所） 環境省『環境白書』。

さらに 1993 年には，地球環境基金が創設された。これは，国内外で環境保全活動を行う民間団体に資金助成を行う日本最大規模の環境基金で，近年の助成件数は年間 200 団体ほど，助成金総額は年間約 6 億円に上る。1996 年には，地域の環境保全活動の拠点として，行政と民間のスタッフが共同で運営する中間支援組織，環境パートナーシップオフィス（EPO）が開設された。2023 年現在，全国 8 カ所に地方 EPO が設置されている。

■ 近年の"住民参加による環境保全"の動向

『環境白書』の住民や市民に関するキーワード数の分布から，"住民参加による環境保全"の近年の動向をみてみよう。「地球温暖化」「生物多様性」「廃棄物・リサイクル」「大気・水・土壌環境」「化学物質」という環境行政の 5 つの政策分野のうち，最もキーワード数が多いのは「生物多様性」で，「廃棄物・リサイクル」がそれにつぐ。「地球温暖化」も最近やや増加が見られる（表7-1）。これらについて環境行政では，民間団体の活動に期待しているといえるだろう。

以上のように"住民参加による環境保全"という考え方は，1970 年代後半のアメニティ政策を萌芽として，地球環境ブーム以降のパートナーシップ施策のなかで具体化されていった。その背後には，公害規制に代わる新しいアイデンティティの探求，その政策を実施するうえでの財源・人材不足を補う，とい

う環境行政のフレームがある。

3 外来魚ブラックバスの規制・駆除

　私たちが今日，身近な地域環境を私たち自身で保全すべきと考えるように
なった，少なくともそうするよう期待されるようになった背景には，こうした
環境政策の歴史がある。では，具体的にどのような地域環境が，どのように保
全されているのだろうか。"住民参加による環境保全" が実践されている具体
例として，外来魚ブラックバスの規制・駆除の問題を取り上げたい。

　ブラックバスという魚については，釣り好きの読者でなくとも，一度は耳に
したことがあるに違いない。現在でも，釣り番組でよく特集される人気の魚だ
が，同時に生態系保全の観点では，決して望ましい魚ではないということも，
聞いたことがあるかもしれない。池の水を抜き，そこにすむ生き物を紹介しな
がら，生態系の回復をめざす番組でも，しばしば在来の魚を食い荒らす悪者と
して登場する。

　ここで，第 1 節の環境問題の構築主義アプローチでみたように，ある環境を
保全するというとき，どのような状態を問題とみなすか，保全活動を担うのは
誰か，といった定義の問題は避けられない。環境問題の解決に向けたプロセス
は，こうした定義の絡まり合いという側面をもつ。

　この定義の絡まり合いを先鋭化した形でとらえるのに，ブラックバスの問題
はうってつけの具体例といえそうだ。前述の一見矛盾するようなブラックバス
の扱いも，さまざまな定義の絡まり合いの結果，行き着いたものである。

■ ブラックバス問題の概要

　ブラックバスの代表種であるオオクチバス（以下「バス」）は，北米原産の淡
水魚で，1925 年に日本ではじめて神奈川県芦ノ湖に移入された。その後 1970
年代に，従来の生き餌より手軽にスポーツ感覚で楽しめる釣りとしてルアー釣
りが流行，バスはその対象として人気を博すことになる。この頃から，釣り人
による自主的な放流，いわゆる「密放流」によって，バスの生息分布は急速に

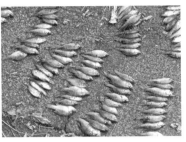

ため池での駆除活動（筆者撮影）

拡大していく。1990年代には，青少年
を中心とした爆発的なブームのもと，全
国各地の河川湖沼で，バスが確認される
ようになっていった。

　このように各地で繁殖したバスを利用
しながら，釣具店やメーカーなどの関連
産業が形成されてきた。また，バスの利
用が公式に認められている地域もあり，

オオクチバス（環境省 2009）

たとえば最初に移入された芦ノ湖，さらに山梨県河口湖や山中湖では，地元の
漁協がバスの漁業権免許を取得している。

　一方で，バスは大型で肉食性が強いことから，在来の生態系への影響が懸念
され，2004年に成立した外来生物法のもと特定外来生物に指定，飼育や運搬
などの取り扱いが規制，駆除の対象にもなっている。たとえば地域のため池で，
住民の参加を得ながらバスを駆除し生態系の回復を図る，といった取組みも，
近年では珍しくない。

　従来なし崩し的に利用されてきた魚が，どのようにして規制され，駆除の対
象となっていったのか。もっとも，この背景には国際的な生物多様性政策の流
れがある。一方で，それを後押しする国内の動きがあったということも重要で
あろう。とくに当時，一部バスを利用してきた漁協と，全国各地の市民団体が
連携しながら，バスの特定外来生物指定を後押ししたという経緯がある。この
連携に着目しながら，問題の定義の絡まり合いのなかで地域の生態系の見方が
変わり，さまざまな保全活動につながっていった過程をみていきたい。

■ 初期のフレーミングのすれ違い

　バスの生態系への影響は，古くはルアー釣りブームが起こった 1970 年代後半から，魚類学者の間で指摘されていた。しかし当時，一般の問題意識は希薄で，その後 1992 年になってようやく水産庁から都道府県に放流禁止の整備を求める通達が出されたが，広報，取り締まりが不十分であり，その後もバスの分布拡大は続いた。

　このバス問題に最初に声を上げたのは，淡水の河川湖沼を対象とする漁業者の団体，内水面漁協である。内水面漁協の全国組織は，1997 年度水産庁の補助を得て，バスの密放流防止と駆除を方針とする対策事業を開始した。

　この対策事業のなかで問題視されていたのは，アユやワカサギといった在来の有用魚種の食害，駆除費用が漁協の経営を圧迫していること，ボート釣りのトラブル，漁具に絡んだルアーの放置といった釣り人のマナーの問題などである。これらは，主に漁業者への影響とまとめられる。ここで，有用魚種以外の魚やトンボなどを含む，包括的な生態系への影響は中心となっていない。

　また，バスの駆除の方針が示されながらも，漁業者自身が駆除を行っている現状については，しばしば不満を表明していた。この点，内水面の漁業者は兼業が主で，専業の漁業者がほとんどいない。近年は経営環境の悪化，組合員の高齢化のなかで，慢性的な担い手不足に陥っており，活動がボランティア化している傾向も報告されている。バスの駆除についても，水産庁の補助事業では費用の半額が支給されるのみで，決して十分とはいえない。そんななか，水産庁から一時示された漁協に駆除義務を課す方針については，到底容認することはできないとして，行政の責任で駆除するよう要望していた。

　その後，アウトドア系の出版関係者らが結成した市民団体が，この問題を取り上げたことをきっかけに，バスは社会的な注目を浴びていった。そのリーダーの写真家は，1999 年に出版した書籍のなかで，次のように主張している（秋月 1999）。「日本の自然に，北米の生態系の一員であるブラックバスは不要なのである，不要であるどころか有害であり，生息してはいけないのだ」。また在来の生態系は，将来世代も含む「この国に住む私たち全員の共有財産」と位置づけられ，その共有財産の破壊という観点から，バスの包括的な生態系への影響が問題化される。

　ここで，内水面漁協が主張していた漁業者への影響を含み込む形で，バスの
生態系への影響が問題化されたことは，両者への連携の第一歩であったといえ
そうだ。一方で，バス問題の解決策について市民団体は，「バス絶対駆除，バ
ス釣り禁止」を原則としつつ，全国に「レンジャー（自然保護官）」を配置する
こと，実質的には内水面漁協がその役割を担うことを期待していた。

　前述のように当時漁協が訴えていたのは，漁業者自身がバスの駆除を担って
いることへの不満であった。上記の市民団体の解決策は，漁協にさらなる対策
の負担を求めることになりかねない。この解決策の担い手という点で，当初両
者のフレーミングはすれ違っていた。

■ 釣り団体の対抗運動と地域の市民団体

　バス問題が社会的に注目されるなかで，今度は釣具店・メーカーからなる釣
り団体が対抗運動を組織していった。1999 年，釣り団体は「棲み分け案」を
求める要望書を水産庁に提出，またその案の支持を求めて 100 万人を目標とす
る署名運動を開始する。棲み分け案とは，バスの一定水域への封じ込めとそれ
以外の水域での駆除を総合的対策として，封じ込めた水域での利用を公認する
というものである。

　棲み分け案は，一時水産庁で検討のための懇談会が設置されるほど影響力を
もった。こうした動きに対して，内水面漁協や市民団体は反対の姿勢を示す。
その後，水産庁の棲み分け案はペンディング扱いとなったが，従来なし崩し的
に利用されてきた魚を，どう社会的に位置づけるかは，にわかに解決しがたい
論争に発展していった。

　一方で，この間の市民団体側の動きとして見逃せないのは，バス問題の社会
的な高まりを受けて，地域で自発的にバスの駆除に取り組む団体が登場した点
である。その代表的なものが，後述の宮城県中部に位置する旧鹿島台町で活動
する団体や，秋田県八郎湖，滋賀県琵琶湖をフィールドとする団体だ。当時出
版関係者らの団体でも，釣り団体の対抗運動のなかで，バスを駆除できないこ
とを論拠に棲み分け案が主張されていたことに対して，問題意識が醸成されて
いた。これらの団体は，取材やシンポジウムを通じて互いに協力するようにな
り，全国的な市民団体のネットワークが形成されていった。

■ 特定外来生物指定と全国的な連携

2002 年生物多様性条約第 6 回締約国会議で, 外来種対策のガイドラインが採択されたことを受けて, 環境省は外来種対策の法制化に向けて動き出し, 2004 年に外来生物法が成立する。バス問題の争点は, 同法で取り扱いの規制や駆除の対象となる, 特定外来生物の指定に移っていった。

バスの扱いをめぐっては, 魚類学者のみならず内水面漁協, 釣り団体も参加する委員会が環境省内に設置され, 検討が行われた。この委員会では当初釣り団体からの強い反対によって, 半年間の指定先送りという結論が出されたが, 当時の環境大臣の鶴の一声で事態は一転, 指定に向かうこととなった。

この過程を通じて市民団体は, 自身が駆除活動の担い手となることを積極的に主張していった。当時市民団体は, 地域現場で駆除を行う団体が全国的に集まる連合体の設立を構想していた。この構想は, せっかく指定されるのであればそれを形骸化させないよう, また依然バスの利用が声高に叫ばれるなかで個々の活動が孤立してしまわないよう, 相互に支え合うことが必要だ, という認識から生まれたものである。

連合体の構想は, かねてよりバスの駆除の担い手を求めていた内水面漁協にとっても, 好意的に受け取られた。指定直前の 2005 年 3 月, 市民団体と内水面漁協は合同シンポジウムを開催, 指定を決断した環境大臣らを招き, バスの駆除に取り組むことを謳った共同宣言を採択する。この共同宣言の賛同団体は, 市民団体や漁協をはじめ計 81 団体に上った。市民団体の連合体は, このシンポジウムでも中心的なテーマの 1 つとして取り上げられ, その後同年 11 月に設立された。

ここで初期と比較すると, 市民団体は, バスの生態系への影響を訴える点を引き継ぎつつも, 解決策に関して, 内水面漁協に期待するものから, 自身を担い手に位置づけるものに, 主張を変化させていった。全国的な市民団体と漁協の連携が形成されたのは, このフレーミングのもとで, である。このように, 誰がバスの駆除を担うのかについて一定の答えを出すことが, 環境省の特定外来生物指定を後押しするうえで, 1 つの重要な論点となっていた。

■ 宮城県旧鹿島台町でのシナイモツゴの保全活動

　2000年代初めに登場した地域の団体は，特定外来生物指定後も，バスの駆除のモデルとなるような活動を続けている。近年ではバスの駆除だけでなく，地域の生態系保全に関するさまざまな活動につながっている。

　宮城県旧鹿島台町で活動する団体は，2002年に結成された。その目的は，地域に生息する希少種の魚，シナイモツゴの保全・復元であり，それに向けた活動の一環として，特定外来生物指定以前から，地域のため池の水を抜く「池干し」を実施，バスの駆除を実践してきた。

　シナイモツゴとは，1916年に発見，新種として登録された魚で，その名前はかつて地域に存在した品井沼に由来している。この魚は，長らく宮城県内で絶滅したと考えられてきたが，1993年に同地域の農業用ため池で再発見された。再発見後，シナイモツゴは鹿島台町の天然記念物に指定され，地域のシンボル的な魚となっている。

　一方で同地域でも，1990年代半ばからルアー釣りブームに伴うバスの密放流が横行し，シナイモツゴが再発見されたため池の1つでも，バスの生息が確認された。現在の団体の活動は，こうした事態に危機感を覚えた地域住民らが，ため池の池干しを行い，バスを駆除，シナイモツゴを救出しようと計画したことに始まる。団体の結成にあたっては，シナイモツゴを再発見した水産試験場の職員で，同地域の住民でもあった人物らが中心となった。

　団体の活動は，地域一体となったネットワークのなかで展開されている。たとえば，最初の活動となった池干しによるバス駆除も，同地域では20年以上池干しを実施してこなかった経緯があり，当初農家からは，農業用水が不足するのではないか，と懸念の声が上がった。しかし，当時の水利組合の組合長が，最終的に不足した場合は他のため池から水を提供することを決断し，池干しの実施にこぎつけることができた。

　また保護されたシナイモツゴは，同地域の小学校に卵からの飼育を依頼し，育てた稚魚をため池に放流する里親制度を実施している。これは，はじめ団体の事務局が鹿島台町の教育委員会に置かれ，その委員や小学校の先生が会員となっていたこともあって，実現したものである。

　2008年からは，池干しの際に協力を得る農家に対して，環境保全と両立し

た農業を支援する仕組みとして，コメの認証制度をスタートさせている。こうした取組みを通じて，農家も自発的に池干しを実施するようになり，団体はその支援に回るということが増えてきたという。

さらに，中心メンバーであった水産試験場の職員は，県北部のラムサール条約湿地，伊豆沼・内沼で，バスの生態に関する調査研究に従事，そのなかで卵の段階からバスを駆除する技術の開発を行った。この技術は「人工産卵床」というもので，野菜苗ポットトレーや砕石などを用い，誰でも安価に作成可能なよう工夫されている。人工産卵床をはじめとする駆除のノウハウは，伊豆沼方式として，各地の同様の取組みに普及されている。伊豆沼でも，地域住民の参加を得ながら，この方式による駆除活動を継続しており，旧鹿島台町の団体もサポートしている。

こうした活動を通じて，同団体は平成 18 年度田園自然再生活動コンクール農林水産大臣賞をはじめ，数々の賞を受賞している。

4 地域環境保全がうまくいくための条件とは？

ここまで，日本の環境政策史のなかで"住民参加による環境保全"という考え方が登場し，浸透していった背景，またその具体例として，ブラックバスの規制・駆除の問題の過程と，地域でのバスの駆除活動の事例をみてきた。最後に，これらをまとめながら，地域の環境保全がうまくいくための条件について考えてみたい。

■ コモンズというとらえ方

環境問題一般に通じる古典的なモデルに，「コモンズの悲劇」というものがある。コモンズとは「共有地」と訳されるもので，生物学者の G・ハーディンが人口増加と資源の有限性に関する問題を論じる際に，共有地の例を使ったことで，広く認知されるようになった。コモンズの悲劇のモデルとは，次のようなものである。

複数の牛飼いが共同で牛を放牧している牧草地がある。あるとき，1 人の牛

飼いが放牧する牛の数を増やし，できるだけ大きな利益を得ようとした。1 頭牛が増えるくらいなら，牧草地全体に大した影響はない。しかし，すべての牛飼いが牛を増やすことで，牧草は食べ尽くされてしまい，結果的に共有地が荒廃してしまうことになる。

このモデルは，大気や水，土，特定の生物種など，さまざまな自然環境にあてはめることができる。また個人にとって合理的な選択が，社会全体にとって望ましくない結果につながる，という「社会的ジレンマ」の典型例とされている。ハーディンの問題提起は，仮想的な事例に関するものであったが，その後実際のコモンズを対象とする研究が蓄積されていった。それらの研究では，資源や利用者の範囲が特定されていること，利用のルールが定められていることなど，適切な共有資源管理に共通する特徴が整理されている。

今日の地域環境保全の取組みも，こうしたコモンズをめぐる共有資源管理という観点でとらえることができそうだ。地域住民が共同で利用する自然環境について，一定のルールのもとで管理し保全する。それは，近年の環境政策の流れでも後押しされている。

一方で，具体的に何をコモンズとするか，管理するのは誰かといった事柄は必ずしも自明なものではない。現在，コモンズ＝共有財産とみなされているものも，かつてはそうとらえられていなかったかもしれない。従来は別のやり方で管理されていたものが，時代とともに移り変わり，意図せず今日の管理のあり方に行き着いたのかもしれない。

こうした観点からコモンズ論では，ある環境に誰がどうかかわり，管理していくのかについて，社会的に認知・承認された状態を「レジティマシー（正統性）獲得のプロセス」として，研究対象とすることが提案されている。この研究では，環境に対するかかわり方や権利を，最初から所与のものとして扱うのではなく，それらが組み立てられたり，崩されたりするダイナミズムに注目していくことになる（宮内編 2006）。

バス問題の事例も，こうしたダイナミズムのなかでとらえることができる。河川湖沼の生態系について，1990 年代まで一般の問題意識は希薄であり，バスの存在はあまり問題視されてこなかった。一方で，内水面漁協や市民団体が運動を展開するなかで，在来の生態系を共有財産＝コモンズとしてとらえる考

え方が広がっていき，バスは生態系を脅かす存在として，さらに繁殖したバスをなし崩し的に利用するあり方が問題化されていった。

また，単に漁業者のかかわる財産としてばかりでなく，"私たち全員" の共有財産として位置づけられたことは，地域住民が対策の担い手になる際の暗黙の前提となっている。ローカルなレベルでも，地域にすむ希少種が発見され，それがシンボル的な存在とみなされたことが，住民による団体が取組みを始める契機となっていた。

■ 順応的ガバナンスという実践

このように，地域環境の保全を所与とするのではなく，その前提が組み立てられていったプロセスに着目することは，環境保全がうまくいくための条件を考えるうえでも重要であろう。

ここで「順応的ガバナンス」という考え方は，地域環境保全の実践を組み立てるうえで参考になる。環境保全の現場では，しばしば科学的，政策的に正しいとされている方法がうまくいかないことがある。これは，科学的な知見より現実はもっと複雑である，という科学の不確実性によるものであり，また政策的に正しいものとして「市民参加」や「合意形成」が推進されるなかで，それが押しつけ的になってしまったり，硬直化してしまったりする，といった問題によるものである。

こうした問題に対して，順応的ガバナンスでは，環境保全のための社会的仕組みや制度を，その地域ごと，その時代ごとに順応的に変化させながら，試行錯誤していくことが求められる。なかでも重要となるのが，地域からの視点，生活者の視点だ。地域にとって重要な問題は環境保全だけでなく，また地域社会も決して一枚岩ではない。それらを踏まえ，地域の課題全体のなかに環境保全を位置づけることや，多様な地域の声に耳を傾けることが，順応的ガバナンスの出発点となる（宮内編 2013）。

順応的ガバナンスの議論では，順応性を保ちながらプロセスを動かし続けるためのポイントとして，①複数の目標や手法を用意し，試行錯誤ができる余地をつくっておくこと，②その都度合意可能なものとして，共通目標を柔軟に設定すること，③試行錯誤するための自分たちの活動の評価，④地域の資源や価

値を再発見し，参加者間の相互理解や信頼を生むための学び，⑤地域外部とつなぐ支援・媒介者，という5つが整理されている（宮内編 2017）。

バス問題の事例でも，意識的であれ無意識的であれ，こうした順応的ガバナンスのプロセスが駆動していたに違いない。とくに地域住民の自発的な活動として，バス駆除の取組みがなされるなかでは，地域の課題全体のなかに環境保全を位置づける視点が担保されていた。また単にバスの駆除ではなく，希少種の保全というポジティブな共通目標が設定されたことも重要であろう。アダプトシステム（里親制度）やコメの認証制度など，多様な活動に展開していった点も，メンバーたちの試行錯誤や学びの過程がみてとれる。

コミュニティについて，本書の序章では，「共同的・土着的」「協働的・媒介的」「流動的・仮設的」という3つの様態からとらえる観点が提起されていた。この観点にもとづけば，地域のバス駆除の活動は，共同的・土着的コミュニティが協働的・媒介的コミュニティに再編成されていった過程，ととらえ返すことができる。

旧鹿島台町の事例では，古くからの農村的なつながりのもとに，水利組合や教育委員会といった組織があり，それらのつながりを活かしながら，バスの駆除活動が展開されていた。すなわち，土着的なものを基盤としつつ，そのなかでさまざまな組織を媒介するものとして，新たなコミュニティが形成されていた。そこには，一時的なボランティアの参加者など，流動的・仮設的コミュニティもかかわっている。こうした活動は，県北部のラムサール条約湿地や全国的な市民団体の連合体など，地域外にまで及ぶ。コミュニティの3つの様態が相互に絡まり合うなかで，より大きなダイナミズムが生まれている。

■ "住民参加による環境保全"の両義性

ここまで，"住民参加による環境保全"という考え方にもとづき，それがうまくいくための条件について考えてきた。一方で，"住民参加による環境保全"ばかりが，環境保全の方法ではない。むしろこの考え方一辺倒になることで，かえって環境保全がうまくいかなくなってしまうということもある。

環境政策史を通じてみたように，環境行政が"住民参加による環境保全"に期待するようになった背景には，財源・人材不足ということがあった。日本の

環境行政の役割は，関係行政機関の総合調整に限られており，自ら政策を実施する手段が乏しい。この制約のなかでも政策を実施する方策として，住民参加が活用されてきたという側面がある。

　こうした状況は，序章で論じられた「コミュニティの動員」と通じるものであろう。とくにコミュニティの動員は，新自由主義のもとでの小さな政府への転換，公共事業の縮小や民営化を背景とするのに対して，環境政策では，産業公害から地球環境問題へというように，政策の対象範囲が拡大してきたにもかかわらず，行政の役割が限られたままであり，それを補うものとして，住民参加を取り込んできたといえる。

　一方で，このように住民参加に期待する政策実施体制が，実質的に十分なものといえるのかについては，改めて問い直してみる必要がある。たとえば"住民参加による環境保全"が，みんなの共通利益のための行動であるとすると，理論的には「フリーライダー」の問題が避けられない。この問題は，小規模な集団ではなく，強制や個人にとってインセンティブがない状態では，みんな他人の行動にただ乗りしようとし，結果的に誰も共通利益のための行動をしようとしなくなる，というものである（Olson 1965 = 1996）。

　この理論にもとづけば，いくら環境行政が民間の自発的な活動を促進しようとしても，それに応えるのはあくまで例外的で，多くの人は自ら行動しない，ということになる。また，自発的な活動の促進が主要な政策の手法になることで，本来もっと有効な解決策があるにもかかわらず，結果的にそれが回避されてしまうことも起こりうる。この点，企業の行動を規制したり，追加的に税金を課したりという政策は，自発的な活動の促進より反発を受けやすい。

　政策実施体制の不十分さについては，バス問題の事例でも現実のものとなっている。たとえばバスの駆除について，環境行政は少数のモデル事業を実施した限りで，多くは住民や市民の自発的な活動に委ねられている。また市民団体の活動は，基本的にはボランティアであり，安定的・継続的に活動を行える体制では必ずしもない。

　住民参加も万能ではない。"住民参加による環境保全"には両義性があり，適切なやり方でうまくいく場合も，それだけではうまくいかないという場合もある。今後重要なのは，こうした両義性を前提としつつ，どのような場合なら

住民参加が有効に働くのかを，経験的に明らかにしていくことである。

▶ 読 書 案 内

①ジョエル・ベスト（2017 = 2020）赤川学監訳『社会問題とは何か──なぜ，どのように生じ，なくなるのか？』筑摩書房。

　構築主義アプローチによる社会問題研究の教科書。社会問題の自然史モデルに沿って，活動家や専門家，メディア，政策など，各段階の研究例が紹介されている。構築主義に限らず，社会運動や政策過程など数多くの先行研究が取り上げられており，社会科学全般の入門書にもなる。

②宮内泰介編（2017）『どうすれば環境保全はうまくいくのか──現場から考える「順応的ガバナンス」の進め方』新泉社。

　地域の環境保全活動における順応的ガバナンスについて，実践的な考察を深め，持続的な活動のためのポイントを整理した労作。各章では自然再生事業や獣害対策など，多様な事例が紹介されている。同じ編者の前作『なぜ環境保全はうまくいかないのか──現場から考える「順応的ガバナンス」の可能性』（2013年，新泉社）も，あわせて参照されたい。

③マンサー・オルソン（1965 = 1996）依田博・森脇俊雅訳『集合行為論──公共財と集団理論』ミネルヴァ書房。

　環境保全活動に限らず，人びとの共通利益のための行動（＝公共財の供給のための集合行為）について，原理的な問題を提起した古典。多少難解だが，具体的な環境保全活動を前にしたとき，しばしば見落としがちな集合行為一般の理論的な課題について，改めて気づかせてくれる。

──────── 藤田 研二郎 ◆

第 **8** 章

居場所の条件

コモンズとしての住まい

ウェストゲイト団地の光景（Festinger et al. 1950: Fig1）

　人は，どのような条件がみたされたときに，ある地点や空間が自分の「居場所」であるという感覚をもつのだろうか。居場所と「居所」の決定的な違いは，居場所には価値が与えられているという点である。居ることが心地いい（快適），居ることが許されている（承認），居ることを求めている（願望）といった場合に，そこは居場所となりうる。居場所は，たんなる物理的な位置や容器ではなく，人と空間の心理的・身体的・社会的な関係を指している。本章では居住（住むこと）という経験に着目して，居場所の成立条件と役割を探る。「団地」をフィールドとした社会調査，近代のハウジングにたいする批判，都市のコモンズをめぐる運動から浮かび上がるのは，受動性，創造性，継承性という居住の複合性である。

1　コミュニティ意識の由来

■ 団地の時代

　序章で，「計画的コミュニティ（planned community）」に言及した。そのとき
に，日本でいう「団地」がこれに近いと述べた。もっとも，団地とコミュニ
ティがどう結びつくのか，という疑問をもった人がいるかもしれない。たしか
に，団地という言葉はどこか無機質な印象を与える。筆者は，ある地区の地域
福祉に関する計画が，「支え合い，安心して暮らし続けることができる○○暖
地」というスローガンを掲げているのをみて深く感銘を受けたことがある。土
地や建物の集まりを指す「団地」を，人間が暮らす居場所として整えることへ
の熱意が表現されていたからである。

　「団地」はおよそ100年前に登場した行政のための造語で，もともとは「一
団地の住宅経営」と呼ばれた（都市計画法施行令，1919＝大正8年）。当時の日本
では，産業化にともなって都市に人口が集中し，住宅難が社会問題となった。
人びとは，都市を一時的な稼ぎの場ではなく定住の場ととらえ，充実した生活
環境を求めはじめていた。政府は住まいという希少な資源をめぐる不満と紛争
に体制の綻びを察知し，資本家は大衆の意識の変化に商機を見いだした。

　団地の約1世紀にわたる歴史のなかで，最大の画期は1955（昭和30）年の日
本住宅公団（「公団」）の発足である。高度経済成長に向かう途上で，都市の住
宅難は深刻の度を増し，住宅問題が政治の争点として浮上した。政府は，解決
の切り札として公団を設立した。

　公団が建設した住宅には，いくつかの特徴がある。戦時中，焼夷弾による攻
撃を受けた都市では，火災に対して無力な木造住宅が被害を拡大した。政府が
公団を設立した目的の1つは，「燃えない都市」の建設であった。不燃性を高
めるため，住宅は鉄筋コンクリート造とされた。鉄筋コンクリートは各ユニッ
トの独立性を確保し，多くの人にとって未知の，高度なプライバシーを可能に
するものでもあった。均質で堅牢な集合住宅が建ち並ぶ景観は鮮烈な印象を与
えた。団地はあこがれと好奇が入りまじったまなざしを受けることになった。

　各地で団地が建設され，マスメディアの話題をさらっていた1950〜60年代，

社会学者はこぞってフィールドワークに乗り出した（祐成 2019）。机上の学問からの脱皮をめざして社会調査に本格的に乗り出した戦後の社会学にとって，団地は格好の対象とされた。のちに都市社会学者の奥田道大は，この時期の団地と社会調査のかかわりについて，次のように述べた。「〈意識調査〉の手法と社会学的分析・解釈は，『団地』調査の機会に触発され，一層の展開をみていることは，明らかである」（奥田 1983: 179）。

■ 団地の描かれ方の転換

当初，団地は人間関係が希薄で，互いに無関心な人びとの集まりとして描かれた。コンクリートでできた箱のような住居は，人と人の関係を疎遠にすると考えられた。しかし，数年もすると団地像は様変わりする。

東京の西部に位置する日野町（当時）の公団多摩平団地を調査した中村八朗は，団地自治会が合理的で民主的な運営をしていることに着目した（中村 1962）。加入率は低いものの地域における最大の住民組織として，共通の利益を追求し，行政機関から自立している。団地自治会の活動によって旧来の秩序が揺さぶられ，周辺の地域との緊張関係が生じていると報告した。

同じく東京西郊の小金井市で調査を行った倉沢進は，団地居住者の特徴は「市民意識」の高さであると指摘した。それは「コミュニティ意識」とも言い換えられるもので，「どこに自分が住もうと，その地域社会を連帯してよくしようとする意識」（倉沢 1967: 64）を指す。それは，代々そこに住んでいるからとか，親類縁者が多いからといった愛着感とは違う。たとえ偶然たどり着いた場所であっても，自治会に参加したり，団体を結成したりして，生活環境を守るための活動に取り組み，行政に自分たちの要求を反映させることをめざす。このような新しい意識が，「団地を中心として形成されつつある。少なくともその萌芽がみられる」（ibid.）とした。

こうした活動は，行政の下請けと批判されることもあった町内会などの地縁組織とは異質なものであると考えられた。地域のしきたりやしがらみから自由な新住民と，古くからの住民の間にあつれきが生じることもあった。この点について倉沢は，「団地エゴイズムと呼ばれる権利要求が，現実の壁とのフィード・バッグ（ママ）の過程で，地域社会的連帯による共同の解決へと発展したとき，地

元の地域社会そのものも，より民主的な共同社会として新しい発展をとげることになろう」(倉沢 1967: 65) とコメントしている。団地住民が投げかけた問題提起を足がかりとして，より広範囲の住民にまで市民意識が波及することを期待したのである。

■ 住宅の集合からコミュニティへ

1965 年，日野と小金井の中間にあたる国立町（現在は国立市）では，公団が開発した国立富士見台団地の入居が始まった。長らく同団地の自治会長をつとめた多和田栄治氏の著書『検証　公団居住 60 年』（多和田 2017）を読むと，自治の活動を通じて，団地という住宅の集合体がコミュニティにつくり替えられてきたことがわかる。その半世紀以上にわたる活動の内容は，「集合的消費」「社会運動」「居場所づくり」に大別できる（祐成 2021）。重点は時期によって変わりつつも，その担い手は重なっている。

集合的消費とは，共通の需要を共同でみたすことである。団地が建設された頃は買い物ができる場所が乏しかった。そこで，自治会は牛乳のような生活必需品をとりまとめて購入し，個別に配達するという事業を担うようになった。「幼児教室」もまた，不足するサービスを自分たちの手で作り出す活動であった。住民グループが集会室で始めた共同保育から発展し，1977 年からは，公団と国立市が協力して建設した園舎で，自治会が運営を行うという形態がとられるようになった。全国の幼児教室をつなぐネットワークが，住民のねばり強い取組みを後押しした。

社会運動は，団地を管理する公団，そして政府に対する要求を共同化する活動である。1970 年代後半，家賃値上げに反対する全国レベルの運動が集団訴訟に発展した。家賃は最終的には値上げされたものの，この団地では公団側の増収の一部を集会所の建設に還元させた。1990 年代初めには，公団が団地内の駐車場の整備を提案すると，団地の住民を二分する争点となった。自動車の利便性か緑の保全かという争点が浮上し，住民たちは後者を選んだ。こうした運動の中心となったのは，幼児教室を運営してきた女性たちである。

居場所づくりは 2000 年代以降に活発になった（ただし，新型コロナウイルスの流行が大きな打撃を与えた）。団地内の集会所を拠点として，毎週あるいは毎月

おこなわれる住民間の交流イベントがその中心である。毎年恒例の団地のお祭りには，近隣の住民（とくに子どもたち）や，この団地から巣立った人たちも訪れる。かつて周囲から突出した景観であった団地は，まちのなかに根を下ろし，地域の記憶の媒体になりつつある（多和田 2021）。

2　ソーシャル・キャピタルの蓄積

■ クラフタウンの錯覚

国立富士見台団地の歴史において注目すべき点は，ある問題に対応するために組織された活動が，それとは直接のかかわりのないものも含めて，ほかの活動の基盤になっていたことである。同じような現象は，アメリカの社会学者たちによる「計画的コミュニティ」（本章では「団地」と呼ぶことにする）の調査でも観察されていた。

マートンの『社会理論と社会構造』(1949) には，クラフタウンという町が登場する。第二次世界大戦中に造船労働者のために建設された団地で，住民は各地から集まってきた。住民たちは，それまで住んでいた場所よりも活発に地域での活動に参加していた。育児で忙しい家庭も例外ではない。家を留守にしている間，誰が乳幼児の面倒を見るのかと調査員が問うと，住民からは，近くに住む若者がその役をひきうけてくれるから安心して出かけられる，という答えがかえってきた。クラフタウンには，以前住んでいた地域にくらべて多くの若者がいるのだという。

しかし，住民の回答は地域の人口に関するデータと食い違っていた。乳幼児たちに対する若者の比率は，実際にはクラフタウンの方がはるかに低かったのである。それはいわば錯覚であった。しかし，たんなる誤りとして片付けてよいのか，とマートンは自問する。クラフタウンには，そうした「見えかた」を支えるような，何らかの構造的な性質——社会の凝集性や相互の信頼の高さ——があるのではないか。

マートンの団地研究は未完のままに終わり，『社会理論と社会構造』での断片的な記述を残すにとどまった。もっとも，彼は教室でこの調査にたびたび言

及し，学生たちに知的な感動を与えた。1950年代初めにコロンビア大学で社会学を学んだJ・コールマンはその1人である。後年，彼はクラフタウンについて次のように書いた。

　　このコミュニティは歩道の陥没，電気の故障など，次から次へと難題に直面した。住民共通の関心を含んでいたこと，そして，共同行為によってのみ解決しうるものだったこと，さらに，どれも重大でくり返し起こったことから，これらの問題はコミュニティ組織の，きわめて強固な核を生成した。問題が解決したあと，組織は余暇時間や他の活動に関わるようになった。それらを基盤に，自発的なコミュニティ集団が成立したのである。（Coleman 1961: 571–72）

　コールマンは，「ソーシャル・キャピタル」（社会関係資本）の概念を定式化したことで知られる。彼の研究の集大成である『社会理論の基礎』には，その最初の着想の跡をとどめるかのように，クラフタウンについての短い言及がある。「〔欠陥の〕問題が解決されたあとも，この住民組織は依然として活発で，この団地において生活の質を改善するために役立つソーシャル・キャピタルとなった。住民たちは以前に暮らしていたところでは利用できない資源を獲得したのだ」（Coleman 1991 = 2004: 488）。クラフタウンの錯覚は，この団地の豊富なソーシャル・キャピタルのなせるわざだった，というわけだ。

■ ウェストゲイト

　マートンがクラフタウンの調査に取り組んでいた頃，社会心理学者L・フェスティンガー（1919〜89）らは，ウェストゲイトとリージェントヒルという小さな団地を調査していた（表8-1）。

　ウェストゲイトは1946年4月に完成した100戸ほどの住宅地で，マサチューセッツ工科大学が建設した学生宿舎である。ただし入居は退役軍人に限られ，ほとんどは既婚者だったという。居住者は戦地から帰還した向学心にあふれる若者であり，同質性はきわめて高い。

　調査は同大学のビーミス財団から資金提供を受け，同年10月から1947年8

表 8-1　MIT による団地研究の調査対象地

	ウェストゲイト団地	リージェントヒル団地
供給主体	マサチューセッツ工科大学	自治体
入居者	MIT 学生（既婚・退役軍人）	軍需産業（造船所）労働者
立地	MIT に近接	大都市から 15 マイル
周囲	大学，工場	住宅地
戸数	約 100 戸	約 100 戸
住宅形式	戸建て，二戸建て	戸建て，二戸建て

（出所）　Festinger（1951: 158–62）より作成。

月まで実施された（Festinger et al. 1950: 15, 230）。その主要な問いは，建築が人間関係に与える影響であった。調べてみると，距離が近く，向かい合わせの建物の住民どうしが知り合いになりやすい，という予想通りの結果が得られた。

　意外な結果といえるのは，物的環境と住民の満足感のずれである。ウェストゲイトの物的環境は劣悪であった。地面はむき出しで手入れされておらず，冬には暖房が利かず，雨漏りが絶えない。にもかかわらず住民の満足感は高く，他の場所に移りたいという住民はほとんどいなかった（Festinger 1951: 158–59）。大きな理由は住民どうしの活発な交友関係である。ほとんどの住民には団地内に多くの友人がいて，社交生活の中心が団地にあると答える住民が多数を占めた。住宅の欠陥は，住民間の交流をさまたげるというよりも，促進するような効果をもったようだ。そのことを端的にしめすのは，防災組織の結成とその後の展開である。

　あるとき，ウェストゲイトに隣接する空き家から出火し，焼失した。団地内にも火の粉が降り注ぎ，延焼の危険もあった。このできごとをきっかけに，住民の一部が防災組織を結成した。この組織は防災にとどまらず余暇活動まで扱うようになり，住民協議会に発展していった（Festinger 1951: 159）。さまざまな欠陥やトラブルとその克服の経験は，コミュニティの一体感を強めた。ある住民は「我々はみな一つのボートに乗っている」（Festinger 1951: 159）と語ったという。トラブルが住民の結束を高めたという経緯は，富士見台団地とも，クラフタウンともきわめてよく似ている。

■ リージェントヒル

　もう 1 つの調査地であるリージェントヒルは，1942 年 12 月に軍需産業労働者のために政府が建設した 100 戸ほどの団地である。住民どうしの関係は，ウェストゲイトとは大きく異なっていた（Festinger 1951: 161–62）。リージェントヒルでは，住民の間に相互不信がうず巻いており，多くの住民が隣人のことを見下していた。そして住民は，周囲の町の住民から見下されていると感じており，団地の外で交友関係をつくることをためらった。やがて，団地そのものが周囲の町から孤立していった。当然のことながら住民の満足度は低く，「一つのボート」を共有するどころか，転出の機会をうかがっていた。

　リージェントヒル調査に資金を提供したのは米海軍である。なぜ軍が団地研究のスポンサーになったのかといえば，社会的接触を促進することで人びとの態度を変化させられるかを確かめるためだった。1947 年 1 月から 9 月にかけて，コミュニティ・ワーカーによる活動プログラムが 3 期にわたって実行され，その効果が検証された。もっとも，その報告書を読むかぎり，この社会実験の結果は芳しいものではなかった。活動プログラムは，もともとコミュニティ活動に好意的だった人には有効だったようだが，それ以外の人に対しては効果がなく，かえって団地内の分断を促進した可能性すらあるというのだ（Festinger and Kelley 1951）。

　ウェストゲイトとリージェントヒルは，団地としての規模や形式はよく似ていたが，それに対する住民の評価は対照的であった。両極端ともいえる 2 つの事例からは，建築物の影響が，社会関係に媒介されてあらわれることがわかる。物的環境の悪さが，すぐさま居住者の不満感につながるわけではない。ウェストゲイト団地のように社会関係がきわめて良好な場所では，コミュニティとの結びつきを強化することさえある。逆に，リージェントヒル団地のように社会関係が乏しい場所では，もともとの満足感の低さを増幅させる効果をもってしまう。

■ メディアとしての建築

　団地の社会（心理）学は，計画の効果を探るという問題意識にもとづいていた。序章でもふれたように，H・ガンズは，それがメディアの効果研究と同型

であると考えた。計画者は，その効果が直接に利用者に及ぶことを期待しがち
である（皮下注射モデル）。しかし，メディアの効果は利用者の先有傾向などに
媒介されることが知られつつあった（Gans 1968: 18）。

　これも序章で述べたことだが，ガンズは「可能環境」と「実効環境」という
概念を提起した。前者は「操作しうる環境あるいはその諸要素」，後者は「可
能環境のうち，利用者によって知覚され，認識され，創造されたもの」である
（Gans 1991: 27）。

　利用者（団地であれば居住者）は計画者の想定通りに行動するとは限らない。
計画者が重視する価値と利用者のそれが離れていればいるほど，計画者からみ
て「望ましくない使い方（nonconforming use）」（Gans 1968: 19）も増える。それ
は計画者の力不足ゆえというよりも，居住者の側に環境を読み解き，つくり出
す力がそなわっているからである，とガンズは見る。オーディエンス／居住者
によって実効環境が構造化されるからこそ，計画者の想定は裏切られる。この
偏り，あるいはゆがみは，団地という，建築としては均質なフィールドにおい
てこそ，鮮やかに浮かび上がった。そこで描かれたのは，「建築というメディ
ア」の限定的な効果であり，蓄積されたソーシャル・キャピタルの働きである。

3 交渉としての居住

■ 人間と建築の交渉

1945（昭和20）年12月，建築学者の今和次郎は小さな本を発表した。『住生
活』と題されたこの書物は，100ページほどの簡素な冊子である。

　彼が敗戦前後の混乱のなかで書きつづったのは，人間と建築の関係である。
彼によれば，それは「二人三脚のような結ばれ」であり，「一を失えば他が空
洞になる」ような相互依存であるという（今 1945: 9）。この関係は，日々反復
されることで，生活の型をつくる。戦争は，それを壊した。慣れ親しんだモノ
を失った人びとは，無意識のうちにおこなっていた「習慣的行為」を絶たれ，
その対極にある「意志的行為」を強いられることになった（今 1945: 8）。

　未曽有の喪失をもたらした戦災を，「習慣の遮断」としてとらえ直そうとす

る今和次郎は，戦禍をくぐりぬけた人びとの間に引かれた分断線に目をむける。一方には，「意志力と行動力とが豊かな人」がいる。このような人びとは，「既成習慣からはなれて，一歩一歩新生活へと突き進むこととなる」（今 1945: 11）。従来の関係が強制的に切断されることで，押しとどめられていた変化が加速する。それは 1 つの解放とさえ言える。もう一方には，生まれてしまった空洞を埋めるすべをもたない人がいる。このような人びとは，「行為が封ぜられて，無精そのものの生活者と化す」（今 1945: 11）ほかない。

　生活の型を再構築する力に恵まれた人と，そうした力をもち合わせない人がいる。両者は，戦争という災いを，まったく異なった出来事として経験していた。このことに目を向けると，「人間と住居空間との交渉から住生活が生誕する」（今 1945: 24）という一節に込められた深い洞察を受け止めることができる。それは，この交渉がいつでも成り立つわけではない，ということである。もし，人間の側に交渉を引き受ける力が十分にそなわっていないならば，住生活そのものが困難になる。これは，個々のモノの喪失とは異なった水準で生じる，より本質的な喪失であろう。

■ ハビトゥスの作用

　人間と建築の交渉というアイデアは，フランスの社会学者 P・ブルデューが『資本主義のハビトゥス』（Bourdieu 1977 = 1993）で示したアパルトマン（集合住宅）についての分析を想起させる。同書の主題は，1960 年前後のアルジェリアにおける，矛盾をはらんだ近代化の現実である。都市に建設されたアパルトマンには，それが集約されていると彼は考えた。

　ブルデューが着目したのは，居住者の生活を方向づける建築の作用である。「近代的なアパルトマンは，すでに構造化されている空間で，広がり，形態だけでなく，これからの利用のしかたや居住のしかたについての指示などを，その組織のなかに，含んでいる」（Bourdieu 1977 = 1993: 144）。

　建築は，利用者に向けたメッセージを内蔵させている。アパルトマンは居住者に，核家族のために仕切られた空間をあてがい，それらを充実するために家具や設備をととのえることや，可能なかぎり家事，育児，余暇といった活動を内部で完結させることを要求する。それは物理的な空間の使い方にとどまらな

い。家計という経済の運営にまで及ぶ。「近代的住居は，そこに住むことによって課される空間と家計との制約条件によって，核家族の物的，精神的自立を促す」（Bourdieu 1977 = 1993: 150）。

　近代的な住居に適応するには，時間，金銭，労力，そして感情の配分のしかたが再編成されなければならない。誰もが，この「文化的な変身」（Bourdieu 1977 = 1993: 144）というべき転換を首尾よく遂げられるわけではない。その成否を左右するのは，人びとが有する経済的・文化的な資本である。

　建築によって「自立」が促されるとき，（今和次郎の言葉を借りるならば）これと交渉する力をもつ人びとは，「新たな生活術」の発見や「親密さ」の深化にもつながる積極的な契機としてそれを受け止めることができる。他方で，それまでかろうじて手にしていた資源を失ったうえに，新たに獲得することもかなわない人がいる。このような人びとにとって，自立は孤立以外のなにものでもない。ここにも，建築というメディアの不均衡な効果が示唆されている。

■ 支えになる小屋／抑圧する住宅

　ブルデューの考察は，イギリスの都市計画家 J・ターナーによるメキシコシティでのケーススタディと符合する。「物的には最も貧しい水準にある住居のなかに，社会的には明らかに最良なものがあった。他方で，［物的には］最高の水準をみたしながらも，社会的には最も抑圧的な住居もあった」（Turner 1976: 52）。ターナーはこのように語り，それぞれを「支えになる小屋（supportive shack）」，「抑圧する住宅（oppressive house）」と名づけた。

　「支えになる小屋」は，建築物としての質は低いものの，仕事場や親族，友人へのアクセスがよい。家賃の負担が軽いので家計には余裕が生まれ，収入が上がれば条件のよい住居に移るという希望がもてる。居住者の当面のニーズをみたすとともに，自由とコントロールの感覚を支えている。

　「抑圧する住宅」の事例は，それとは正反対である。スラムからの立ち退き対象者向けに政府が建設した住宅は，物的には高水準であるが，交通の便は悪い。住居費と交通費がかさむうえに，転居前には貴重な収入源であった小さな商いが禁じられているため，かえって家計は苦しくなり，将来への展望が閉ざされてしまう。

　これら両極端の事例を通じて，ターナーは建築の物的な質と社会的な質の複雑な関係に光をあてた。そこには，ガンズが提起した，「住居のいかなる側面が，居住者にどのようなインパクトを与えるかを，居住者の生活のコンテクストと，人びとが有する選択肢を視野に入れながら調べること」（Gans 1991: 28）という指針の，具体的な展開をみることができる。

■ 動詞としてのハウジング

　ターナーが，南半球のインフォーマル居住の現場から，政府主導の都市計画と住宅改良を批判し，住民参加による漸進的な改善を主張したのは 1970 年代半ばである。それを彼は「人びと自身によるハウジング」（"Housing by People"）と呼んだ（Turner 1976）。ここでハウジングが住宅というモノではなく活動（「動詞としてのハウジング」）を指していることに注意したい。

　とはいえ，日本語で考えるわれわれにとっては，ハウジングが動詞であると言われても実感がわかない。そんなときには辞典が役に立つ。語義の説明の詳しさで定評のある *OED*（オックスフォード英語辞典，オンライン版）で housing の項目をひらいてみると，その筆頭には「家屋・建物」という意味が載っている。接尾辞 ing は，フローリング（flooring＝床を覆う材料）のように，ある動作にもちいる素材の総称を示す名詞をつくる働きをするのだという。

　「家屋・建物」の次に掲げられるのは，「house すること」という意味である。*OED* は「ハウズ」という動詞について，古い順に 3 つの意味を示す。もっとも古いのは「家を建てること／家に住むこと」という意味で，17 世紀頃までは使われていたものの，いまでは廃れた用法である。第 2 の意味は「家屋に入れる，囲う／家屋に人や動物を住まわせる／建物内に物を置く，収納する」というもので，16 世紀には文献にあらわれ，現在でも通用する。

　第 2 の意味のハウジングでは，動作の対象は，第 1 の意味のような家屋の材料ではなく，家のなかに収められる人や動物やモノである。この違いは大きい。住まわせる者と住まわされる者の不均衡な関係が表現されているからだ。そして，自ら建てる・住むという意味に代わって，住まわせる・収容するという意味が定着するのが，近代資本主義の草創期，エンクロージャー（囲い込み）の時代であることは暗示的である。意味の転換の背後に，住み慣れた土地を追わ

れ，住まいと生業を失う苦難の経験が見えかくれする。

　さて，19世紀半ばに付け加わった「houseすること」の第3の意味は，「（政府・自治体による）家屋または住宅の計画・供給」である。*OED*は，1861年のロンドンの週刊新聞から「高揚する大衆の根っこにあるのは，まさしく住宅問題（housing question）である」という一節を引いている。「houseされること」の保障を政府に求めて，大衆が声をあげはじめた時期である。

■　近代ハウジング批判

　ハウジングという言葉の歴史には，居住をめぐる交渉の歴史が刻み込まれている。このことをふまえると，ターナーが「支えになる小屋／抑圧する住宅」を対比させた意図が明らかになる。彼は，第3の意味のハウジングにひそむ問題点を突こうとしたのである。

　1989年，スウェーデンを訪れたターナーは，当地で独創的なハウジングの社会学を彫琢しつつあったJ・ケメニーによるインタビューに答え，居住の主導権の喪失と奪還について語った。

　　　かつては，人々は自らを自分の手で住まわせていました。囲い込み前のコモンズで手に入れた材料を使い，自らの労力または腕のよい隣人を労賃もしくは物々交換で雇いました。こうしたやり方に代わって，多くの村人は，雇い主や地主によって住まわされる立場に置かれました。そして人びとは，職を失うと住むところ——農夫小屋——まで失うという立場におかれるようになったのです。（Kemeny 1989: 160）

　自らを住まわせる力の衰弱は，産業革命のもとでさらに進行する。そして「19世紀の悲劇」がおきた。社会主義運動における無政府組合主義（アナルコ・サンディカリズム）の敗退である。政権の獲得をめざす社会主義者たちは，労働党に結集する。この勢力は，協同組合によるハウジングには冷淡であった。政府が直接にハウジングを実行することこそが，労働者の境遇を改善する確実な手段とされたからである。

　ターナーは，政府によるハウジングについて，「人道的ではあるが，依存的なシステム」（ibid.）と断じた。そして，このシステムの発展が，人びとの自

らを住まわせる力の衰退に拍車をかけたと説く。住宅政策の確立は，社会運動にとって1つの勝利であった。しかしそれは，みずから「ハウズ」する力を政府に譲り渡したという点で，痛恨の敗北だったというわけだ。

　この主張は，福祉国家の官僚制を批判し，直接行動とセルフヘルプの意義を説いたイギリスの思想家コリン・ウォードの『ハウジング――アナーキスト・アプローチ』（Ward 1976）と共鳴する。ウォードは現代の住宅を「あてがわれた家」と呼んで批判した。そして，子どもが遊びのなかで発揮する創造性や，スクウォッター（占居者）運動の歴史にオルタナティブなハウジングの根源を探った（Ward 1973 = 1977）。

　序章でふれたR・パールの「仕事^{ワーク}」についての考察は，ターナーやウォードによる近代ハウジング批判と問題意識を共有している。製造業を中心に経済成長を謳歌し，福祉国家が整備されたイギリスの1950～60年代には，企業などに雇われて賃金を受け取る働き方（雇用労働）が主流となった。そこでは，仕事は雇用と同一視される。しかし本来，仕事は雇用に限定されない。

　『分業論』（Pahl 1984）が書かれた1980年代初頭がそうであったように，産業の空洞化や財政難に苦しむ時期は，「失われた時代」として嘆きの対象となる。パールはこれに異をとなえた。雇用以外の仕事こそが人間の生活と人生にとって重要な意味をもつとすれば，あの「古きよき時代」こそが，失われた時代だったのかもしれない。そして，雇用労働の縮小は，仕事の全体性の回復の機会にもなりうるのではないか，と問いかける。「自作」への没頭にみられるような，「インフォーマルで共に行う仕事」への志向は，その証左であると論じたのである。

4　都市コモンズの構築

■ アセットの活用

　2000年代以降，福祉の領域では「資産活用型福祉（asset-based welfare）」が注目されるようになった。それは，資本主義を徹底する立場からの福祉国家批判に根ざしている。資産活用型福祉は，私的資産（アセット）を運用することで

福祉ニーズ（医療，教育，老後の生活費など）をみたすことを意味する（Lowe 2011 = 2017）。人生最大の買い物ともいわれる住宅は，私的資産の中心に位置する。

　住宅を売却したり貸したりして資産価値を現金化すること自体は，古くから行われてきた。金融技術が発達し，規制が緩和され，住宅価格が上昇傾向にあるいくつかの国々で起きたのは，住宅の「金融化」（financialization）と呼ばれる変化である。具体的には，いま住んでいる住宅の実質価値（市場価値から住宅ローン債務を差し引いたもの）を担保に資金を調達することが容易になった。住宅を，いつでも現金を出し入れできる金庫のように利用することも不可能ではない。

　資産活用型福祉には，「金融化」の2つの側面が現れている。1つは，不動産の証券化の技術などを通じて，住宅がグローバルな市場に接続された「金融商品」となることである。もう1つは，市民が，みずからが保有する資産の価値を増大させるべく運用を行う「金融主体」となることである。不動産の流動性を高めて市場を活性化するとともに，市民には小さな起業家としてスマートにふるまうことが求められる。

　資金調達の変化は，政府と個人の関係に影響を及ぼす。政府は現物資産の取得を奨励し，福祉支出を抑制する。個人の側からみれば，資産活用型の福祉（自助）は，政府（公助）からの自立を意味する。ただしここには逆説がある。この自立は，政府に対抗するものではなく，政府によって教え導かれたものである。そして，資産の価値は，パールが『分業論』（Pahl 1984）で描いたようなローカルな住宅市場ではなく，居住の場から遠く離れたグローバルな金融市場の動向に左右される。はたして，これを居住の奪還といえるだろうか。

■ コモンズというアセット

「資産活用型福祉」は，アセットを私的な所有物ととらえる。他方で，アセットをこれとは違った角度からとらえる立場もある。

　UBA（ユニバーサル・ベーシックアセット）は，米パロアルトのIFTF（未来研究所）と，フィンランドのデモス・ヘルシンキが発表した政策構想である（宮本2021）。これは，一律の現金の給付をおこなう「ベーシックインカム」，支払い能力に関係なく，誰もが必要を満たすサービスを受ける権利を保障する「ベー

表 8–2　3 つの普遍主義

	ユニバーサル・ベーシックインカム（UBI）	ユニバーサル・ベーシックサービス（UBS）	ユニバーサル・ベーシックアセット（UBA）
主要なアセットはなにか	・お金	・お金 ・公共サービス	・アセットの多様性
いかなる社会的条件をみたす必要があるのか	・豊富な就業機会 ・高水準の政府支出	・豊富な就業機会 ・高水準の政府支出	・柔軟な所有のしくみ
いかなる意味で普遍的か	・あらゆる市民が同一の給付を受ける権利を有すること	・あらゆる市民が同一の公的サービスを享受できること	・あらゆる市民が公的またはオープンなアセットを享受できること
どのような所有形態を優先するか	・私的	・公的	・私的 ・公的 ・オープン／コモンズ的
どのように公正さを達成するか	・最小限の所得が無条件に保障される	・生活に必須の財・サービスが等しく利用可能	・生活に必須の財・サービスが等しく利用可能 ・コモンズにもとづくアクセス
背景にどのような行動観があるのか	・合理的	・文脈的	・協働的 ・動的 ・文脈的

（出所）　Neuvonen and Malho（2019: 22）。

シックサービス」に続く，第 3 の普遍主義の提案である。

　デモス・ヘルシンキの報告書『新時代の普遍主義――再分配をこえて』（Neuvonen and Malho 2019）は，ベーシックインカム，ベーシックサービス，ベーシックアセットを表 8-2 のように整理した。ベーシックアセットは，ベーシックインカムが分配しようとする私的な資源――個人が自由に使える現金――と，ベーシックサービスが重視する公的な資源――医療や教育のようなサービス――の双方をカバーしている。それだけではなく，「コモンズというアセット」を含んでいる点に注目したい。

　　　人びとがコモンズ――はっきりした形をもつものというよりも，散らばっていて目に見えないもの――を所有（または分有）しているという感覚を強化することで，公正さ（fairness）を高めることができる。やがて，人びとはこれらのアセットをより適切に利用し，これらの共通の資源に貢

献する責任を引き受けるであろう（Neuvonen and Malho 2019: 40）。

　コモンズは人びとの共通の資源であり，それを分有する人びとの不断の関与なしには維持できない。ここには，ターナーが批判した「依存的なシステム」とも，資産活用型福祉が称揚する「起業家としての個人」とも異なる社会像が描かれている。デモス・ヘルシンキが「コモンズというアセット」の具体例として取り上げるのは，居住のための協同組合（housing co-operative）である。

■ コモンズとしての協同組合

　居住のための協同組合は，いかなる意味でコモンズなのか。ベーシックアセット（UBA）の政策構想には，この点についての詳しい説明はない。しかし近年，都市コモンズについての理論的・経験的な研究が活発になされるようになった。ここでは，アメリカの社会学者A・ヒューロンの『コモンズを拓く（*Carving out the Commons*）』（Huron 2018）をもとに考えてみたい。

　1970年代，ワシントンD.C.ではジェントリフィケーションが進み，賃貸住宅の居住者は高騰する家賃や立ち退き要求に悩まされていた。いくつかの集合住宅で，家主から立ち退きを迫られた居住者たちが，連帯して運動をおこした。そして，物件を自ら買い取ることに成功した。かれらが選んだのは，「有限持分協同組合（limited equity co-operative：LEC）」という所有形態である。LECは市内の住宅の1％にすぎないが，金融化が進むアメリカの都市に，オルタナティブな住まいのあり方を提示している。

　LECは，集合住宅を持ち主の団体が管理する仕組みである。分譲マンションに住んでいる人は，管理組合のことを思いうかべるかもしれない。たしかに，LECと分譲マンションは似たところがある。しかし大きく異なるのは，組合員が所有するのは個々のユニット（住戸）ではなく，「持分」であるという点だ。持分を購入（出資）することで，組合員の資格が得られる。住んでいる間，組合員は月々の利用料を支払う。退去するときには持分を売却することが可能で，相続することもできる。

　共有された不動産の持分が株のように扱われるという点では，これも一種の証券化であるが，金融化の影響が及ぶことを避けるための，いくつかのルール

が設けられている。まず，一定の所得をこえると組合員になれない。そして，持分の価格，利用料，持分の再販価格は低く抑えられる。市場で住宅価格が高騰していたとしても，売却益を得ることはできない。「この所有形態は，住宅を投機的な不動産市場から切り離すものであり，マーケットで利益を得るための金融投資ではない」(Huron 2018: 7)。

■ コモンズ研究における制度派とオルタ派

　先に引用したインタビューで，ターナーが，かつて人びとはコモンズで手に入れた材料を使って住まいをつくったと語っていたように，コモンズという言葉は，もともと森や牧草地といった自然の資源を指す。じっさい，1960年代にG・ハーディンが提起し，80年代にE・オストロムらによって発展したコモンズ研究は，自然資源（コモンプール資源）の集団的管理に焦点をあてた。新制度派経済学の観点からなされたこれらの研究を，ヒューロンは「制度派」と呼んだ。その特徴は，コモンズの生成よりも管理に重点を置き，不平等や権力への関心が希薄なところにある。研究の対象が，知識・情報，グローバルな環境，文化などに拡大しても，その傾向は変わらない。

　コモンズ研究には，もう1つの潮流がある。これをヒューロンは「代替的グローバリゼーション派」と名づけた。代替的とは，資本主義とナショナリズムを批判する考え方を指しているが，ここでは「オルタ派」と呼んでおこう。「賃労働に抵抗するためにコモンズを取り戻すこと，より広くは，自分の人生に対するコントロールを高めることの必要性に焦点を当てることが，コモンズに関するオルタ派的思考の鍵である」(Huron 2018: 30)。

　オルタ派の代表的な論者は都市地理学者のD・ハーヴェイである（Harvey 2012 = 2013）。彼はコモンズの動的な性質に目を向け，コモンズが静的な資源ではなく，「コモニング」という不断の働きかけによって生成するという見方を提示した。「コモンズとはすなわち進行中の実践である。それは労働であり，活動であって，人間の社会生活とは無関係に存在するかのような眠れる資源ではないのである」(Huron 2018: 31)。この意味で，コモンズは名詞ではなく動詞として理解される。

　制度派とは対照的に，オルタ派はコモンズの生成や再生に重点を置き，資本

主義に対抗するための根拠地としてのコモンズに目をむける。ただし，オルタ派にも弱点がある。「オルタ派の論考にはコモンズに対するロマンティシズムが見え隠れしているが，それは魅力的ではあっても，資本主義的実践に対抗する生き方を実際に考える上では役立たない」(Huron 2018: 34)。この弱点を補うには，コモンズがいかに生成し，維持されているのかを冷静に観察しなければならない。その際，居住のための協同組合は恰好のフィールドとなる。

■ 都市コモンズの命脈

都市はコモンズにとって過酷な環境である（Huron 2018: 45–50）。第1に，都市は人口密度が高く，異質性が高い場所である。そこでの社会関係は匿名的で，一時的である。第2に，都市は資本主義が隅々まで浸透した場所である。第3に，都市は統治の密度が高い場所であり，政府による監視や管理の目が行き届いている。さらに政府（官）と資本（民）は緊張関係にありつつも連携して都市を管理する。

こうした逆境のもとで，有限持分協同組合（LEC）は，集合的な自己組織化と脱商品化に取り組む。それは個人化への抵抗であるとともに，金融化への抵抗でもある。さらに，住宅という資源の性質もまた，コモンズの成立を困難にする。というのも，住宅は私的に占有される，つまりは他者を排除することで成り立つ空間であり，その原則は LEC であっても貫かれるからである。

この点についてヒューロンは，デンマークの事例を挙げて考察している。デンマークでは，アメリカよりもはるかに協同組合型住宅が普及している。2000年代初頭に住宅価格が高騰していた時期，多くの組合が持分価格を引き上げようとしたのに対し，批判の声が上がった。こうした世論の前提には，次のような考え方があるのだという。

> 居住のための協同組合は，デンマーク社会全体が共有する都市コモンズとみなしうる。そして，組合員は，このコモンズを自分の家として頼りにしているが，あくまでも一時的にのみ保有しているのであって，〔所有者というよりも〕コモンズの世話役（ケアテイカー）または管理人（スチュワード）と考えることができる。(Bruun 2015: 154 → Huron 2018: 56 より)

　コモンズとしての住まいは，現在のメンバーの当面のニーズをみたす。それ
は居住という排他的な利用を前提としている。しかしこのことは，潜在的な共
有者（commoner）たちの利益を独り占めにする権利までは保障しない。「LEC
はいま現に居住するメンバーのためのコモンズであると同時に，将来のまだ見
ぬメンバーが低負担でくらせる住宅ストックとしての役割も担っている」
（Huron 2018: 9）。コモンズをコモンズたらしめるのは，このような未知のメン
バーに対する「約束」（Huron 2018: 56）の共有である。

■ 居住の複合と循環

　最初の問いに戻ろう。人は，どのような条件がととのったときに，ある地点
や空間が自分の居場所であるという感覚をもつのか。

　安心して眠れることが居住にとって不可欠の条件であることはいうまでもな
い。〈眠る〉ことは住むことの基底にある。睡眠は，住まいに身体を委ねて主
体性が休止している状態であり，住むことの「受動性」を示している。

　これとは対照的に，住むことは〈作る〉ことでもある。それは，他者に対し
て自らのテリトリーを主張し，または他者とともに，環境に働きかけて価値を
生み出す活動である。住むことの能動的な側面，つまり，居住者が空間を，と
きには集合的に作り替えたり，それと並行して自分の行動を組み替えたりする
「創造性」がここには表れている。

　住むことにはもう 1 つの重要な側面がある。それは「継承性」である。住宅
は長期にわたって使用されるものであり，それぞれの時点で作られた価値を
〈蓄える〉働きをもつ。眠ることも，作ることも，蓄えられた価値を引き出す
ことによって可能になる。そして，コモンズの特質として述べたように，潜在
的な共有者への約束とも関わっている。

　居住には，眠る／作る／蓄えるという異質な行為・状態が混在している。さ
らには，それらが一定のパターンをもって反復される。このような複合と循環
が保たれるときに，「居場所」の感覚が得られるのではないだろうか。

▷ 読書案内

①ジェイン・ジェイコブズ（1961 = 2010）山形浩生訳『アメリカ大都市の死
　と生』鹿島出版会。

　　1つの空間に1つの機能を対応させて効率性を追求する近代の都市計画を批判
　し，多くの用途が混在した環境の効用を説く。空間と人間の関係についての洞察
　は，今なお示唆に富む。

②ジョルダン・サンド（2013 = 2021）池田真歩訳『東京ヴァナキュラー──
　モニュメントなき都市の歴史と記憶』新曜社。

　　変化が激しい現代の都市で，住人はいかにして居住の痕跡をのこせるだろう
　か。著者自身がバブル前夜の東京で取り組んだ歴史保存運動の経験を核に，都市
　のなかのコモンズを論じる。

③松村淳（2023）『愛されるコモンズをつくる──街場の建築家たちの挑戦』晃
　洋書房。

　　現代の日本で，どのようなコモニングの実践が行われているのだろうか。著者
　は「街場の建築家」の活動に着目し，私的な空間の重力を振りほどいて共同の居
　場所に変換する試みを描く。

　　　　　　　　　　　　　　　　　　　　────── 祐成保志 ◆

第 9 章

更新されるコミュニティ

変化のなかでの伝統の継承

長浜曳山祭（写真提供：長浜市役所）

　この章では地域社会が大きく変わりゆくなかで，一見すると一枚岩に見えるコミュニティが，内部にコンフリクトをはらみつついかに再生産されていくかについて，江戸時代以前に城下町・商家町として栄えた日本の地方都市の事例を中心に考えていきたい。そのような都市は近代以降も行政機関や商店街として栄え，伝統的なコミュニティを継承してきたが，戦後になると地場産業の縮小，モータリゼーションによる商圏の郊外への移動による中心市街地のシャッター化によって衰退した。近代以前から現在に至るまでのそうした社会変動のなかで，伝統的なコミュニティが工夫を凝らしつつ現代でも続いていくダイナミズム，そしてそれを可能とするコミュニティにおける歴史や記憶の作用について，筆者自身の調査の実例をふまえて考えてみよう。

1　はじめに——コミュニティのしぶとさと変容のダイナミズム

　本章で論じるのは，歴史的に受け継がれてきたコミュニティの存続の危機と，にもかかわらずそれが形を変えながらどのように更新，継承されていくかについてである。第1章でも述べられていたように，戦後において地方における過疎化，少子高齢化が進行していったなかで，経営体として家産としての農地や山林，家屋，店，さらには代々の死者を祀る儀礼を代々受け継いできたような家（*ie*），そしてそれを基盤として継承されてきた伝統的なコミュニティとしての家連合は，現代の私たちの多くにとってはもはやなじみ深いものとはいえないだろう。

　しかしながらそうした伝統的なコミュニティが戦後社会において衰退し，もはやなくなってしまったかというと，そういうわけでもない。実際，たとえば山下祐介は，戦後の高度経済成長期以降，若者の都市部への人口流出，さらに人口の高齢化・少子化が進んで，1990年代以降「限界集落」という概念が一般化したにもかかわらず，その時期から2010年代までに，実際に高齢化の結果として消滅した集落の事例はほとんど見いだされないことを指摘している（山下 2012: 31）。たしかに，集落のそれぞれの家からは若い世代が他出し，一見すると集落の人口は大きく減少している。しかし同居はしていなくても，実はその他出した子どもたちは車で1〜2時間程度の距離にある地方都市で暮らして頻繁に集落に通っており，田畑の仕事をしたり行事に参加しているほか，将来的には戻って住むことを予定しているという事例は多い。ふるさとには家産があってそれを子どもたちの誰かが受け継ぐことになるし，また家の仏壇や墓の面倒を見たり，家単位で参加する集落の共同作業に子どもが参加するといったように，ふるさとや家につながっていたいという意識や結びついていなくてはならないという責任感は現在でも根強く，そう簡単に集落はなくならないのである。歴史的に見れば，人びとが生活していけるだけの農地や漁場のキャパシティ，また必要な労働力をまかなうだけの戸数にあわせて，過剰な人口が都市に移動したり，また逆に戻ってきたり，時には外から新たな家を受け入れることも，集落ではごく当たり前に行われてきた。そうした状況に応じた

人口の増減自体は，むしろ集落の存続のために必要なことであった（山下 2012）。

　災害のような状況において，コミュニティが存続の危機に瀕した場合でも，集落はそう簡単にはなくなっていない。植田今日子はダムの建設，あるいは震災・津波によって移転を余儀なくされ，多くの成員を転出によって失ったムラの住民たちが，にもかかわらず自分たちなりのやり方でムラを維持・存続させてきたことを，さまざまな事例から論じている（植田 2016）。たとえばダム建設にともなって水没予定地とされたある集落は，文字通り集落が消滅しかねない危機を迎えて3分の2の世帯を失いつつも，誰もが離村しかねないという不安定な状況を短くし，可能な限り同じ時期に集落移転を行うことで，移転後も集落を存続させようとしたという。さらに住民たちは共同の炭焼き窯を作り，それによって集落の誰もがいつでも立ち寄ることができ，立ち寄る理由もあるような「むら仕事」を作りだすことで，コミュニティとしてのありようを存続させようとした。そして行政によって計画されてつくりあげられたニュータウンのような空間を，かつての集落において存在していた共同の場へとつくりかえることによって，移転後においても集落の基盤にある関係性を維持していった（植田 2016: 82-96）。

　このように，空間的に家のメンバーが集落の外に住むようになったり，従来住んできた地域を離れたとしても，あるいはメンバーについても半分以上の家が失われたり，逆に新たに参加する家が入ったりしたとしても，集落がなくなってしまうわけではない。それは常に変容しつつも継承されてきたのである。中野卓は，農村における集落＝ムラの解体と再編をめぐって以下のように述べている。「ムラがいま解体に向っていて，しかも，そのとき再編成の過程が，ムラ自身の内部に全くはたらいていないなら，その場合こそムラは解体してしまおうが，たんにムラの解体なり再編なりがムラの外部からのはたらきかけによってリードされて進行するというだけで，そのように思いちがいしてはならない。ムラはこれをつつむ変化のなかで，自らを再編成していく。絶対に自立的，自律的なムラなどは歴史のなかに見出しえないが，全く他律的なムラも同様見出しえない」（中野 1966: 259）。

　すなわち，資本主義の浸透や都市への人びとの流出といった大きな変化が

あっても，それはムラがムラでなくなっていくということを意味するわけではない。外的な要因に応じてそのメンバーシップや伝統のありようが著しく変貌していたとしても，なおムラとして存続しようとして多様な実践を展開し，存続していく（植田 2016: 18-19）。コミュニティをとりまく環境の変化にもかかわらず，その存続はいかに可能となってきたのか，そのためにコミュニティにおける伝統のありようやメンバーの境界線をどのように変容させてきたのか。そうした点を見ていく必要があるだろう。

　ただしこうしたコミュニティの変容はその内部におけるコンフリクトをともなうものである。たとえばそれまで成員ではなかった家をムラに新たに加えるかどうかをめぐっては，コミュニティの内部において考え方の食い違いが起こる。新しい家も含めた形で，ムラのなかにある資源（たとえば農業を行うために必要な水や，肥料にするための下草を刈る共有地，海産物をとるための漁場など）の配分を考えれば，これまでのやり方を変えることになるし，それによって配分が少なくなる家も出てくる以上，対立が発生することはやむをえない。したがってコミュニティは決して調和的なものにとどまるわけではなく，内部における不平等や葛藤，誰がそのメンバーかといった境界線の再構築をめぐる対立が存在する（Cohen 1985 = 2005）。そうしたコンフリクトをコミュニティはいかに内包しつつ存続していくのか。以下で見ていくことにしたい。

2　変化する地方都市とコミュニティの継承

　ここでは近世以来続いてきた地方都市における伝統的なコミュニティについて見てみよう。日本におけるさまざまな都市の歴史を見てみると，近代における産業化・工業化において鉱工業とそこで働く人びとが集まって生まれた都市（産業型都市）ばかりでなく，戦国時代や江戸時代に起源をもつ伝統消費型都市と呼ばれる都市が数多くあることに気づく。

　そうした都市の典型は，領主が城を構えて配下の武士たちをその周辺に住まわせ，さらにはそうした武士たちやその家族，使用人といった人びとが生活するための食料やさまざまな物資を扱う商人・職人たちを集める城下町である。

城下町の周辺には農村が拡がって都市に食料や原材料，労働力を供給している。また敵からの防御が主目的だった戦国時代と違って，江戸時代以降の城は平地の，交通至便な場所に置かれることが多く，それによって城下町は経済的にも発展した。近代以降になると，城に変わってホワイトカラー層が勤める行政機関，東京や大阪に本社を置く企業の支店，また地元企業の本社が置かれて，そこで働く人びとに商品を提供する商業者を中心とした都市として発展を続けていく（倉沢 1968: 50）。

こうした都市においては，かつての支配者である城主が計画的に武士の住む武家地，商人・職人が住む町人地（町方），また寺社のある寺地などを配置し，現在でもそれが引き継がれている。城主たちは町方については，土地や店・家屋を所有する有力商人たちを中心とした自治を行わせたが，その自治組織が「町内」と呼ばれる。「町内」は通りごとに設けられ，地域のコミュニティとして機能した。そして明治維新による廃藩置県が行われて以降も，この「町内」が引き継がれていく。農村における集落であるムラの場合と同様，こうした「町内」も複数の家同士の結びつきで構成された家連合で，ムラに対してマチとも呼ばれる。

この「町内」社会＝マチの性質について，以下では「伝統消費型都市」という概念でこうした都市のあり方を説明した倉沢進による，岡山県津山市についての記述を手がかりに素描してみよう（倉沢 1990: 11-15）。倉沢は，彼が率いる調査グループが津山に調査に行った際にたまたま出くわした火事の状況をふまえつつ，こうした町内を「地域の住民の相互扶助のまとまった単位，換言すれば地域的共同生活単位であって，火災のような共通共同の危機の相互扶助的な突破を担う」とする。火事という危機に際して経済的な費用や人手をお互いに町内で分担する。また各家の葬式の際の葬儀の執行やそれにまつわる手間仕事を引き受けるのも，こうした町内という単位である。葬式はどの家においてもいつか必ず発生する危機であって，どの家もいつかその際に助けてもらえるという，第1章で述べられた時間・世代を超えた贈与交換の継続性が，このしくみを支えている。町内を代表して意思決定を行うのは中年の男性によって構成される世帯主層であるが，それ以外にも主婦層，また青年層や老人層，子どもたちといった性別年齢階梯的に構成された町内の各住民が，町内の相互扶助組

織のなかでそれぞれの役割を果たす。たとえば火事の際には，青年層が被災者の救出や家財道具の運び出しを担い，主婦層が炊き出しを行い，世帯主層は出火見舞いに駆けつける人たちの挨拶を受けたり，火災処理に必要な経費の処理を行うといったように。

　このような町内は先にも述べたように，「すべて商店街，あるいは職人町，江戸時代の言い方でいえば町方の居住地」において生み出された。町内は，「表通りに間口3間なら3間，5間なら5間の店と土地を持ってい」るような「土地持ち・家持ち層」の家，裏店に住む「浪人者やあんまや職人」，さらに近代以降は勤め人で構成されるが，「町内のフルメンバー」として自治組織の意思決定に参加できるのは「土地持ち・家持ち層」に限られるというのが「明治以前から引き続いてきた町内のルール」であった。もっとも昭和初期以降は次第に家々の平等化・民主化が進んでいくし，また町内の境界の揺れ動きがあったり，住民が農村集落の場合と同様にもともとのマチの領域からは他出していたりといったことも見られるが，それでも後に述べるように祭りなど伝統的な行事などを通じて近世以来の町内というコミュニティは継承されている。中世以来続いている京都の祇園祭もやはりそうした昔ながらの各町内が単位となって山車を管理・曳行して実施している代表的な例だが，それと同様の状況が全国各地の地方都市で見いだされるのである。

3　祭礼を継承する町内のコミュニティ──滋賀県長浜市の山組

　ここで事例とするのは，滋賀県長浜市の中心市街地で長浜曳山祭という都市祭礼を行う「山組」と呼ばれる町内のコミュニティである。「山組」とは祭りで用いる曳山と呼ばれる山車を共有する組合を意味しており，長浜の中心市街地は近世以来続くこの13の山組によって構成されている。

　長浜は戦国武将・織田信長の部下であった羽柴秀吉（後の豊臣秀吉）が1573（天正元）年，信長より領地として与えられて開いた琵琶湖岸の城下町を起源とする。秀吉は町の発展のため，税の免除という特権を与えて商人たちを誘致し，徳川幕府の成立後に城が破棄された後も，裕福な商人たちが多数店を構える商

家町として栄えた。鉄道や自動車がない近世以前，北陸から京都・大阪向けの物産は琵琶湖に浮かぶ船で運ばれており，長浜はその重要な港であった。

　加えて長浜は近江（現在の滋賀県）北部の産業の中心でもあり，周辺の農村部で生産された生糸を用いた高級絹織物，さらに蚊帳やビロードの生産・販売で商工都市として繁栄していく（長浜市史編さん委員会 1999）。かくして周辺の農村部から農産物だけでなく多くの働き手や客を集め，長浜はこの地域一帯における中核的な都市としての地位を長期にわたって保ち続けた。戦後，モータリゼーションと結びついた郊外のショッピングセンターの出店によって山組と重なる商店街は衰退したものの，1990年代以降は明治時代に第百三十銀行長浜支店として建てられ「黒壁」と称された歴史的建築物とガラス製品を中心とした観光まちづくりが成功し，コロナ禍前の2019年には200万人を超える観光客を呼び込む，関西でも有数の観光地となっている。

　ただこうした観光地化のプロセスにおいて，それまで山組の一員として店を構えていた人びとのなかには，店を貸し物件として自身は郊外に移住することも多くなった。その結果として経済的には活性化する一方で，居住人口はむしろ減少している。従来は山組の町内に土地・建物を所有・居住する家の男性が中心的な構成員だったが，現在は山組内には親世代のみが居住している者，店のみを構えていて本人は郊外に住んでいる者，店そのものもテナントとして貸していて本人は所有しているだけの者も少なくない。

■ 長浜曳山祭の概要

　長浜曳山祭はこの長浜の中心市街地の東に位置する長濱八幡宮の祭礼として，毎年4月9〜17日にかけて行われる祭りである。祭りを行う近世以来の13の山組（町内）はいずれも曳山と呼ばれる山車をもち，そのうち12の山組では，曳山に設けられた舞台上で5〜12歳頃の男児が歌舞伎（長浜では「狂言」と呼ばれるため，以下ではそう記述する）を披露する。それによって各町内の経済的な繁栄と文化的な名誉・威信を誇示し，競い合う。毎年武者行列を披露する山組が1つあるほか，他の12の山組は順番に4つずつが「出番」として祭りを執行し，狂言を披露する。

　先に町内が性別年齢階梯的に構成されていると述べたが，祭りもまさにそう

した構成となっている。山組のメンバーとして正式に行事に参加するのは，各家の世帯主である男性とその息子，男児に限られる。男児たちのグループが狂言の役者を担うのに対し，家の後継者である青年層（現在は45歳以下の男性）は若衆と呼称され，祭りのメインとなる狂言の運営やそれに関するさまざまな働きを担う。若衆のトップは「筆頭」と呼ばれる。一方，家の当主たる世代の男性は中老と呼ばれ，町内共有の山車の管理や曳行の人手の調達，対抗関係にある他の山組との交渉，総当番と呼ばれるその年の祭礼を司る事務局における祭礼全体の進行を担う。中老のトップは山組全体のトップを兼ね，「負担人」と呼ばれる。

　なお女性たちには祭礼において正式な役割が与えられることはなく，男性たちが祭礼に専念する間の店や家庭の切り盛り，家庭内での賄い・着物の準備，自分の子どもが役者を務める場合の世話に当たる。唯一の例外は，祭礼を盛り上げるシャギリ（囃子）の演奏に女子が参加するのみである。

　山組の威信を示すうえでのメインイベントは狂言だが，それ以外にも競い合いの場がこの祭りにはいくつか設けられている。9～12日には祭りの前哨戦として，祭りの本日である15日に子ども歌舞伎を披露する順番を決めるための籤を引く籤取人を中心に，各山組の若衆が長濱八幡宮に参拝し，かつ町内の役者や籤取人を守り立てる裸参りという行事が行われる。他に14日夕刻の，役者たちがその美しい姿を長浜のメインストリートで観客にお披露目する夕渡りといった行事も大きな見どころである。

　都市の町内において，祭礼はきわめて重要な家同士の生活共同となっている。ムラのような農村集落では，集落を構成する経営体としての家はいずれも農業に従事しており，一時的に大きな労力のかかる田植えを家同士がお互いに手伝うといった共同作業が必然的に発生する。また家の屋根の材料にするための萱と呼ばれる植物や肥料にするための下草が生える土地，あるいはどの家にとっても農業を行ううえで必要な水といったコモンズ（共有資源）を，どこかの家が勝手に自分だけで専有してしまわないように管理するため，家同士のルールを創出する必要がある。したがって必然的に家同士の連帯が強まるのだが，都市においてはそうした生業の共通性というものが，そもそも存在していない（松平 1983: 33-34）。たとえば同じ町内であってもある家は寿司屋，隣の家は八

216

百屋，そのまた隣は呉服屋，そこから裏通りを1本入ったところは漆器を作る職人の家といったように，それぞれ異なる職業であるためだ。

そうしたなかで時間・世代を超えて，家同士の間で資源の動員と配分を行い，また同じ町内の一員としてのコミュニティ意識を生み出す共同活動が祭礼である。次にそのしくみについてみていくことにしよう。

■ コモンズとしての都市祭礼──希少な名誉・威信の配分

この長浜曳山祭を行うためには，膨大な資源，たとえばお金や人手を各家から動員することが必要になる。そもそも出番としてこの祭礼を行うには，1つの山組につき800万〜1000万円の費用がかかるとされる。狂言を披露するには，役者となる子どもたちに対して稽古を付けて演出や演技指導をする振付，登場人物の心情や舞台の状況を物語る太夫，そして三味線の弾き手といった技能をもつプロやセミプロを長期間にわたって雇う必要がある。歌舞伎の衣装も調達しなくてはならないし，鬘についても子どもたち1人ひとりの頭の形に合わせて特注でプロが作ったものだ。さらに祭礼期間中の賄いや必要な道具類の調達も必要である。実際には行政からの補助金や，つきあいのある業者などにお願いする協賛金からも費用は賄われるため，費用の全額を山組が出すわけではないけれど，これを人口が多い山組でもせいぜい100軒くらいの家で分担しなくてはならない。また曳山は日頃の手入れのほか，いずれ必要になる大規模な修理に向けた積立が欠かせないので，それも合わせて各家が分担する。こうした費用は必ずしも各家から平等に徴収されるわけではなく，筆者自身が若衆として参加していた山組では，家によってひと月あたり1300〜5500円と幅があった。この家による金額の違いには重要な意味があるが，それについては後ほど説明しよう。

必要な人手も膨大である。出番を迎える祭礼の半年ほど前には祭礼の準備を始めなくてはならず，若衆たちはその頃になると毎週のように集まって会議を開き，出番を迎えるために必要な協賛金をつきあいのある業者や友人・知人に依頼したり，外題（歌舞伎の演目）をどうするか，どの家のどの子どもに役者をお願いするかについて相談を重ねる。また役者たちの稽古が始まると，3週間もの間，毎日若衆たちは稽古場に出向き，役者たちの送迎や世話をし，振付

の補助に勤しまなくてはならない。祭礼が始まれば，その進行状況を見ながら，それこそ役者たちにつきっきりで食事の世話，一日に何度も行われる上演に向けての衣装の着付けや化粧の手伝い，舞台裏での役者やシャギリを担う子どもたちの補助，賄いの調達と配分，翌日に向けた段取りなどを早朝から深夜まで，くたくたになりながら行うことになる。もちろん仕事など，ほとんどできるはずもない。さらに出番以外の年にも，毎週末に行われる子どもたちのシャギリの練習指導を若衆たちは行っている。

　こうして祭りのためにたいへんな資金と人手を注ぎ込んで，町内の各家の人びとは，一体何を生み出し，得ているのだろうか。その最も重要なものとして挙げられるのが，家としての名誉・威信である。長浜において，自分の息子が町内で数人しか選ばれない役者になるというのはきわめて名誉なこととされており，出番に至るまでの3年間，どの家から役者が選ばれるかは山組のすべての人びとにとっての大きな関心事である。役者の氏名は地元の新聞でも報道されるし，また4月に入ってからの稽古の際には午前中の授業が終わると若衆が迎えに来て堂々と学校を抜け出し，各教室の窓に面した校庭を横切って稽古に向かうため，役者が誰かについては校内で知れ渡っている。役者については主役か脇役かといったこともそれぞれの家にとっては重要で，当然ながら子どもが主役に選ばれた家の方が，より大きな名誉を勝ちえたと考えられている。山組内に適当な男児がいない場合は「借り役者」といって，町内以外から来てもらう場合もあるが，それは例外的である。

　また役者に匹敵する名誉として，若衆のなかでどの家から籤取人や舞台後見といった役職が選ばれるかもまた重要な意味をもつ。籤取人とは，神前において4つの山組がどの順番で狂言を奉納するかを決める籤を引く役目，また舞台後見とは狂言が行われる際に紋付姿で役者の演技の補助をする役目のことをいうが，これらはいずれその町内のリーダーたることを期待されている家の，独身の若衆が選ばれる。

　各家が世代を超えて多額の資金や労力を供出し続けているのは，いずれどこかのタイミングでいつか自分の家に対して，このように名誉という形でその見返りとなる用益が給付されることを期待しているからであり，これがまさに時間・世代を超えた贈与のサイクルということになる。こうした役者や籤取人，

舞台後見といった役目は，限られたいくつかの家しか得ることができない，希少性をもつ財なのである。このように見ていくと祭礼は，必要な資源の調達と，それらを投入することで創出された稀少な用益を配分する一連のサイクル，「複数の主体が共的に管理する資源や，その共的な管理・利用の制度」（菅2008: 128）としてのコモンズであるということができる。

　もし配分の公平性をめぐって各家からの不満が噴出すれば，町内の人びとからの信頼を失って祭りへの協力が得られなくなる。そうすると狂言の稽古に若衆があれこれ理由をつけて来てくれなくなって稽古が滞り，よい芸が披露できなかったり，出番の資金を調達するために必要な協賛金集めに協力してもらえなかったり，当日の進行がスムーズにいかずに町内の人びとがストレスをためるなど，祭礼の準備から当日に至るまで，さまざまな形で問題が噴出することになる。地域社会における衆目を集め，町内の威信を誇示するはずの祭りにおいて，うまくいっていないことがあからさまに晒され，それはその町内そのものと同時に，若衆筆頭とその家の力量・人望のなさを示すものとして恥をかくことになる。

　そうした事態を招かないよう，名誉・威信を配分する際に町内の人びとを納得させるための理由として重視されるのが，町内に不動産を所有して，長年にわたって祭礼に資金や労力を割いている家かどうかである。とくにいつからこの町内に住んでいるかが重要な意味をもつ。たとえば江戸時代から先祖代々，店と家を構えてきた家の方が町内に納める祭典費の金額が多く，かつ長い期間にわたって祭礼に多額のお金と大きな労力といった資源をつぎこんできた。それだけの資源を出しているからこそ，町内において「格」が高いと認められており，かつ名誉・威信の配分も正当化されやすい。そしてこうした名誉・威信を獲得した家は，祭りの期間を通してそれを誇示し続けるのである。

■ 家同士のコンフリクト

　さて，このように名誉・威信の配分をめぐるおおよその原則は共有されているものの，どの家にそれらを配分すべきかについて，人びとの判断が必ずしも一致するわけではない。たとえば昭和期以降に入ってから町内に入ってきていた家でも，急速に経済力をつけて町内で認められるようになった家もあれば，

近年祭りで大いに労力をつぎ込んでいるといった点での貢献度によって役者が選ばれることがある。逆に古くから町内に住んできた家でも，最近では大した貢献を見せていないとみなされて，選ばれないこともないわけではない。また役者については，よりよい芸を見せることを考えて，家の歴史の長さとは別に子どもの年齢や体格，声の質などを考慮しなくてはならないことも多い。そうしたなかで名誉・威信の配分への不満から，一部の家がコミュニティから離脱してしまうことすらある。

　［事例1］役者の名誉をめぐるコンフリクト
　　「あそこの［役者の世話を担当する］家で若衆さんが［役者たちを世話して風呂に］入れて。それをAさんが『うちの子だけ風呂入れてもらえんかった』と。意地悪されて。で，おばさん（Aさん）が［曳山の前で］大の字になって『私を轢いてから行ってくれ！』って，あのおっさん［意地悪して，風呂を使わせなかった家主］に。『私を轢いてから行ってくれ！』って言うたんやて。今になっても絶対に［祭りは］見んやて。山の芸［狂言］は絶対に音も聞かんって言うてはる。腹立つから。
　　それはものすごい流行らはって，［風呂に入れてもらえなかった役者の家の］商売が。日の出の勢いやって，［意地悪した家主が］むかついたんやろうな。だからことあるごとに意地悪しはった人がいはってね。おばさんもすごいやろ。『轢いてから行ってくれー！』って仁王立ちで。皆『やるなあ』っちゅうて，『これの方が芝居やろ』ちゅうて」

　ここでは，町内での居住歴は浅いものの，急速に経済力をつけて町内での存在感を増した家の子どもが役者として選ばれるという名誉に浴し，長年にわたって資金でも労力でも貢献してきた家がそうならなかったことに対する不満と，それにもとづくコンフリクトが示されている。当時，この山組では役者の汗や化粧を落としてきれいにして家に帰すため，役者の世話をする若衆が，役者の世話を担当する役者宿という家の風呂を借りて1人ずつ役者を風呂に入れていたという。そのように1人ひとりの役者を大事に扱って家まで送り届けるという形で，役者の家への敬意を払っていたわけだ。ところが，その際に家の

名誉に泥を塗るふるまいがなされて，役者親が激しく抗議したのである。

　このように，どの家から役者を選ぶべきかについてはしばしば意見が分かれ，毎回の祭礼のたびに必ずといっていいほど家同士の間での激しいコンフリクトが起こる。[事例1]の場合はその結果，意地悪された家は山組から離脱し，それ以後二度と祭りにはかかわらなくなってしまっている。

　そうした分裂まではいかずとも，たとえば近世以来，長浜に住んできて適齢期の男児がいるにもかかわらず選ばれなかった家が，「そこ［選ばれた家］はまだ100年ないやろ。うちは200年祭りしちょるぞ！」と筆頭の家に怒鳴り込んだとか，そうしたことがきっかけになって家同士のつきあいが20年途絶えたといったエピソードはしばしば語られる。

■ 世代間の名誉・威信の配分としての都市祭礼

　ここまで家同士の名誉・威信の配分をめぐる競い合いという観点から祭礼について分析してきたが，祭礼にはさらに別の形で名誉・威信という稀少な用益をめぐる競い合いが存在する。それは若衆と中老という世代間でのものだ。この両者は町内の威信を示すべく協力して祭りを執行するべき関係にあるが，実際には毎回の出番ごとに鋭く対立しあい，それぞれの利害，威信をめぐってコンフリクトが発生する。

　もともと若衆と中老との間の役割にもとづく立場の違いがあり，それによる対立が発生しやすい。若衆が子ども歌舞伎を担うのに対し，中老は曳山の管理・曳行や祭礼の進行を担い，また祭典費を各家から徴収・管理する。そこでどちらにより多くの予算を使うかをめぐって，両者の間ではしばしば対立が生じる。そしてそれとともにコンフリクトが起こるもう1つの原因は，祭りの伝統についての世代間での考え方の違いと，それを背景とした威信の張り合いである。若衆と中老のそれぞれがもつ祭りに対するさまざまなこだわり，たとえば狂言や裸参り，夕渡りの仕方についての美意識，祭りを行ううえでの時間的・金銭的負担への配慮，役者・籤取人の選択や彼らに対する敬意の表現の仕方といったことが問題になる。

　ある若衆はこうした状況について「やっぱり多分筆頭やる人にしろ，何かの責任を負う立場になる人間は，前よりよくやりたいとかそれは綺麗にやりたい

であったりとか，格好良くやりたいであったりとか，人に負担がかからないようにやりたいであるとか，思いはいろいろやと思いますけど，前よりバージョンアップしたいなっていう，洗練させたいなっていうのは，多分，誰しも思ってる」と述べる。自分が若衆の中心となって祭りを担う以上は，上の世代よりももっとよい祭りをして自分の威信や町内での人望を示したい。そして若衆の側が自分たちの考えを押し通そうとするのに対し，中老たちはそれに対して自分たちがこれまで最善と考えてやってきたやり方にこだわり，祭礼について蓄積してきた知識を見せつけ，また自分の主張を通すことで威信を誇示しようとする。これについても具体的な事例を見てみよう。

[事例2] 夕渡りにおける「招き」をめぐるコンフリクト

　いくつかの山組では，夕渡り行事の際には役者に随行する若衆が「招き」と呼ばれる役者の氏名と年齢を記した木札を掲げ，見物客に対して役者の名前を披露する。これは比較的新しく創られた慣習だが，名誉を誇示するという観点からも役者の家にとってそれは嬉しいことで，また子どもが役者をした記念として飾っておくこともできる。そのため「招き」を用いたことがない山組でも，役者親の「招き」の使用を希望する声が上がることがある。しかしこの「招き」は一般的には歌舞伎座の屋根に飾る看板で，それを持って歩くのは「伝統」のあり方として不適切と考える中老もおり，ここから当時の筆頭が語るような以下のようなコンフリクトが起きた。

　　「負担人さんは，『招き』ってのが気に入らんで，『招き』を夕渡り持つなって，作るなって。總當番の寄り［山組集会］で，夕渡りのときに『A町は持ちません』っちゅうとこやった。俺も持つな言われたけど，若衆に［中略］，［招き］持たしてた。俺行ったら皆「あれ？『招き』なんやねん？」と。それで『招き』は負担人あかん言うて，ほら『もうなんだ，分からんわ』言うて，怒られる。未だに。
　　ほんときに，ワーッとやりとりして，ものすごい観衆がいる所で［負担人と筆頭の］二人でやりとりしてて，そしたら一人の女のカメラを持ってる人が，『ちょっとあんたらどいて。役者の写真撮りたい』と，それで撮

ろうとしはんねん。その横にいたおっちゃんが『何言ってるんや，［役者
より］おもろい［面白い］のはここ二人やんけ』って言わはって，一瞬そ
の時に，負担人さんパッと元に戻らはって。それで『このやろう』言うて
はって。

　副負担人さんが来て『ここはわしの顔に免じて，ここだけは涙飲んで
渡ってくれ』言うて，それを『すんまへん。うち［自分の山組］が［夕渡り
に］出なんだら祭りは済まへん』ちゅうことで，『そんなこったら副負担
人さんの顔に免じて行くわ』言うて，『招き』持たずに［夕渡りを］歩いた。
［中略］それで次の日15日の朝，また負担人さんのところで準備や。［朝］
一番に［八幡宮に］行かんならんのやけど，［負担人の家で］誰も喋ってくれ
はらへん。ほれもほやけど，面白かったで」

　ここでは，ハレの場において役者の姓名を披露して，家の名誉を示すべく守
り立てたいという筆頭と，中老側の知識と経験を示し「伝統」を護ろうとする
主張がぶつかりあった結果，中老に押されて筆頭がその主張を下ろさざるをえ
なくなっている。しかしながらそれ以前の「伝統」のあり方を，若衆がバー
ジョンアップしようとして，このように中老と衝突する例は枚挙にいとまがな
い。

　さらに筆頭も負担人もこうした場で観客も見ているなかで大喧嘩をし，そこ
で自らの正当性を主張して押しきることで，その威信を示そうとする。とくに
それはこの夕渡りのような観客が集まる見せ場で，「わざと黙っといて，人が
多くなって，公衆の面前で恥をかか」せるというような仕方で行われる。多く
の人びとの前で知識や経験を誇示し，また自分たちの主張を通すことで，威信
を高めることができるからだ。こうしたことが祭りを通して積み重なった結果，
祭りが終わって以降もその当事者である筆頭と負担人の間では，ずっとつきあ
いが絶えてしまうという事例も見られる。

　こうした対立はさまざまなことをめぐって発生し，若衆の意見が通って伝統
のあり方が更新されることもあれば，中老が若衆を押さえ込む結果に終わるこ
ともある。最終的には若衆と中老の幹部はそれぞれのこだわりをもちつつも，
コンフリクトが起こりそうなさまざまな点に気を配って妥協点を見いだし，協

力して祭礼を執行しなくてはならない。そして「ここは［若衆として］意地張ったほうがええんかなとか，ここは［中老を］立てた方がええなとか」といったように，両者の張り合いのなかで互いにある程度納得のいくような形で，いかに稀少な威信を配分するかがここでは問題になってくるというわけだ。

4 コンフリクトがもたらすダイナミズムと伝統の更新

■ コンフリクトが生み出す楽しみ

　ここまで述べてきたように，町内というコミュニティは，祭礼を通じて生み出される稀少な名誉・威信の配分をめぐる家同士・世代間における不平等や対立，また取り返しのつかないような人間関係の亀裂を常にはらんだものだ。これらは一見すると，「コミュニティ」という言葉がもっている団結や一体感といったイメージとかけ離れていて，むしろ祭礼の解体にさえつながるように思えるかもしれない。資金や労力といった形で自分の家・世代が祭礼に大量の資源を投入したにもかかわらず，その見返りとしての名誉が返ってこないのでは，町内から離脱しても不思議でないように思われる。

　もちろん［事例1］のようにそうした例もないわけではないが，多くの場合はそうした不満にもかかわらず，ほとんどの人びとがそれ以降も祭礼にコミットし続ける。むしろこうしたコンフリクトやそれにともなって発生する伝統の更新こそが，むしろコミュニティを活き活きとした形で現代において継承させているとさえいえるのである。

　そもそも家の名誉・威信といった見返りは，各家にとってそれほど頻繁に発生するものではない。たまたま役者の適齢期の男児や籤取人ができるような独身の若衆がいなければ，そんな機会が回ってくることもないのである。各家の再生産のサイクルのなかでそうしたタイミングにあたるのは限られた期間にすぎないが，では町内でその年の祭りにおいて名誉・威信の配分がない家の人びとが，しぶしぶ参加しているかというとそういうわけではない。むしろ名誉・威信を賭けた祭りでなければありえないような楽しみを見いだしているのである。いくつか事例を見てみよう。

224

［事例 3］千秋楽（最後の子ども歌舞伎）の後の筆頭と負担人とのコンフリクト

　「最後な，千秋楽［16 日夜に行われる最後の華やかな狂言］が終わって，で，セレモニーするやん。ほんときに天気が悪うなり始めたんや。で，負担人さんは『もう，すぐに山片付けるぞ』と。『もうちょっと［若衆や役者親たちが，無事に祭りが終わったという余韻を楽しむために］ゆっくりさせてえな，まだ降ってないやんけ。ほんなもんやってられるか！』言うて，［筆頭が］いはれんようなった。だからここに来るまでにいろんなこと［中老との間のもめごとが］ぐーっとあったで，最後の最後にここは意地張るところと思たんやろな。で多分，こっち［負担人］も思わはったんやろな。で，平行線上でバーンとなってもうたんよ。ほれはほういうポーズやけど，バーンとなってもうて，［筆頭が］扇子を投げてその場にいることは，多分できんかったと思う。［中略］最後［筆頭が］行方不明になったけど，皆で探しに行ったし，どっかの川にはまってはれんかとか，八幡宮の川で泳いではれんかとか（笑），ほれが笑い話になって，やりきった感があった」

　曳山という山車は屋根が漆をしみ込ませた和紙で作られており，雨に降られると後で修理にかなりの費用がかかる。曳山の維持に責任をもつ中老としては，後で管理責任を問われるリスクや修理費用を気にして，天気が悪くなればすぐに曳山を蔵に片づけようとする。しかしいよいよ祭りも終わり，役者たちやその両親，そして一丸となって頑張った若衆たちにとっては，安堵や感慨，そんな祭りの余韻を楽しむべく，この時間をいとおしみたい。それ以前にもすでに若衆と中老の間で威信をめぐる対立が何度も繰り返されていたこともあって，筆頭がついにキレてしまい，それ以後，この筆頭と負担人とは一度も口をきかない間柄となっている。

　しかしここで興味深いのは「どっかの川にはまってはれんかとか，八幡宮の川で泳いではれんかとか（笑），ほれが笑い話になって，やりきった感があった」というように，むしろそのことが周囲で見ている町内の人びとにとって，面白おかしく語り継がれているという点である。むしろコンフリクトは，祭礼を盛り上げる働きをもつものなのだ。

　これは実は事例 1，事例 2 でも同様である。事例 1 において，仁王立ちに

なって抗議する役者の母親と意地悪をした家とのコンフリクトを眺める周囲の
まなざしは，「やるなあ」「こっちの方が芝居やろ」というように，それを楽し
んでいた。事例2であれば，夕渡りという衆目が集まる場での世代間の威信の
張り合いについて，回りで見ている人びとはそれを「おもろいのはここ二人や
んけ」というように面白がっているうえ，さらに筆頭としてコンフリクトの当
事者だった当時の筆頭でさえ，その出来事を思い返しては「ほれもほやけど，
面白かったで」と懐かしく思い返して，楽しんでさえいる。いわばこうした形
で祭りの興趣という用益が生まれ，配分されるからこそ，その年の祭りで名
誉・威信が配分されない立場の人びとも，祭りへの強い関心をもつことになる。
すなわち山組の内部を揺るがすようなコンフリクトこそが，むしろ山組という
コミュニティへの求心力をもたらしているのだ。そして「結局，山組同士が会
うて，山の話しかせえへんのは，結局コンフリクトを楽しんでる話しかしてな
いんやと。ほれは祭りの時だけやなくて，常日頃から山組同士が普段顔を合わ
すと，その話しかしない。9割その話やな。日常や。しかも同じ話を何回も言
う。言う間にそのネタが熟成されて，よけい面白い話に変わっていくんや。鉄
板ネタに」というように，祭りの時以外も含め，山組の人びとはコンフリクト
を楽しみ続ける。

　コンフリクトが起きれば責任者として大変な目に遭うはずの筆頭でさえ，コ
ンフリクトが起きずに「［役者選びで］全部がうまいこといきすぎて完全にマ
ニュアル化されたら，祭りというのはイベントになって，祭りの高揚感はぐっ
と減る。これがなかったら一本調子で，面白くも何ともない」というように，
それが祭礼を担ううえでのやりがいともなっているのである。中老にとっても
「粛々とやって，［中老が］怒り甲斐もないような祭りにしてまうとまたあかん」
というように，若衆の主張に対して怒り，威信を示す機会が必要であって，そ
こでの両者のせめぎあいを経た威信の配分が，祭りへの熱狂を引き起こす。
G・ジンメルは，ある集団がたんに求心的・調和的であり，たんなる結合にす
ぎないような状態は非現実的かつ生き生きとした性格をもたず，いかなる変化
も発展も欠いた状態にすぎないと述べる。むしろ闘争という生々しい相互作用
も紐帯を結びつけるもの，集団を成長させていくものの一部なのである
（Simmel 1923 = 2016: 262–67）。

■ コンフリクトを通じた祭りの伝承と更新

　こうしたコンフリクトは，さらにいくつかの点で祭礼の継承において重要な意味をもつ。まず家同士や世代間のコンフリクトはその面白さによって，秩序や筋書きをもった形でストーリーとして語られ続け，その過程でわかりやすくまた面白いものとして洗練され，山組内での飲み会でしばしば言及される「鉄板ネタ」としてまとめあげられる。そのようにして山組における人びとのアイデンティティの源泉となる「集合的記憶」が生み出される（Halwachs 1950 = 1989）。過去に存在するさまざまな要素は単に散在するだけでは，過去から現在への経緯も，また過去についての他者とのコミュニケーションも困難だが，こうしたストーリーをともなった出来事をめぐる記憶の生成，共有こそが，山組の人びと同士を結びつける。

　加えてそれは自分の町内における伝統について，単なる表面的な知識とは異なる生き生きとした形で伝承するものとなっている。たとえば先の事例2について，この山組では以下のように語られる。「［負担人と筆頭が］怒鳴り合いをした時から，今日のあのお練り提灯［招きの代わりに用いられるようになった，役者の名前を書いた提灯］にいたるまでのあのプロセスはやっぱり，大事やったなと思いますね。だからこれからうちの若衆になんでうちだけお練り提灯を持ってるんやちゅうのを，若衆［が］やっぱ伝えていくべきやと思うんですよ。あういうことを伝えとくと，夕渡りの本来のやっぱ意味が，きちっと出てくる」。すなわちコンフリクトをめぐる物語を通して，なぜそのようなやり方を採用することになったのかという理由や経緯まで含めて自分たちの山組の伝統とはどのようなものかを下の世代も学び，継承することができるのである。

　さらに若衆と中老との間のコンフリクトにおける若衆の主張はしばしば，現在の状況においてそれまでの伝統のあり方を問い直すものとなる。実際，先の招きの事例では中老が若衆を押しきっているが，他の町内ではすでに定着しているといったように，若衆たちが自分たちの祭りのやり方を押し通した結果として，祭礼の伝統が変容することも数多い。そもそも少子化による役者不足や若年層の流出による若衆の減少，祭礼のことを幼少時から知っているわけではない，テナントとして入っている人の若衆としての増加。家持ち層の郊外への移住，若衆の美意識や感覚の変化，観光客の増加をふまえた狂言の内容や見せ

方の工夫など，祭礼をめぐる状況が変化するなかで，同じ「伝統」をそのまま継承することは難しい。そうしたなかで若衆たちがその変化に対応しようとするのは当然であって，過去の世代がいかなる状況でなぜその「伝統」を選び取ったのかを理解したうえで，現在の状況において，なぜそれを変えなくてはならないのかについて主張し，祭りのやり方を更新していく。

　たとえば少子高齢化は，山組というコミュニティの継承において，大きな問題である。先にも述べたように，各家が世代を超えて多額の資金や労力を供出し続けているのは，いずれどこかのタイミングでいつか自分の家に対する見返りとして，役者や籤取人といった名誉が給付されるという，時間・世代を超えた贈与のサイクルの存在ゆえである。したがって，何世代にもわたって資金や労力を出し続けてきたにもかかわらず，そうでない新参の家のメンバーが参加して，それほど貢献もしていないにもかかわらず，そうした名誉を得ていたとすれば，それは面白くないことは間違いないし，コンフリクトも発生する。

　とはいえ人口が減少して，祭礼を行うための人的資源が少なくなれば，そもそも祭礼の継承自体が困難となる。重要なのは祭礼は単にその一回だけに限定されたものではなく，過去においても繰り返されてきたこと，さらには今後も引き続き継承されていくという長期的な時間軸を前提としたものという点にある。祭礼にかかわる家は絶えたり離脱しない限り，世代をまたぐことになったとしても，過去に供出した資金や労力といった資源の見返りをいつか獲得できる可能性は保持されるし，それを得られることではじめて上の世代の資源の供出は報われることになる。逆にいえば祭礼が中止され，今後の継承ができなくなってしまったとしたら，その時点で，自分の家の代々の先祖が投入してきた資源はすべて無に帰すことになる。名誉をいつか獲得するためには，何としても祭礼は続けなくてはならない。

　したがって継承を前提としつつ，山組のメンバーシップや名誉の配分先は常に流動的にならざるをえない。ある町内で筆頭を務めた若衆は，役者選びで山組の外に住んでいる外孫，すなわち山組の家出身の女性だが，現在では山組ではない家の一員である女性の子どもを役者として選ぶべきかどうか，すなわちそのことによってある家に対して名誉を配分するのが適切かどうかをめぐって以下のように述べる。「そこ［外孫］の筋は，町内という枠組みから外れるこ

ともあれば入ることもある。そこが腹を持たなあかん［コンフリクトの危険性を分かった上で覚悟を決めなくてはならない］せめぎあい。同時に考えんとわからんのは，芝居を考えたときに，あれ［外孫］がいいへんかったら［いなかったら］芝居にならん。じゃあ［その外孫を役者に選ばずに，他から］借り役者するんか。それ［外孫］を無視して借り役者するんか言うたら，それやったら［外孫も］町内として考えなあかんやろ」という。すなわちこうした場合，どこまでを「町内」としてみなすかはその時々の筆頭の決断次第である。また昔から住む家から次第に独身の若衆がいなくなっていることもあり，この町内では近年，テナント出身の若衆がはじめて籤取人を務めた。その若衆が祭典費を家としてしっかり払い，また祭りにも他の自治活動にも必ず出席して尽力していることを皆が見ているがゆえに，それも許容されたという。

　このような，誰をどこまでコミュニティの一員としてとらえるか，またそこで従来からの家の人びとを差し置いて，新たに加えるメンバーに名誉・威信という稀少な財を配分することが適切かという問題は，もちろんコンフリクトを引き起こす。世代を超えて長年にわたって資源を投入してきた家の人びとにとってみれば，そこで上の世代が心血を注いできたことも知らない人びとがこうした形で参加するのは「本来」のあり方ではない，と考えても不思議ではない。しかし祭礼の継承ができなければ，将来にそれらの財が配分されることもなくなってしまう。将来にその希望をつなぐためには，何としても祭礼を継承しなくてはならないし，そのためには新たなメンバーが必要なら受け入れる。このようにその時代の状況に応じて何とかして毎回の祭礼を行っていくことを通じて，「町内」というコミュニティは変容をともないつつ遂行的に再生産されていくのである。

5　おわりに──コミュニティにとっての過去と未来

　こうした都市祭礼を通じて継承されてきたような，歴史的なコミュニティの継承と更新のあり方は，都市の現在に空間的に注目しているだけではなかなか見えにくい。かつての城下町のような地方都市の町内の多くは，現在ではしば

しばシャッター通り化していたり，駐車場ばかりといったことも多く，上で論じたようなコンフリクトやダイナミズムがあろうとはまず思われないだろう。実際，地域開発と自治体による企業誘致による伝統消費型都市の社会構造の変容と産業型都市への転換，モータリゼーションや郊外化による空洞化，さらにグローバリゼーションによって，地方における工業の空洞化が進んでいった1980年代以降，こうした都市についての注目も失われ，伝統消費型都市という概念も現在ではほとんど用いられなくなっている。しかしこのような，聚落的家連合としての町内はしぶとく継承されている。実際，祭礼の時期に足を運んでみれば，歴史に根ざしたそうしたコミュニティのあり方がまだ生き続いていることに気づくはずである。

　そしてこの点は，外部から新たなまちづくりの担い手を得て多くの観光客を集め，経済的な活性化をはたしているという点で，シャッター通りとは対照的な長浜の状況についても同じである。現在の長浜は，もともと郊外に住んでいた非商業部門の事業家層を中心となって結成した作り出されたガラス文化を中心とした街，またそうした事業家たちが山組の人たちから店を借りてテナントとし，全国各地からもともと長浜とは無縁だった事業家たちにそれらを貸すことで活性化した街として知られている（矢部 2000）。観光に訪れた人たちが接するのもそうした新規参入者たちであるし，移住者を受け入れたり，町内の人びとが中心となって目をつけた起業家を誘致して，新たな再開発事業も次々に行われた。そうした点からはむしろ，古い伝統とは対照的な革新的な取組みこそ，この地方都市の中核に見えても不思議ではない。

　しかし実はそうした新たな取組みを受け入れ，またうまく利用しているのは，背後にある歴史的な町内のコミュニティである。町内の側から見てみれば，その所有する土地や店を自らが経営せずにテナントとして外からの自営業者に貸し，郊外に自宅を構えることで収入を得，またテナントの人たちにも若衆に入るように働きかけて，必要な資金や人的資源を確保することで祭礼を継承するしくみを成り立たせている。その意味で観光地としての活性化は，あくまで祭礼，そしてそれによって維持される町内というコミュニティを継承していくために利用する手段にすぎない。黒壁をはじめとしたさまざまなまちづくりにかかわるある家の方の言葉を借りれば，「黒壁はなくなってもいいけど，祭りは

なくなったら困る」,「長浜としてのアイデンティティは黒壁にあるんじゃなしに，祭りにある」のだ。祭礼が継承できなければ，自分の家や町内が何百年にもわたって注ぎ込んできた資源は見返りがないままに終わってしまうし，自分の世代でそんな事態を引き起こすわけにはいかない。そうした形で経済的な活性化を可能にする原動力は，本章で論じたような上の世代が長年にわたって祭礼に注ぎ込んできた資源を空無化させまいとする思い，そしてそのためには未来にそれを引き継がなくてはならないと各家の人びとを駆り立てる，歴史的なコミュニティの継承のしくみなのである。

▶ 読書案内

①山下祐介（2021）『地域学入門』筑摩書房。
　　日本の地域社会における「コミュニティ」について，長期的・歴史的に継承と更新のあり方を論じている点が特徴的な入門書。人びとが地域においていかに水や食料やエネルギーといった生命を育む条件を生み出したり調達し，イエやムラ・マチといった自然環境を利用するための社会的な生活共同を生み出し，文化を共有・継承してきたか，またそれが現在いかに変容しているのかについての原理的なポイントをつかむことができる。

②中野卓（1978）『商家同族団の研究──暖簾をめぐる家と家連合の研究（第2版）』（上）未來社。
　中野卓（1981）『商家同族団の研究──暖簾をめぐる家と家連合の研究（第2版）』（下）未來社。
　　近世から近代にかけての長期的な時間軸で都市を構成する商家の家連合としての同族団のネットワークに着目し，資本主義社会の形成と展開の時期における都市の社会構造とその変容を明らかにした巨大な著作。経営体としての同族団が過去のものとされるなか，本書は家族や産業の歴史社会学としてしか読まれない不幸な歴史を辿ったが，家連合としての都市という視点は，現代の地方都市の分析においてもいまだに重要性をもつ。

③武田俊輔（2019）『コモンズとしての都市祭礼──長浜曳山祭の都市社会学』新曜社。
　　ムラの場合と異なり，マチ（町内）に関する研究は決して層が厚くない。本書は都市祭礼における資源調達と用益の配分をめぐる町内の社会関係のダイナミズムを描きだす。とともに，戦後の地方都市をめぐる社会変動のなかでもこうした祭礼のあり方を何とか継承するべく，観光資源や文化財といった新たな価値づけ

を利用しつつ，町内が行政や経済団体，学校等との間に新たにネットワークを張りめぐらし，それによって地方都市がいかに再生産されていったかを明らかにしている。

──────── 武田俊輔 ◆

コミュニティの動態を読み解くために

　本書ではさまざまなコミュニティの構造を浮き彫りにしてきた。各章ごとに
そこで前提とされるコミュニティの概念も，またそこで描かれるありようも異
なっている。研究者を含め，人びとが「コミュニティ」という概念を用いる際
に，それがメンバー間のいかなる種類の結びつきや共通性を想定しているのか。
またいかにそうした結びつきを計画し，つくりあげようとしてきたのか。さら
にコミュニティはどのように生成し，また再生産されていくのか。「コミュニ
ティ」という語がほとんどの場合に肯定的に，またしばしば何らかの期待や願
望をこめて用いられることもあって，こうしたことについて自覚的な視点を
もっていなければ，この言葉のあいまいさにふりまわされてしまう。そのこと
は「はじめに」でも触れた。その点を踏まえ，ここで改めて第1〜3部までの
ねらいと，各章が論じたコミュニティの内実を振り返っておこう。

■ コミュニティを構成する原理

　まず第1部「つなぐ──コミュニティの枠組みと働き」は，同じコミュニ
ティという概念を用いつつも，まったく異なった構成原理をもつ3つのタイプ
のコミュニティについて説明している。

　第1章で論じたのは先祖代々の家（イエ）とそれらを包摂してきたムラとい
う，共同的・土着的なコミュニティである。この章では先祖を呼び出し慰める
という儀礼を手がかりとして，いつか必ずすべての家に死者が出ることを前提
に，死者が出た家に対して他の家々が弔い，慰霊を行うという贈与行為を通じ
て世代を超えてコミュニティが永続するしくみが解き明かされる。そのうえで
家とその世代を超えた継承が一般的でなくなった現代においても，同じ地域に

住む誰しもが経験するできごとを通じた贈与交換に，コミュニティが永続する核を見いだしている。

　これに対して第2章は協働的・媒介的なコミュニティとして，ムラのような生活全体を包摂する伝統的な共同性が存在しない状況で，部分的な共通認識に基づいてつくりあげられたコミュニティを論じている。すなわち何らかの課題・テーマを共通認識とし，それぞれ独自のテーマで活動する市民活動・NPOといったアソシエーション同士がネットワークを形成し，生活全般に問題意識を拡大していく形でつくりあげられていったネットワーク・コミュニティである。いくつものコミュニティをつなぐ存在としての個人や組織を介してコミュニティ同士のネットワークを広げることによって既存の枠組みを超えた，より大きなコミュニティを創造することも可能となっていく。

　第3章で取り上げたのは流動的・仮設的なコミュニティである。第2章におけるネットワーク・コミュニティ以上に地域的な基盤をもたず，さまざまなルーツや差異をもつ人びとが一緒に生活するための知恵を編み出し実行していくという実践を通じて，それぞれの場において新たなオルタナティブ・コミュニティが立ち上げられていく。空き店舗を拠点に労働やそのノウハウをシェアし，外部からの「手伝い」や「見習い」を受け入れて活動を拡大したり他のコミュニティと協働する。また住む場所をシェアする過程で「居場所」としてのインフォーマルなセーフティーネットとなる自律的なコミュニティをつくりあげていく。ここでは共通認識はバラバラの個人同士の相互作用を通じてその都度構築されていき，そのメンバーシップもまた流動的である。

　このように一言でコミュニティといってもその歴史的な深度，地域性との結びつきの有無，生活全体を包括する共同性かどうか，それにメンバーシップや規範の流動性・柔軟性といった点でも大きく異なっていることがわかる。ただしこれらのコミュニティのあり方がそれぞれ社会のなかに独立した形で存在するとは限らず，むしろしばしばいくつもの類型が重なり合ったり連携したりすることによって，それぞれのコミュニティが成立できていることは注意すべきだろう。

　第2章の例でいえば，町内会・自治会のような地縁組織と課題ごとにつくられた地域内のアソシエーションが連携したまちづくり協議会のような事例もあ

るし，災害の際に地縁組織と地域を超えた市民活動，エスニック・コミュニティが連帯することで生まれるコミュニティもある。流動的・仮設的なコミュニティについても，地域住民も含めたそれが立脚するより広い地域との関係性を考えなければ持続可能にならないことが第3章では指摘されている。

　さらに第1章で取り上げられているムラのような共同的・土着的なコミュニティも，現代においてはそれだけで独立に成立しているわけではない。たとえば近年はそうしたコミュニティにおける伝統的な民俗行事が，しばしば都市住民との交流，アーティストたちのネットワークや都市からのボランティアといった流動的な人びとの関係性からサポートを得て成立し，芸能を媒介にそういった人びとをも含んだ新たなコミュニティと呼べるものが成立していることが少なくない（武藤 2017，2019，武田力 2019）。そうした結びつきや混淆が発生している現状を分析的にとらえるためにこそ，まずは異なったタイプのコミュニティのあり方を提示する必要があったわけである。

■ 地域的コミュニティをめぐる政策と思想の系譜

　こうした異なるコミュニティの類型を示したうえで，続いて第2部「たどる──コミュニティという概念の由来」は，明治期から戦後における地域的な共同性をめぐる政策や思想に迫った。すなわち政府がコミュニティを通じて人びとに何を期待したのか，またそれと対峙しつつ知識人たちがそれに何を託したのかを明らかにするものとなっている。そこで生まれた期待や可能性は，現在に至るまで私たちのコミュニティをめぐる意識，またこの概念への理解や希望に大きな影響を与えている。

　まず第4章では近代国家による国民（nation）という「想像の共同体（imagined community）」の創出と，それにともなう地域社会の再編について論じた。産業化に向けた言語や文化の統一とともに，天皇をシンボルとしメディアやさまざまな儀礼・イベントを通じて，見ず知らずの人びと同士がシンクロし一体感をもつ「想像の共同体」を政府が創出し，浸透する。さらに地域社会においては，それまでのモザイク状の地域秩序が解体され，国家－府県－市町村という同心円的な秩序とそれを前提とする想像力が自明視されていくことになった。ここには政府の側からの町村民として国家に貢献し，かつ地域間・階級間の対立を

おさえて国家の諸政策に一致共同できる町村民という「コミュニティ」への期待が明確に見られる。そうした自治体における人びとの「自治」が現実には不在であることを批判しつつ，そのオルタナティブな可能性を論じたのが柳田國男であった。

　第5章では，第4章と共通する状況を背景としつつ，近代日本におけるいくつかのコミュニティの理念が紹介されている。第1に日露戦争後における，都市／農村，地主／小作人，資本家／労働者といった社会における格差と亀裂を温情主義的に修復する理念としての「田園都市」という，内務省が構想した共同性である。第2に都市計画の視点からの石川栄耀によるコミュニティの構想であり，地域住民の活動拠点づくりや区画整理を通して，都市のなかに個性のある地域社会のまとまりをつくりだそうとするものであった。そして第3に志賀志那人によるセツルメント運動であり，ソーシャルワーク（社会事業）の力によって市民が自分たち自身の手でコミュニティを創出する可能性が追究された。石川や志賀のような具体的な現場をもつ中間指導者たちは，独自にコミュニティの構想を練りあげていた。

　そのうえで第6章では，行政・社会福祉・都市計画・建築といった，第4章や第5章でも論じられたアクターから，戦後日本においてコミュニティがいかに求められ受容されていったのかについて考察している。行政の側からの，自由な個人・家庭を単位とした生活の場を基盤とし，住民としての権利の主張とそれに相応する義務感をもつ自治の単位としてのコミュニティという理念。社会福祉の専門家による，下からの組織化を通じた地域住民の自発的な参加と共同による「コミュニティ・ケア」という理念。さらに都市計画における，住民生活の実態や社会的要求にもとづく「居住地区計画」としての「コミュニティ・プランニング」。これらの「コミュニティ」は，いずれも戦後日本におけるさまざまな社会的課題を住民の自主性によって埋め合わせてくれるような，肯定的な期待を込められた概念である。

　こうして，期待を込めたコミュニティの語り方が近代初期から現在まで変奏され続けてきたことが，第2部を通して了解できるだろう。

■ コミュニティを生成・継承するコモンズのしくみ

　最後の第3部「つくる——コミュニティの生成と再生産」は，現代において実際にコミュニティが生成し，また再生産されていくメカニズムを，具体的な事例を通じて明らかにしている。そこで鍵となっているのはコモンズ，すなわち「複数の主体が共的に管理する資源や，その共的な管理・利用の制度」（菅2008: 128）である。コミュニティにおいて共有される資源やその管理・利用のしくみが，人びとにそれに対する働きかけを発生させ，コミュニティの（再）生産の歯車が回転していく。

　まず第7章においては，地域社会において失われつつある在来の生態系が失われつつある共有の財産＝コモンズとして認識され，人びとがそれを保全する実践を通じて「地域住民」という主体，また流動的・仮設的にそこにかかわるボランティアも含めた形でのコミュニティが立ち現れている。その際には共同的・土着的コミュニティを基盤としつつ，それが各団体・組織とのネットワークのなかで協働的・媒介的なコミュニティとして再編されたり，ボランティアのような流動的・仮設的コミュニティも関与していくというように，上で述べた複数のコミュニティのありようが絡まりあうダイナミズムが見いだされる。

　第8章で取り上げられるのは集合住宅である。団地において不足するサービス，また家賃の高騰や居場所の必要といった共通の課題が，人びとの間に住宅への働きかけを発生させていく。そして当初は住まいをめぐる別々の課題に対応するはずだった組織や活動同士が結びつき，他の活動の基盤ともなっていく。ここには協働的・媒介的なネットワーク・コミュニティの生成をみてとることができるだろう。さらに協同組合の事例では，コモンズとしての住まいを介して生成するコミュニティが，将来そこに参加する未知のメンバーをも含み込んだものとして想定されていた。ここにはコミュニティを時間的に継承していくしかけが見いだされる。

　こうした時間的な継承のメカニズムをさらに深く組み込んでいるのが，第9章で取り上げられる町内というコミュニティである。町内で行われる祭礼は，各家が何世代にもわたって膨大な資源を投入することで，名誉・威信といった希少性を持つ用益を発生させ，それを家同士や世代間で配分する形で成立している。1回の祭礼だけをとりだせば，ほとんどの家は供出した資源に見合った

名誉・威信は配分されないし，配分をめぐっての不満も絶えない。しかしそれでも人びとが祭礼から離脱しないのは，世代を超えて供出してきた資源の見返りがどこかのタイミングで必ず自分の家にも給付されて報われるという贈与のサイクルが信じられているためだ。ここではそれぞれの家における既に亡くなった上の世代，さらにこれから生まれる世代をも，コミュニティをめぐる想像力のなかに含み込まれている。もし資源の供出を怠ったり，それが困難となって祭礼ができなくなってしまえば，上の世代が心血を注いで供出した資源は無駄になる。したがって人びとは何としても祭礼というコモンズのしくみにコミットせざるをえない。そして少子化や観光化といった環境の変化に対応し継承を可能にすべく，コミュニティの境界線や伝統のあり方は更新されていく。それによって町内というコミュニティは変容しつつ再生産されていくことになる。

■ コミュニティ調査の実践のために

　本書ではこのように，コミュニティのさまざまなあり方や想像力，そしてコミュニティを駆動させていくしくみやそこで発生する人びとの実践について明らかにしてきた。ここからは読者の皆さんがコミュニティを観察・分析していく，さらにはコミュニティを構想し，つくっていけるのかという課題に向かう番である。その際に本書の各章，そして各章の読書案内が紹介しているコミュニティを対象としてきたさまざまな研究はおおいにヒントになるであろう。それらはいずれもきわめて長い時間をかけた成員への聞き取りや，そこで行われている出来事をつぶさに観察することによって，その構造と生態とを明らかにすることに成功している。

　序章において述べられているように，コミュニティは時として政府による都合のよい統治の道具として位置づけられる。序章ではネオリベラリズム（新自由主義）と結びついた「コミュニティを通じた統治」（Rose 1996）として，「個」の責任や自立とコミュニティの役割がセットとなって強調されることを論じた。新自由主義に限らず，近代初期から戦後にかけての時期を論じた第2部の議論においても，そうした上からのコミュニティの再編・動員や期待はいくつも見いだすことができる。

その意味で，コミュニティが語られる文脈，コミュニティを語ることそのものがそうした政治性を帯びることへの批判的な視点は必要だ。ただし実際のコミュニティはそうした動員や期待に単純に応じるという形で機能するわけではない。第4章で述べられたような明治政府による市制町村制や神社合祀も，単純に政府の意のままになる形でコミュニティが再編できたわけではなく，後者などはその後，集落レベルからの反発もあって不徹底で終わった地域が少なくない（森岡 1987）。戦後のコミュニティをめぐる行政の施策についても同様である。第6章で論じられた国民生活審議会『コミュニティ』報告書以降，コミュニティをめぐっては行政の側からの積極的な施策が行われてきた。1970年代には自治省（現・総務省）や厚生省（現・厚生労働省）によってコミュニティが自治や社会福祉の担い手として注目され，都道府県や市町村の基本構想・基本計画にも盛んに取り入れられていった。しかしながら，実際にそうした政府の期待通りの「コミュニティ」なるものが成立したとは言えないだろう。コミュニティが生成し作動するメカニズム自体は，そうした上からの施策も考慮に入れつつ，改めて現場において観察，分析される必要がある。

　このときに気を付けなければならないのは，戦後日本の都市社会学におけるコミュニティ研究のバイアスである。それらは行政が設定した区域に定住する人びとの「集団」を前提とすることが多かった。しかしながら本書の各章が示したようなコミュニティは，その枠組みには収まらない。住むこと以外にもコミュニティを創出するさまざまな経験が扱われているし，コミュニティの境界についても定住者に限らない。地理的にはきわめて遠方の組織や移動を前提としたボランティアとのネットワークがつくりあげられたり（第2章），きわめて流動的なコミュニティであったり（第3章），複数の異なるタイプのコミュニティの結びつきや再編が発生したり（第7章），共同的・土着的なコミュニティであっても祭礼の実践を通じてその境界が変容したりといったことはしばしばある（第9章）。またコミュニティのあり方を考えるうえでは，死者や将来世代を含めた人びとの想像力が重要な意味をもつ場合もある（第1章，第8章，第9章）。

　コミュニティ研究のもう1つのバイアスは，「意識」への関心の集中である。そこで本書は，第3部の各章において強調されているような，コミュニティを

維持・継承・変容させていくうえで足がかりになるようなコモンズと，それに関する人びとの諸実践に注目した。たとえば第8章において共同の「住まい」が論じられた際，そこで対象となったのは単なる建造物ではないし，またそこに住む人びとが加入する町内会・自治会といった組織・集団にとどまるものでもない。ターナーによる「ハウジング」やハーヴェイによる「コモニング」といった概念が示すように，住まいは，人びとの不断の働きかけを通じてコモンズとして維持・継承されていく動態的なものであり，コミュニティの絶えざる再生産の媒体となっている。「住まう」や「暮らす」といった動詞の内実を〈眠る〉〈作る〉〈蓄える〉といったように腑分けすることで，これらの経験における身体や感覚，具体的なコミュニケーションのありようからコミュニティをとらえることが可能になる（佐藤　2011: 119）。

　そうした実践は「住む」にとどまらず，第3章が論じた仕事のシェア，第1章の「弔う」，また第7章のように環境保全に向けた人びとの実践や，第9章における祭りにおける資源の供出と名誉の配分についても同様である。コモンズとは，コミュニティをめぐる実践に人びとを駆り立てるしくみに他ならない。このとき，コモンズのあり方は静態的なものではないし，またコモンズに関与する担い手もしばしば変容することに注意したい。このようなコミュニティのダイナミズムをとらえるためには，コモンズをめぐる活動や出来事，人びとのネットワークが結びつく拠点やコミュニティにとって歴史的な意味をもつ場といったものを先に設定し，そうした場で浮かび上がる人びとの相互行為や発生するできごとをプロセスとして記述する必要があるだろう。コミュニティのメンバーシップやコミュニティとしての意識は，むしろそうしたできごとや場の効果として結果的に見いだされるものである。

　コミュニティの構造や生態を観察することを大切にしながら，同時に，コミュニティを存続させるための活動や，コミュニティをめぐる語りに人びとを向かわせるものは何かについて考え続けること。それが，筆者たちの提示しようとした「コミュニティの社会学」である。本書を読み終えた皆さんは，これを実践するための視座と方法を手にしているはずである。

───────　武田俊輔・祐成保志◆

あとがき

　コミュニティをめぐる社会学的な研究というと，地域社会学・都市社会学の分野を中心に執筆されることが一般的であろう。しかしながら本書は，それらの分野で用いられてきたコミュニティなる概念それ自体を問い直そうとした。さまざまなテーマの優れた研究者に執筆を依頼し，この概念がもつ意味の広がりをとらえ，それらが使用されてきた社会的な前提や文脈を浮き彫りにし，かつ異なったタイプのコミュニティの生成・継承のメカニズムに肉薄しているところに，本書の特徴がある。

　とはいえ編者の力不足ゆえに，本書の刊行までにはずいぶんと長い時間を要した。思い返せば，本書について編者がはじめて話しあったのは2014年のことである。現在の構成にたどりつくまでに何度かの方向転換があり，その間に編者自身の在外研究や異動などをはさんで，遅延を重ねてしまった。このため，早い段階で原稿を寄せていただいた執筆者の方々に，たいへんご迷惑をおかけしたことをおわび申し上げたい。とりわけ，2020年に第1章にあたる原稿をお寄せいただいていたにもかかわらず，植田今日子先生のご生前に本書を刊行することができなかったことは痛恨の思いである。遅ればせながら，充実した内容のご論考を多くの方々に読んでいただけることを願っている。

　なお，植田先生ご執筆の第1章の校正と章とびら，および読書案内は，編者（武田）が担当した。原稿の内容の確認，校正の一部，執筆者紹介の内容についてはご遺族，そして金子祥之先生（東北学院大学）と川田美紀先生（大阪産業大学）よりご協力を賜った。さらに校正の際の疑問点については島村恭則先生（関西学院大学）よりご教示いただいた。皆さまにお礼申し上げる。読書案内では植田先生の代表作である『存続の岐路に立つむら──ダム・災害・限界集落の先に』を紹介させていただいた。第1章の内容をふまえてさらに学びを深めるうえで必読であり，今後も多くの方に読み継がれていくであろう作品である。本書の刊行を植田先生に謹んでご報告申し上げ，献じたい。

そして編集をご担当いただいた松井智恵子さんには，遅々として進まない編者らの作業にご心配をおかけしてばかりであった。にもかかわらず，対面やオンラインでのミーティングの際には，常に辛抱強く編者や著者にお声がけをいただき，励まし続けてくださった。心から感謝申し上げたい。

　　　2023 年 10 月 10 日

祐成保志・武田俊輔

参 考 文 献

◆ 序 章

Abercrombie, N., S. Hill and B. S. Turner, 2000, *The Penguin Dictionary of Sociology*, 4th ed., Penguin Books.（丸山哲央監訳，2005，『新版 新しい世紀の社会学中辞典』ミネルヴァ書房）

Crow, G., 2018, *What are Community Studies?*, Bloomsbury.

Delanty, G., 2003, *Community*, Routledge.（山之内靖・伊藤茂訳，2006，『コミュニティ——グローバル化と社会理論の変容』NTT 出版）

Gans, H., 1962, *Urban Villagers: Group and Class in the Life of Italian-Americans*, Free Press of Glencoe.（松本康訳，2006，『都市の村人たち——イタリア系アメリカ人の階級文化と都市再開発』ハーベスト社）

Gans, H., 1991, *People, Plans, and Policies: Essays on Poverty, Racism, and Other National Urban Problems*, Columbia University Press.

Kats, E. and P. F. Lazarsfeld, 1955, *Personal Influence: The Part Played by People in the Flow of Mass Communication*, Free Press.（竹内郁郎訳，1965，『パーソナル・インフルエンス——オピニオン・リーダーと人びとの意思決定』培風館）

Klapper, J., 1960, *The Effects of Mass Communication*, Free Press.（NHK 放送学研究室訳，1966，『マス・コミュニケーションの効果』日本放送出版協会）

国立国語研究所「外来語」委員会編，2006，『「外来語」言い換え提案——分かりにくい外来語を分かりやすくするための言葉遣いの工夫 第 1 回〜第 4 回 総集編』 https://www2.ninjal.ac.jp/gairaigo/Teian1_4/index.html（2023 年 5 月 31 日取得）

Lazarsfeld, P. F. and R. K. Merton, 1954, "Friendship as a Social Process: A Substantive and Methodological Analysis," M. Berger, T. Abel and H. Charles eds., *Freedom and Control in Modern Society*, Van Nostrand.

Lynd, R. S. and H. M. Lynd, 1929, *Middletown: A Study in Contemporary American Culture*, Harcourt Brace.（中村八朗訳［抄訳］，1990，『現代社会学大系 9 ミドゥルタウン』青木書店）

松原治郎，1958，「コミュニティ」福武直・日高六郎・高橋徹編『社会学辞典』有斐閣

Merton, R. K., 1946, *Mass Persuasion: The Social Psychology of a War Bond Drive*, Harper.（柳井道夫訳，1970，『大衆説得——マス・コミュニケイションの社会心理学』桜楓社）

Merton, R. K., 1948, "The Social Psychology of Housing," W. Dennis ed., *Current Trends in Social Psychology*, University of Pittsburgh Press.（祐成保志訳，2011，「ハウジングの社会心理学」『人文科学論集人間情報学科編』信州大学人文学部，45：135–64）

Merton, R. K., [1949] 1957, *Social Theory and Social Structure: Toward the Codification of Theory and Research*, Free Press.（森東吾・森好夫・金沢実・中島竜太郎訳，1961，『社会理論と社会構造』みすず書房）

似田貝香門，1988，「コミュニティ」見田宗介・栗原彬・田中義久編『社会学事典』弘文堂

奥井復太郎，1940，『現代大都市論』有斐閣

Pahl, R. E., 1984, *Divisions of Labour*, Basil Blackwell.

Pahl, R. E., 1989, "Housing, Work and Life Style," *Tijdschrift voor Economische en Sociale Geografie*, 80(2): 75–87.

Rose, N., 1996, "The Death of the Social? Re-figuring the Territory of Government," *Economy and Society*, 25(3): 327–56.

Savage, M., G. Bagnall and B. J. Longhurst, 2004, *Globalization and Belonging*, Sage.

Savage, M., 2010, "The Politics of Elective Belonging," *Housing, Theory and Society*, 27(2): 115–35.

Selvin, H. C., 1951, "The Interplay of Social Research and Social Policy in Housing," *Journal of Social Issues*, 7(1–2): 172–85.

Somerville, P., 2016, *Understanding Community: Politics, Policy and Practice*, 2nd ed., Policy Press.

園田恭一，1993，「コミュニティ」森岡清美・塩原勉・本間康平編集代表『新社会学辞典』有斐閣

武田尚子，2009，『質的調査データの2次分析――イギリスの格差拡大プロセスの分析視角』ハーベスト社

玉野和志，2012，「コミュニティ」大澤真幸・吉見俊哉・鷲田清一編『現代社会学事典』弘文堂

Wellman, B. and B. Leighton, 1979, "Networks, Neighborhoods, and Communities: Approaches to the Study of the Community Question," *Urban Affairs Review*, 14(3): 363–90.（野沢慎司訳，2012，「ネットワーク，近隣，コミュニティ――コミュニティ問題研究へのアプローチ」森岡清志編『都市社会学セレクションⅡ 都市空間とコミュニティ』日本評論社）

Wellman, B. and M. Gulia, 1999, "Virtual Communities as Communities: Net Surfers Don't Ride Alone," M. A. Smith and P. Kollock eds., *Communities in Cyberspace*, Routledge.

Williams, R., 1983, *Keywords: A Vocabulary of Culture and Society*, Fontana Paperbacks.（椎名美智・武田ちあき・越智博美・松井優子訳，2011，『完訳 キーワード辞典』平凡社）

Wirth, L., 1938, "Urbanism as a Way of Life," *American Journal of Sociology*, 44: 1–24.（松本康訳，2012，「生活様式としてのアーバニズム」松本康編『都市社会学セレクションⅠ 近代アーバニズム』日本評論社）

◆ 第1章

有賀喜左衞門，［1955a］2000，「田植と村の生活組織」『有賀喜左衞門著作集Ⅴ ムラの生活（第2版）』未來社

有賀喜左衞門，［1955b］2000，「家制度と社会福祉」『有賀喜左衞門著作集Ⅸ 家と親分子分（第2版）』未來社

有賀喜左衞門，［1958a］2000，「日本における先祖の観念――家の系譜と家の本末の系譜と」『有賀喜左衞門著作集Ⅶ 社会史の諸問題（第2版）』未來社

有賀喜左衛門，［1958b］2000，「村落史と日本史」『有賀喜左衛門著作集Ⅶ　社会史の諸問題（第2版）』未來社

有賀喜左衛門，［1967］2000，「先祖と氏神」『有賀喜左衛門著作集Ⅶ　社会史の諸問題（第2版）』未來社

有賀喜左衛門，［1971a］2001，「明治以後の村の変遷」『有賀喜左衛門著作集Ⅹ　同族と村落（第2版）』未來社

有賀喜左衛門，［1971b］2001，「村落共同体と家」『有賀喜左衛門著作集Ⅹ　同族と村落（第2版）』未來社

有賀喜左衛門，［1971c］2001，「村落の概念について」『有賀喜左衛門著作集Ⅹ　同族と村落（第2版）』未來社

Dore, R. P., ［1958］1971, *The City Life in Japan: A Study of a Tokyo Ward*, University of California Press.

福武直，1949，『日本農村の社会的性格』東京大学協同組合出版部

細谷昂，2012，『家と村の社会学――東北水稲作地方の事例研究』御茶の水書房

井之口章次，2000，『生死の民俗』岩田書院

石井正巳，2015，『全文読破　柳田国男の先祖の話』三弥井書店

岩田重則，2003，『墓の民俗学』吉川弘文館

柿崎京一，2018，「家の継承を再考する」永野由紀子編『年報　日本村落研究54　イエの継承・ムラの存続』農山漁村文化協会

前田卓，1965，『祖先崇拝の研究』青山書院

前田卓，1968，「初生子相続の実態とその変遷〔茨城県出島村西成井部落　栃木県上河内村上田部落〕上・下」（上）『関西大学社会学論集』2(2)：1-30，（下）『関西大学社会学論集』2(3)：1-37

松崎憲三，2016，「生き甲斐と幸せな死，来世への祈り――生命観の変化を踏まえて」『日本常民文化紀要』(31)：1-35

森謙二，2014，『墓と葬送の社会史』吉川弘文館

森岡清美，1984，『家の変貌と先祖の祭』日本基督教団出版局

内藤莞爾，1973，『末子相続の研究』弘文堂

中村吉治，［1956］1980，『村落構造の史的分析――岩手縣煙山村』御茶の水書房

桜井徳太郎，1989，『霊魂感の系譜』講談社学術文庫

佐藤光民，1978，「山形県庄内地方における養子慣行――姉家督相続・中継相続との関連を中心として」『日本民俗学』114：59-78

関沢まゆみ・国立歴史民俗博物館編，2015，『盆行事と葬送墓制』吉川弘文館

新谷尚紀，2015，『葬式は誰がするのか――葬儀の変遷史』吉川弘文館

Smith, R. J., 1974, *Ancestor Worship in Contemporary Japan*, Stanford University Press.（前山隆訳，1981, 1983，『現代日本の祖先崇拝――文化人類学からのアプローチ（上・下）』御茶の水書房）

鈴木榮太郎，［1940］1968，『鈴木榮太郎著作集1　日本農村社会学原理　上』未來社

鈴木岩弓・森謙二編，2018，『現代日本の葬送と墓制――イエ亡き時代の死者のゆくえ』吉

　川弘文館

竹田旦，1969，『「家」をめぐる民俗研究』弘文堂

鳥越皓之，［1985］1993，『家と村の社会学（増補版）』世界思想社

坪井洋文，1970，「日本人の生死観」岡正雄教授古稀記念論文集刊行委員会編『民族学から
　みた日本』河出書房新社

山折哲雄，2017，『死者と先祖の話』KADOKAWA

柳田國男，［1910］1997，「遠野物語」『柳田國男全集2』筑摩書房

柳田國男，1998，「先祖の話」『柳田國男全集15』筑摩書房

米山俊直，2006，『米山俊直の仕事——人，ひとにあう／むらの未来と世界の未来』人文書
　館

◆ 第2章

Hillery, Jr. G. A., 1955, "Definition of Community: Areas of Agreement," *Rural Sociology*, 20（2）:
　111-23.（山口弘光訳，1978，「ヒラリー／コミュニティの定義——合意の範囲をめぐっ
　て」鈴木広編『都市化の社会学〔増補〕』誠信書房）

飯塚智規，2021，「ユートピアから省かれる災害弱者」『城西現代政策研究』15(1)：3-18

郭基煥，2015，「東日本大震災と〈共生文化〉——排外ナショナリズムを『賢明なナショナ
　リズム』ではなく，地域社会の成熟によって乗り越える可能性」『社会学研究』97：15-48

今野裕昭，2001，『インナーシティのコミュニティ形成——神戸市真野住民のまちづくり』
　東信堂

MacIver, R. M., ［1917］1924, *Community: A Sociological Study: Being an Attempt to Set Out the
　Nature and Fundamental Laws of Social Life*, 3rd ed., Macmillan.（中久郎・松本通晴監訳，
　1975，『コミュニティ——社会学的研究：社会生活の性質と基本法則に関する一試論』ミ
　ネルヴァ書房）

宮定章，2007，「御蔵の事例」浦野正樹・大矢根淳・吉川忠寛編『復興コミュニティ論入門』
　弘文堂

文貞實，1999，「被災コミュニティと在日韓国・朝鮮人の復興戦略——神戸市長田のケミカ
　ルシューズ産業を事例に」岩崎信彦ほか編『阪神・淡路大震災の社会学第3巻　復興・防
　災まちづくりの社会学』昭和堂

仲野誠，1999，「朝鮮初中級学校『復興』をめぐって」岩崎信彦ほか編『阪神・淡路大震災
　の社会学第3巻　復興・防災まちづくりの社会学』昭和堂

奥田道大，1971，「コミュニティ形成の論理と住民意識」磯村英一・鵜飼信成・川野重任編
　『都市形成の論理と住民』東京大学出版会

奥田道大，1995，「都市的世界・コミュニティ・エスニシティ——アメリカおよび日本の大
　都市におけるエスニック・コミュニティの変容と再編」奥田道大編『コミュニティとエス
　ニシティ』勁草書房

桜井政成，2013，「NPO間の協働による被災者支援——ネットワーク分析の知見からの考察
　と示唆」桜井政成編著『東日本大震災とNPO・ボランティア——市民の力はいかにして
　立ち現れたか』ミネルヴァ書房

Solnit, R., 2009, *A Paradise Built in Hell: The Extraordinary Communities That Arise in Disaster*, Viking. (高月園子訳, 2020, 『定本 災害ユートピア——なぜそのとき特別な共同体が立ち上がるのか』亜紀書房)

須田木綿子・小山弘美, 2021, 「『被災地復興とNPOエコロジー』の検討に向けて」震災問題研究ネットワーク編『第7回震災問題研究交流会報告書』

玉野和志, 2007, 「コミュニティからパートナーシップへ——地方分権改革とコミュニティ政策の転換」羽見正美編著『自治と参加・協働——ローカル・ガバナンスの再構築』学芸出版社

谷富夫, 2015, 『民族関係の都市社会学——大阪猪飼野のフィールドワーク』ミネルヴァ書房

Wellman, B., 1979, "The Community Question: The Intimate Networks of East Yorkers," *American Journal of Sociology*, 84(5): 1201-31. (野沢慎司・立山徳子訳, 2006, 「コミュニティ問題——イースト・ヨーク住民の親密なネットワーク」野沢慎司編・監訳『リーディングス ネットワーク論——家族・コミュニティ・社会関係資本』勁草書房)

山下祐介・菅磨志保, 2002, 『震災ボランティアの社会学——〈ボランティア＝NPO〉社会の可能性』ミネルヴァ書房

◆ 第3章

Böhm, S., A. C. Dinerstein and A. Spicer, 2010, "(Im)possibilities of Autonomy: Social Movements in and beyond Capital, the State and Development," *Social Movement Studies*, 9: 17-32.

Brown, G., A. Feigenbaum, F. Frenzel and P. McCurdy eds., 2017, *Protest Camps in International Context: Spaces, Infrastructures and Media of Resistance*, Polity.

Byrd, S. C. and L. Jasny, 2010, "Transnational Movement Innovation and Collaboration: Analysis of World Social Forum Networks," *Social Movement Studies*, 9: 355-72.

Cassegård, C., 2013, *Freeter Activism: Civil Society and Social Movements in Contemporary Japan*, Global Oriental.

Chatterton, P., 2010, "So What Does It Mean to be Anti-capitalist? Conversations with Activists from Urban Social Centres," *Urban Studies*, 47: 1205-24.

Claeys, P. and J. Duncan, 2019, "Food Sovereignty and Convergence Spaces," *Political Geography*, 74: 1-13.

Creasap, K., 2021, "'Building Future Politics': Projectivity and Prefigurative Politics in a Swedish Social Center," *Social Movement Studie*s, 20(5): 567-83.

Doerr, N., 2009, Language and Democracy 'in Movement': Multilingualism and the Case of the European Social Forum Process," *Social Movement Studies*, 8: 149-65.

えらいてんちょう, 2018, 『しょぼい起業で生きていく』イースト・プレス

Feigenbaum, A., F. Frenzel and P. McCurdy, 2013, *Protest Camps*, Zed Books.

Flesher Fominaya, C., 2010, "Creating Cohesion from Diversity: The Challenge of Collective Identity Formation in the Global Justice Movement," *Sociological Inquiry*, 80: 377-404.

Frenzel, F., S. Böhm, P. Quinton, A.Spicer, S. Sullivan and Z. Young, 2011, "Comparing Alternative Media in North and South: The Cases of IFIWatchnet and Indymedia in Africa," *Environment and Planning A*, 43: 1173–89.

Glass, P., 2010, "Everyday Routines in Free Spaces: Explaining the Persistence of the Zapatistas in Los Angeles," *Mobilization*, 15: 199–216.

Graeber, D., 2009, *Direct Action: An Ethnography*, AK Press.

櫨畑敦子，2018，『ふつうの非婚出産――シングルマザー，新しい「かぞく」を生きる』イースト・プレス

Harvie, D., K. Milburn, B. Trott and D. Watts eds., 2006, *Shut Them Down!: The G8, Gleneagles 2005 and the Movement of Movements*, Autonomedia.

Haug, C., 2013, "Organizing Spaces: Meeting Arenas as a Social Movement Infrastructure between Organization, Network, and Institution," *Organizational Studies*, 34: 705–32.

Heinonen, P., 2019, "Constructing Autonomy: The Significance of Architecture in Creating and Manifesting Autonomy in Protest Camps," *Social Movement Studies*, 18(6): 647–66.

Jaureguiberry-Mondion, J. 2021, "Spatialising the Collective: The Spatial Practices of Two Housing Projects in Berlin," *Social & Cultural Geography*.

Juris, J. S., 2008a, *Networking Futures: The Movements Against Corporate Globalization*, Duke University Press.

Juris, J. S., 2008b, "Spaces of Intentionality: Race, Class, and Horizontality at the United States Social Forum," *Mobilization*, 13: 353–71.

神長恒一・ぺぺ長谷川，2000，『だめ連の「働かないで生きるには?!」』筑摩書房

Kouki, H. and A. Chatzidakis, 2021, "Implicit Feminist Solidarity(ies)? The Role of Gender in the Social Movements of the Greek Crisis," *Gender, Work & Organization*, 28(3).

Leach, D. K., 2009, "An Elusive 'We': Anti-dogmatism, Democratic Practice, and the Contradictory Identity of the German Autonomen," *American Behavioral Scientist*, 52: 1042–68.

Maeckelbergh, M., 2009, *The Will of the Many: How the Alterglobalisation Movement is Changing the Face of Democracy*, Pluto Press.

Maeckelbergh, M., 2011, "Doing is Believing: Prefiguration as Strategic Practice in the Alter-globalization Movement," *Social Movement Studies*, 10(1): 1–20.

増井真琴，2015，「りべるたんで会おう！（1）りべるたんとは何か」『情況』4(6)：19–21

松本哉，2016，『世界マヌケ反乱の手引書――ふざけた場所の作り方』筑摩書房

Minuchin, L., 2016, "The Politics of Construction: Towards a Theory of Material Articulations", *Environment and Planning D: Society and Space*, 34(5): 895–913.

Owens, L., 2009, *Cracking under Pressure: Narrating the Decline of the Amsterdam Squatters' Movement*, Polity.

Polletta, F., 2002, *Freedom is an Endless Meeting: Democracy in American Social Movements*, University of Chicago Press.

Portwood-Stacer, L., 2013, *Lifestyle Politics and Radical Activism*, Bloomsbury.

Routledge, P., 2003, "Convergence Space: Process Geographies of Grassroots Globalization Networks," *Transactions of the Institute of British Geographers*, 28(3): 333-49.

坂本治也・秦正樹・梶原晶，2019，「NPO・市民活動団体への参加はなぜ増えないのか――『政治性忌避』仮説の検証」『ノモス』44：1-20

Sitrin, M., 2006, *Horizontalism: Voices of Popular Power in Argentina*, AK Press.

Sitrin, M. A., 2012, *Everyday Revolutions: Horizontalism and Autonomy in Argentina*, Zed Books.

富永京子，2016，『社会運動のサブカルチャー化――G8サミット抗議行動の経験分析』せりか書房

富永京子，2017，『社会運動と若者――日常と出来事を往還する政治』ナカニシヤ出版

Tominaga, K., 2017, "Social Reproduction and the Limitations of Protest Camps: Openness and Exclusion of Social Movements in Japan," *Social Movement Studies*, 16, 269-82.

Wood, L. J., 2012, *Direct Action, Deliberation, and Diffusion: Collective Action after the WTO Protests in Seattle*, Cambridge University Press.

Yates, L., 2015, "Rethinking Prefiguration: Alternatives, Micropolitics and Goals in Social Movements," *Social Movement Studies*, 14(1): 1-21.

◆ 第4章

Anderson, B., 2006, *Imagined Communities: Reflections on the Origin and Spread of Nationalism* (Revised and expanded edition), Verso.（白石隆・白石さや訳，2007，『定本 想像の共同体――ナショナリズムの起源と流行』書籍工房早山）

フジタニ，T, 1994，『天皇のページェント――近代日本の歴史民族誌から』NHK出版

福沢諭吉，[1875] 1995，『文明論之概略』岩波書店

Gellner, E., 1983, *Nations and Nationalism*, Cornell University Press.（加藤節監訳，2000，『民族とナショナリズム』岩波書店）

原武史，2001，『可視化された帝国――近代日本の行幸啓』みすず書房

速水融，2002，「歴史人口学を通じてみた江戸時代」大日向純夫編『日本家族史論集2 家族史の展望』吉川弘文館

Hobsbawm, E. and T. Ranger, 1983, *The Invention of Tradition*, Cambridge University Press.（前川啓治・梶原景秋ほか訳，1992，『創られた伝統』紀伊國屋書店）

細川周平，2020，『レコード歌謡の誕生』（『近代日本の音楽百年 黒船から終戦まで』第3巻）岩波書店

兵藤裕己，2005，『演じられた近代――〈国民〉の身体とパフォーマンス』岩波書店

井上勝生，2006，『幕末・維新』岩波書店

伊藤純郎，2008，『増補 郷土教育運動の研究』思文閣

岩田重則，1996，『ムラの若者・くにの若者――民俗と国民統合』未來社

加藤政洋，2003，「郷土教育と地理歴史唱歌」「郷土」研究会編『郷土――表象と実践』嵯峨野出版

川村邦光，1996，「若者の"力"の行方」『民俗空間の近代――若者・戦争・災厄・他界の

フォークロア』情況出版

小寺融吉，1941，『郷土舞踊と盆踊』桃蹊書房

町田等監修，1996，『カチューシャの唄と，永遠に』郷土出版社

松沢裕作，2013，『町村合併から生まれた日本近代――明治の経験』講談社

三浦雅士，1994，『身体の零度――何が近代を成立させたか』講談社

宮地正人，1973，『日露戦後政治史の研究――帝国主義形成期の都市と農村』東京大学出版会

森岡清美，1987，『近代の集落神社と国家統制――明治末期の神社整理』吉川弘文館

日本ビクター株式会社60年史編纂委員会，1987，『日本ビクターの60年』日本ビクター株式会社

小国喜弘，2001，『民俗学運動と学校教育――民俗の発見とその国民化』東京大学出版会

李光一，2009，「ヨーロッパにおける『国家』と『国民』の創出」大澤真幸・姜尚中編『ナショナリズム論・入門』有斐閣

笹原亮二，1992，「芸能を巡るもう一つの『近代』――郷土舞踊と民謡の会の時代」『藝能史研究』119: 47-63

佐藤健二，2002a，「民俗学と郷土の思想」小森陽一ほか編『岩波講座近代日本の文化史5 編成されるナショナリズム』岩波書店

佐藤健二，2002b，「郷土」小松和彦・関一敏編『新しい民俗学へ 野の学問のためのレッスン26』せりか書房

佐藤健二，2015，「歴史社会学の方法と実践」『柳田國男の歴史社会学――続・読書空間の近代』せりか書房

関戸明子，2003，「戦時中の郷土教育をめぐる制度と実践――群馬県師範学校・女子師範学校の事例を中心に」「郷土」研究会編『郷土――表象と実践』嵯峨野出版

鈴木丹士郎，2005，『江戸の声――話されていた言葉を聴く』教育出版

武田俊輔，2000，「民謡の歴史社会学――ローカルなアイデンティティ／ナショナルな想像力」『ソシオロゴス』25：1-21

武田俊輔，2007，「『民謡』の再編成」徳丸吉彦・高橋悠治・北中正和・渡辺裕編『事典 世界音楽の本』岩波書店

武田俊輔，2009，「愛国心・郷土・公共性――柳田国男の郷土教育批判とその可能性」佐藤成基編『ナショナリズムとトランスナショナリズム――変容する公共圏』法政大学出版局

竹内勉，1974，『民謡に生きる 町田佳声八十八年の足跡』ほるぷレコード

多木浩二，[1988] 2002，『天皇の肖像』岩波書店

渡辺裕，2010，『歌う国民――唱歌，校歌，うたごえ』中央公論新社

渡辺裕，2013，『サウンドとメディアの文化資源学――境界線上の音楽』春秋社

山本修之助，1972，『佐渡の百年』佐渡の百年刊行会

柳田國男，[1922] 1997，「郷土史論」『柳田國男全集3』筑摩書房

柳田國男，[1934] 1998，「民間伝承論」『柳田國男全集8』筑摩書房

柳田國男，[1935] 1998，「郷土生活の研究法」『柳田國男全集8』筑摩書房

柳田國男，[1939] 1998，「木綿以前の事」『柳田國男全集9』筑摩書房

柳田國男，〔1944〕1998，「国史と民俗学」『柳田國男全集 14』筑摩書房

吉野耕作，1997，『文化ナショナリズムの社会学——現代日本のアイデンティティの行方』名古屋大学出版会

◆ 第 5 章

後藤美緒，2014，「戦間期日本における『社会医学』の理念と『社会事業』の構想——東京帝大セツルメントの活動を通して」『年報社会学論集』27：61-72

濱口桂一郎，2009，『新しい労働社会——雇用システムの再構築へ』岩波書店

橋川文三，1993，『昭和維新試論』朝日新聞社

初田香成，2009，「商店街・盛り場研究者としての石川栄耀」中島直人・西成典久・初田香成・佐野浩祥・津々見崇『都市計画家 石川栄耀 都市探求の軌跡』鹿島出版会

間宏，1978，『日本における労使協調の底流——宇野利右衛門と工業教育会の活動』早稲田大学出版部

Howard, E., 〔1902〕1965, *Garden Cities of To-Morrow*, edited by F. J. Osborn, MIT Press.（山形浩生訳，2016，『［新訳］明日の田園都市』鹿島出版会）

石川栄耀，1925，「郷土都市の話になる迄 断章の二 夜の都市計画」『都市創作』1(3)，都市創作会

石川栄耀，1926，「郷土都市の話になる迄 断章の二 夜の都市計画（つづき）」『都市創作』2(1)，都市創作会

石川栄耀，1927，「郷土都市の話になる迄 断章の六 小都市主義への実際」『都市創作』3(1)，都市創作会

石川栄耀，1930，「郊外聚落結成の技巧」『都市公論』13(10)，都市研究会

石川栄耀，1937，「区画整理の基礎問題」『都市公論』20(10)，都市研究会

McClenahan, B. A., 1922, *Organizing the Community: A Review of Practical Principles*, The Century Company.

宮地正人，1973，『日露戦後政治史の研究』東京大学出版会

森岡清美，1987，『近代の集落神社と国家統制』吉川弘文館

森田康夫，1987，『地に這いて 近代福祉の開拓者・志賀志那人』大阪都市協会

森田康夫，2006，「年譜」志賀志那人研究会代表・右田紀久恵編『志賀志那人 思想と実践』和泉書房

Mumford, L., 1951〔1965〕, "The Garden City Idea and Modern Planning," F. J. Osborn ed., *Garden Cities of To-Morrow*, MIT Press.（「田園都市の発想と現代都市計画」山形浩生訳，2016『［新訳］明日の田園都市』鹿島出版会）

内務省地方局有志編纂，1907，『田園都市』博文館（1980『田園都市と日本人』講談社）

Najita, T., 2009, *Ordinary Economies in Japan: A Historical Perspective, 1750-1950*, The University of California Press.（五十嵐暁郎監訳，2015，『相互扶助の経済——無尽講・報徳の民衆思想史』みすず書房）

中川雄大，2022，「『場末』を記述する——1910〜30 年代東京の周縁部に着目して」『関東都市学会年報』23：45-54

中島直人ほか，2009，『都市計画家 石川栄耀 都市探求の軌跡』鹿島出版会

西成典久，2009，「都市計画技師，区画整理の探求」中島直人ほか『都市計画家 石川栄耀 都市探求の軌跡』鹿島出版会

大月敏雄，2007，「まちなみ図譜・文献逍遥 其の七『田園都市』──内務省地方局有志編纂」『家とまちなみ』26(2)：66-71

Rose, N., 1999, *Powers of Freedom: Reframing Political Thought*, Cambridge University Press.

志賀志那人，1924a，「ソオシヤル・セツルメントの起源及其の発達」『社会学雑誌』4，日本社会学会

志賀志那人，1924b，「ソオシヤル・セツルメントの精神と其経営」『社会学雑誌』6，日本社会学会

志賀志那人，1928，「民衆の手によって行ふ民衆の社会事業」『社会事業研究』16(6)，大阪社会事業連盟

志賀志那人，1935，「現代に於ける隣保事業の意義と使命」『社会事業』19(3)，中央社会事業協会社会事業研究所

建部遯吾，1940，「叙」『社会事業随想』志賀志那人氏遺稿集刊行会

渡辺俊一，1993，『「都市計画」の誕生──国際比較からみた日本近代都市計画』柏書房

山田朋子，2006，「石川栄耀──人びとの生活と都市計画」加藤政洋・大城直樹編『都市空間の地理学』ミネルヴァ書房

◆ 第6章

安立清史，1998，『市民福祉の社会学──高齢化・福祉改革・NPO』ハーベスト社

日笠端，1976，「市町村における居住地区計画」地方自治制度研究会編『新コミュニティ読本』

日笠端，1981，『都市計画研究生活三十五年を顧みて』日笠端先生退官記念会

日笠端，1983，「コミュニティと計画理論」磯村英一編『コミュニティの理論と政策』東海大学出版会

日笠端，1997，『コミュニティの空間計画』共立出版

日笠端・日端康雄，2015，『都市計画（第3版増補）』共立出版

平井太郎，2022，「コミュニティはどこから来てどこへ行くのか」平井太郎・松尾浩一郎・山口恵子『地域・都市の社会学──実感から問いを深める理論と方法』有斐閣

磯達雄，2012，「京都信用金庫 1971──コミュニティのための『傘』」日経アーキテクチュア編『菊竹清訓巡礼』日経BP

自治省行政局，1970，『コミュニティ（近隣社会）に関する対策要綱（案）』

川添登編，1960，『METABOLISM 1960──都市への提案＝The Proposals for New Urbanism』美術出版社

菊竹清訓，1959，「塔状都市」『国際建築』26(1)：14-19

菊竹清訓，1968，「コミュニティ設計論」『デザイン批評』7: 151-62

菊竹清訓，1969，『代謝建築論──か・かた・かたち』彰国社

菊竹清訓，1972，「コミュニティ・バンクの機能と空間」『新建築』47(4)：220-23

菊竹清訓編，1975，『コミュニティと文明』産業能率短期大学出版部

菊竹清訓編，1976，『コミュニティと都市』産業能率短期大学出版部

小泉秀樹，2016，「コミュニティデザインの歴史的展開と本書のねらい」小泉秀樹編『コミュニティデザイン学――その仕組みづくりから考える』東京大学出版会

国民生活審議会調査部会コミュニティ問題小委員会，1969，『コミュニティ――生活の場における人間性の回復』

倉沢進，1983，「福祉・文化・コミュニティ」『地方自治』431: 2-13

倉沢進，2008，「社会目標としてのコミュニティ」『コミュニティ政策』6: 35-51

松原治郎，1971，「市民と市民運動」磯村英一・鵜飼信成・川野重任編『都市形成の論理と住民』東京大学出版会

岡村重夫，1970，『地域福祉研究』柴田書店

岡村重夫，1974，『地域福祉論』光生館

奥田道大，1971，「コミュニティ形成の論理と住民意識」磯村英一・鵜飼信成・川野重任編『都市形成の論理と住民』東京大学出版会

奥井復太郎，1940，『現代大都市論』有斐閣

Perry, C. A., 1929, *The Neighborhood Unit in Regional Survey of New York and Its Environs*, Committee on Regional Plan of New York and Its Environs.（倉田和四生訳，1975，『近隣住区論――新しいコミュニティ計画のために』鹿島出版会）

榊田喜四夫，1978，「コミュニティ・バンクへの時代的要請とその実践」CDI 編『コミュニティ・バンク論Ⅱ――地域社会との融合をもとめて』鹿島研究所出版会

佐藤竺，1976，『転換期の地方自治――新しい市民と行政の方向』学陽書房

佐藤竺，1997，「基調講演 武蔵野市のコミュニティ」武蔵野市市民部生活文化課『WHAT'S COMMUNITY？武蔵野市制施行50周年記念事業コミュニティセンター開設20周年記念コミュニティシンポジウム報告書』5-28

佐藤竺，2007，『戦後地方自治の証言 日本の自治と行政（下）』敬文堂

佐藤竺編，1980，『コミュニティをめぐる問題事例――どう取り組むべきか』学陽書房

園田恭一，1964，「『地域社会』と『共同社会』――コミュニティ概念の再検討を中心に」『社会学評論』14(4)：47-63

鈴木広，1985，「概説 日本の社会学 都市」鈴木広・高橋勇悦・篠原隆弘編『リーディングス日本の社会学7 都市』東京大学出版会

鈴木広・高橋勇悦・篠原隆弘編，1985，『リーディングス日本の社会学7 都市』東京大学出版会

高橋勇悦，1985，「第4部 計画と展望 解説」鈴木広・高橋勇悦・篠原隆弘編『リーディングス日本の社会学7 都市』東京大学出版会

東京大学工学部都市工学科日笠研究室編，1977，『コミュニティの空間計画論』第一住宅建設協会

東京都社会福祉審議会編，1969，『東京都におけるコミュニティ・ケアの進展について（答申）』

堤可奈子，2016，「地域住民自治型まちづくり制度の動向と課題」小泉秀樹編『コミュニ

ティデザイン学——その仕組みづくりから考える』東京大学出版会

United Nations, 1959, *European Seminar on Community Development and Scoial Welfare in Urban Areas.*

山崎亮，2011，『コミュニティデザイン——人がつながるしくみをつくる』学芸出版社

◆ 第7章

秋月岩魚，1999，『ブラックバスがメダカを食う』宝島社

Best, J., 2017, *Social Problems,* 3rd ed., W.W. Norton.（赤川学監訳，2020，『社会問題とは何か——なぜ，どのように生じ，なくなるのか？』筑摩書房）

藤田研二郎，2019，『環境ガバナンスとNGOの社会学——生物多様性政策におけるパートナーシップの展開』ナカニシヤ出版

Hannigan, J. A., 1995, *Environmental Sociology: A Social Constructionist Perspective*, Routledge.（松野弘監訳，2007，『環境社会学——社会構築主義の観点から』ミネルヴァ書房）

Hardin, G., 1968, "The Tragedy of the Commons," *Science,* 162: 1243-48.（桜井徹訳，1993，「共有地の悲劇」シュレーダー・フレチェット編『環境の倫理（下）』晃洋書房

環境庁アメニティ研究会，1978，「アメニティと今後の環境行政」『かんきょう——人間と環境を考える』3(3)：7-26

環境省，2009，『オオクチバス等の防除の手引き』

宮内泰介編，2006，『コモンズをささえるしくみ——レジティマシーの環境社会学』新曜社

宮内泰介編，2013，『なぜ環境保全はうまくいかないのか——現場から考える「順応的ガバナンス」の可能性』新泉社

宮内泰介編，2017，『どうすれば環境保全はうまくいくのか——現場から考える「順応的ガバナンス」の進め方』新泉社

Olson, M., 1965, *The Logic of Collective Action: Public Goods and the Theory of Groups*, Harvard University Press.（依田博・森脇俊雅訳，1996，『集合行為論——公共財と集団理論』ミネルヴァ書房）

◆ 第8章

Bourdieu, P., 1977, *Algérie 60*, Éditions de Minuit.（原山哲訳，1993，『資本主義のハビトゥス——アルジェリアの矛盾』藤原書店）

Bruun, M. H., 2015, "Communities and Commons: Open Access and Community Ownership of the Urban Commons," C. Borch and M. Kornberger eds., *Urban Commons: Rethinking the City*, Routledge.

Coleman, J., 1961, "Community Disorganization," R. K. Merton and R. A. Nisbet eds., *Contemporary Social Problems*, Harcourt, Brace & World: 553-604.

Coleman, J., 1990, *Foundations of Social Theory*, Belknap Press.（久慈利武監訳，2004，『社会理論の基礎 上』青木書店）

Festinger, L., 1951, "Architecture and Group Membership," *Journal of Social Issues*, 7(1-2), 152-63.

Festinger, L., S. Schachter and K. Back, 1950, *Social Pressures in Informal Groups: A Study of Human Factors in Housing*, Harper & Brothers.

Festinger, L. and H. Kelley, 1951, *Changing Attitudes through Social Contact: An Experimental Study of a Housing Project*, Research Center for Group Dynamics, University of Michigan.

Gans, H., 1968, *People and Plans: Essays on Urban Problems and Solutions*, Basic Books.

Gans, H., 1991, *People, Plans and Policies: Essays on Poverty, Racism, and Other National Urban Problems*, Columbia University Press.

Harvey, D., 2012, *Rebel Cities: From the Right to the City to the Urban Revolution*, Verso.（森田成也ほか訳，2013，『反乱する都市——資本のアーバナイゼーションと都市の再創造』作品社）

Huron, A., 2018, *Carving out the Commons: Tenant Organizing and Housing Cooperatives in Washington, D.C.*, University of Minnesota Press.

Kemeny, J., 1989, "Community-based Home and Neighbourhood Building: An Interview with John Turner," *Scandinavian Housing and Planning Research*, 6(3): 157-64.

今和次郎，1945，『住生活』乾元社

倉沢進，1967，「団地住民と地元住民」『都市問題』58(12)，東京市政調査会：55-65

Lowe, S., 2011, *The Housing Debate*, Policy Press.（祐成保志訳，2017，『イギリスはいかにして持ち家社会となったか——住宅政策の社会学』ミネルヴァ書房）

Merton, R. K., [1949] 1957, *Social Theory and Social Structure*, Free Press.（森東吾・森好夫・金沢実・中島竜太郎訳，1961，『社会理論と社会構造』みすず書房）

宮本太郎，2021，『貧困・介護・育児の政治——ベーシックアセットの福祉社会へ』朝日新聞出版

中村八朗，1962，「都市的発展と町内会——都下日野町の場合」国際基督教大学社会科学研究所編『地域社会と都市化』国際基督教大学社会科学研究所

Neuvonen, A. and M. Malho, 2019, *Universalism in the Next Era: Moving Beyond Redistribution*, Demos Helsinki. https://demoshelsinki.fi/wp-content/uploads/2019/02/180215_demos_next_era.pdf（2023年5月31日取得）

奥田道大，1983，『都市コミュニティの理論』東京大学出版会

Pahl, R. E., 1984, *Divisions of Labour*, Basil Blackwell.

祐成保志，2019，「団地と『総中流』社会」渡邉大輔・相澤真一・森直人編著／東京大学社会科学研究所附属社会調査・データアーカイブ研究センター編『総中流の始まり——団地と生活時間の戦後史』青弓社

祐成保志，2021，「まちづくりの重層的な文脈」『関東都市学会年報』(22)：6-8

多和田栄治，2017，『検証 公団居住60年——〈居住は権利〉公共住宅を守るたたかい』東信堂

多和田栄治，2021，『住宅団地 記憶と再生』東信堂

Turner, J., 1976, *Housing by People: Towards Autonomy in Building Environments*, Marion Boyars.

Ward, C., 1973, *Anarchy in Action*, Allen & Unwin.（西村徹／フィル・ビリングズリー訳，

1977，『現代のアナキズム』人文書院）

Ward, C., 1976, *Housing: An Anarchist Approach*, Freedom Press.

◆ 第9章

Cohen, A. P., 1985, *The Symbolic Construction of Community*, Ellis Horwood.（吉瀬雄一訳，2005，『コミュニティは創られる』八千代出版）

Halwachs, M.,［1950］1968, *La mémoire collective*, Presses Universitaires de France.（小関藤一郎訳，1989，『集合的記憶』行路社）

倉沢進，1968，『日本の都市社会』福村出版

倉沢進，1990，「町内会と日本の地域社会」倉沢進編『町内会と地域集団』ミネルヴァ書房

松平誠，1983，『祭の文化──都市がつくる生活文化のかたち』有斐閣

松平誠，1990，『都市祝祭の社会学』有斐閣

長浜市史編さん委員会，1999，『長浜市史3 町人の時代』長浜市

中野卓，1966，「『むら』の解体（共通課題）の論点をめぐってⅡ」村落社会研究会編『村落社会研究』（2）：255-82

Simmel, G., 1923, *Soziologie: Untersuchungen uber die Formen der Vergesellschaftung*, Dunker & Humbolt.（居安正訳，2016，『社会学 上──社会化の諸形式についての研究』白水社）

菅豊，2008，『川は誰のものか──人と環境の民俗学』吉川弘文館

武田俊輔，2019，『コモンズとしての都市祭礼──長浜曳山祭の都市社会学』新曜社

武田俊輔，2022，「地方都市社会論の構築に向けて──『伝統消費型都市』概念再考」出口剛司・武田俊輔編『社会の解読力〈文化編〉──生成する文化からの反照』新曜社

植田今日子，2016，『存続の岐路に立つむら──ダム・災害・限界集落の先に』昭和堂

矢部拓也，2000，「地方小都市再生の前提条件──滋賀県長浜市第三セクター『黒壁』の登場と地域社会の変容」『日本都市社会学会年報』（18）：51-66

山下祐介，2012，『限界集落の真実──過疎の村は消えるか』筑摩書房

◆ 終 章

森岡清美，1987，『近代の集落神社と国家統制──明治末期の神社整理』吉川弘文館

武藤大祐，2017，「アーティストが民俗芸能を習うということ──『習いに行くぜ！東北へ!!』の事例から」『群馬県立女子大学紀要』（38）：211-20

武藤大祐，2019，「限界集落の芸能と現代アーティストの参加──滋賀県・杤木古屋六斎念仏踊りの継承プロジェクト」『群馬県立女子大学紀要』（40）：181-98

Rose, N., 1996, "The Death of the Social? Re-figuring the Territory of Government," *Economy and Society*, 25（3）：327-56.

佐藤健二，2011，「コミュニティ調査の方法的課題」『社会調査史のリテラシー──方法を読む社会学的想像力』新曜社

菅豊，2008，『川は誰のものか──人と環境の民俗学』吉川弘文館

武田力，2019，「民俗芸能を身体でアーカイブする」『湖国と文化』43（3）：35-37

事項索引

258

人名索引

コミュニティの社会学
Sociology of Community Life

2023 年 12 月 20 日 初版第 1 刷発行　　　　　2024 年 9 月 10 日 初版第 2 刷発行

編　者　　祐成保志・武田俊輔

発行者　　江草貞治

発行所　　株式会社有斐閣

　　　　　〒101-0051 東京都千代田区神田神保町 2-17

　　　　　https://www.yuhikaku.co.jp/

装　丁　　吉野愛

印　刷　　萩原印刷株式会社

製　本　　大口製本印刷株式会社

装丁印刷　株式会社亨有堂印刷所